欧洲法与比较法前沿译丛
丛书主编：李 昊

德国
强制执行法

【德】奥拉夫·穆托斯特 ◎著
马强伟 ◎译

Grundzüge des Zwangsvollstreckungsrechts

Olaf Muthorst

中国法制出版社
CHINA LEGAL PUBLISHING HOUSE

总序

西法东渐，尔来百年。精卫填海，其得其失？

试举一例：清光绪二十八年，梁任公急心于救国而作《新民说·论权利思想》，仅述耶林权利思想之“崖略”；此后薪火相继，百余年间，译此名著者代有其人；而今海峡两岸，《为权利而斗争》汉译本频出，精品不断。年届期颐的潘汉典教授更是在新中国成立前和改革开放后两个节译本的基础上，准备结合德文原著的多个版本和多语译本，推出该书更新、更深思熟虑的全译本。真可谓不负耶林，不负任公！法律翻译界五世同堂，各尽其力，此诚文化之盛世，亦比较法之盛世也！

且不言严复先生所倡“信、达、雅”之标准，翻译本非鹦鹉学语、口耳之学，乃在新语言环境下之诠释与再造。法律翻译更是融汇东西方社会治理之经验，谋求古今中西仁人思想之汇通。故清末法学家沈家本修律，颇得益于同文馆之法学译著。梅仲协先生评价民国时期制定的民法典：“现行民法采德国立法例者，十之六七；瑞士立法例者，十之三四；而法、日、苏联之成规，亦曾撷取一二。”新中国的法制建设最初得益于苏联法学；改革开放后的法制重建，视野更为广阔，对欧美各国的法律关注不断加深。比较法学者也渐渐从宏大的法理阐释，走向微观的法律制度和判例研习；许多研究者也从单纯的以“西药寻中病”式研究，转向了谋求中西法学对于共同关切的重大社会问题之交流与反思。

德国法之译介，自20世纪90年代以来有法律出版社出版、米健教授主持的“当代德国法学名著”译丛以及吴越教授主持的“德国法学教科书”译丛，其影响之深远，在业界功不可没。然而德国法学著作汗牛充栋，法律更新更是日新月异，许多有特色、有深度的作品仍然值得我们继续挖掘。欧盟法的发展在近十年亦是异军突起，然而目前尚无特别全面、体系化的译丛。本丛书正是希望补时之缺，给更倾向于中文阅读的读者提供一批德国和其他欧盟国家最新的法学名作，力求让读者把握德国法和欧盟法的最新脉动，拓展比较法的视野。德国法部分沿袭人大社和北大社已有的德国法学教科书策划书目，大体分为基础教程、拓展教程以及部分专著，以查缺补漏和注重前沿交叉为特色；欧盟法部分在选材上则不拘一格，既有大部头的综合教材，也有针对某一领域、某一问题的专论。同时，丛书还部分涉猎英美学者的经典名著和前沿作品。

放眼世界，目下比较法学颇有“式微”之惑。恰如韩世远教授在其新版《合同法总论》序言中结合个人访学经历作出的观察：美国学者坦陈“不再注重欧洲的文字和思想”；而在德国司法实务中，比较法解释也缺乏权威性。进而得出，“在法体系的形成期，比较法最易发挥其作用；一旦法体系形成并日趋成熟，该体系已可为所遇到的法律问题提供成套的解决方案，自给自足，便成寻常。”另外，2018年6月底，英国退欧钟声敲响，欧元区财政一体化动议受挫，欧盟法的适用地域、深化层次也在缩减。此时在中国研究德国法和欧盟法还有意义吗？答案无疑是肯定的。比如大数据时代的数据保护，德国、欧盟几乎是日新月异，它们的解决方案中有哪些经验和教训？对中国无疑颇具启迪意义。再如德国民法典的编纂艺术，以及后法典时期如何续造法律、与时俱进，都对当下的民法典立法以及未来的法治建设意义深远。故而，在比较法越来越难以为我国法治提供现成答案的前提下，在比较法本身也无法在司法实务中自证其正当性和权威性的情况下，它带给人们的是超越法域的人类理解，以及对共同疑难问题的方案参考。从法律人自身修养而言，比较法带来的宏大视野和智慧启迪也是不可或缺的。在风景如画的阿尔斯特湖畔，在汉堡马克斯•普朗克比较与国际私法研究所的四层地下书库，我们再次感受到了比较法的力量。

本译丛自2013年动意以来，由北京航空航天大学李昊老师牵头，与明斯特大学、科隆大学、汉堡大学等德国著名学府的诸位在读博士共同遴选策划了德国部分书目；欧盟法书目则主要得益于毕业于中国政法大学中欧法学院的诸位留欧博士。译事不易，甘苦自知。前后弹指五年，其间多有波折，我们策划的部分书目已经在中国人民大学出版社、北京大学出版社先后出版，编委会在此衷心感谢。本次策划出版的四十余本译著，在规模、涵盖领域上可以说是盛况空前的。中国法制出版社的马颖主任及侯鹏、靳晓婷、王雯汀等多位编辑不仅在出版事宜上给予了大力支持，而且各位编辑老师的眼光、魄力也给我们留下了深刻的印象。本编委会在此对中国法制出版社和各位编辑老师致以深深的谢意。本丛书的译者虽然大部分都有留欧学习的经历，然而法律语言古奥，加之译者个人的经验和学养有限，有所讹误在所难免，望广大同仁不吝指正赐教，欣欣为盼！

丛书编委会谨识

2018年6月28日

序言
Preface

本书是关于**强制执行法**的基础教程。有人认为这一法领域是抽象的、晦涩的，这是不恰当的。事实上，它像生活一样令人兴奋。致力于此的人，可以同时收获关于民事实体法和公法的基本框架知识。尤其是，尽管程度不同，但在两次国家考试中，强制执行法都属于必考科目。而且，在所有的德国考试目录[1]中，都会要求掌握强制执行法的基础或概况，且最晚在口试时，也会特别对实习人员进行考核。强制执行法显然不比其他法律领域更难。不过，它也是常常在“最后一刻”才受到关注的问题。这时会面临时间的压力，所以试题很有可能会完全空着。这是冒险而且不必要的事情。通过较少的付出，我们可以掌握强制执行法的基础内容，虽然不能得到太多的分数，但是可以减少留空的风险。此即本书想要承担的任务。

这一教学理念在第二版中没有改变：本书的内容限于**基础部分**。通过紧密结合法律规定，生动、清晰地展现强制执行法的重要基本概念和体系框架。复习问题和基础案例则用来提供一些思考。争议和学说在本

---

[1] 除了不来梅，他们只要求了解并掌握工作方法。

书中没有占据重要地位。书中主要是提供了一些具体的判决和文献指引。所以，这本书是入门性质的。这一版本中以下补充材料可以在 www.muthorst-zwv.nomos.de 网站中找到：

- 基础案例参考答案
- 内容图表概览
- 以教学目的整理的强制执行法中的“经典”判例

衷心地感谢我的学术助理 Cristina Giampietro 女士和 Kristina Behrens 博士，她们为我提供了不可或缺的帮助。感谢我的妻子提供了无微不至的支持。谨以本书献给我们的女儿 Charlotte。

非常感谢各位读者指出本书中不清楚或错误的地方。您可以通过以下方式联系我：olaf.muthorst@jura.uni-hamburg.de。

汉堡，2015 年 9 月

奥拉夫·穆托斯特

法律法规缩略语表[1]

AnfG	Anfechtungsgeset	撤销法
ArbGG	Arbeitsgerichtsgesetz	劳动法院法
AUG	Auslandsunterhaltsgesetz	国外抚养、赡养法
AVAG	Anerkennungs-und Vollstreckungsgesetz	承认和执行民商事案件实施法
BeurkG	Beurkundungsgesetz	公证书证法
BNotO	Bundesnotarordnung	联邦公证员法
BGB	Bürgerliches Gesetzbuch	民法典
EGStGB	Einführungsgesetz zum Strafgesetzbuch	刑法实施法
FGO	Finanzgerichtsordnung	财税法院法
GBO	Grundbuchordnung	土地登记簿法
GewSchG	Gewaltschutzgesetz	家庭暴力防护法
GG	Grundgesetz	基本法
GVG	Gerichtsverfassungsgesetz	法院组织法
GVGA	Geschäftsanweisung für Gerichtsvollzieher	执行员业务指南
GVO	Gerichtsvollzieherordnung	执行员条例
HGB	Handelsgesetzbuch	商法典
InsO	Insolvenzordnung	破产法
IntFamRVG	Internationales Familienrechtsverfahrensgesetz	国际家事程序法
LPartG	Lebenspartnerschaftsgesetz	生活伴侣法
ProstG	Prostitutionsgesetz	娼妓法
SGB	Sozialgesetzbuch	社会法典
SGG	Sozialgerichtsgesetz	社会法院法
StGB	Strafgesetzbuch	刑法典
UrhG	Urheberrechtsgesetz	著作权法
VwGO	Verwaltungsgerichtsordnung	行政法院法
VwVfG	Verwaltungsverfahrensgesetz	行政程序法
WÜD	Wiener Übereinkommen über diplomatische Beziehungen	维也纳外交关系公约
ZPO	Zivilprozessordnung	民事诉讼法
FamFG	Gesetz über das Verfahren in Familiensachen und in den Angelegenheiten der freiwilligen Gerichtsbarkeit	家庭案和非讼管辖事项程序法

[1] 此表为译者所加，列明了法律法规原称及缩略语。

目录
Contents

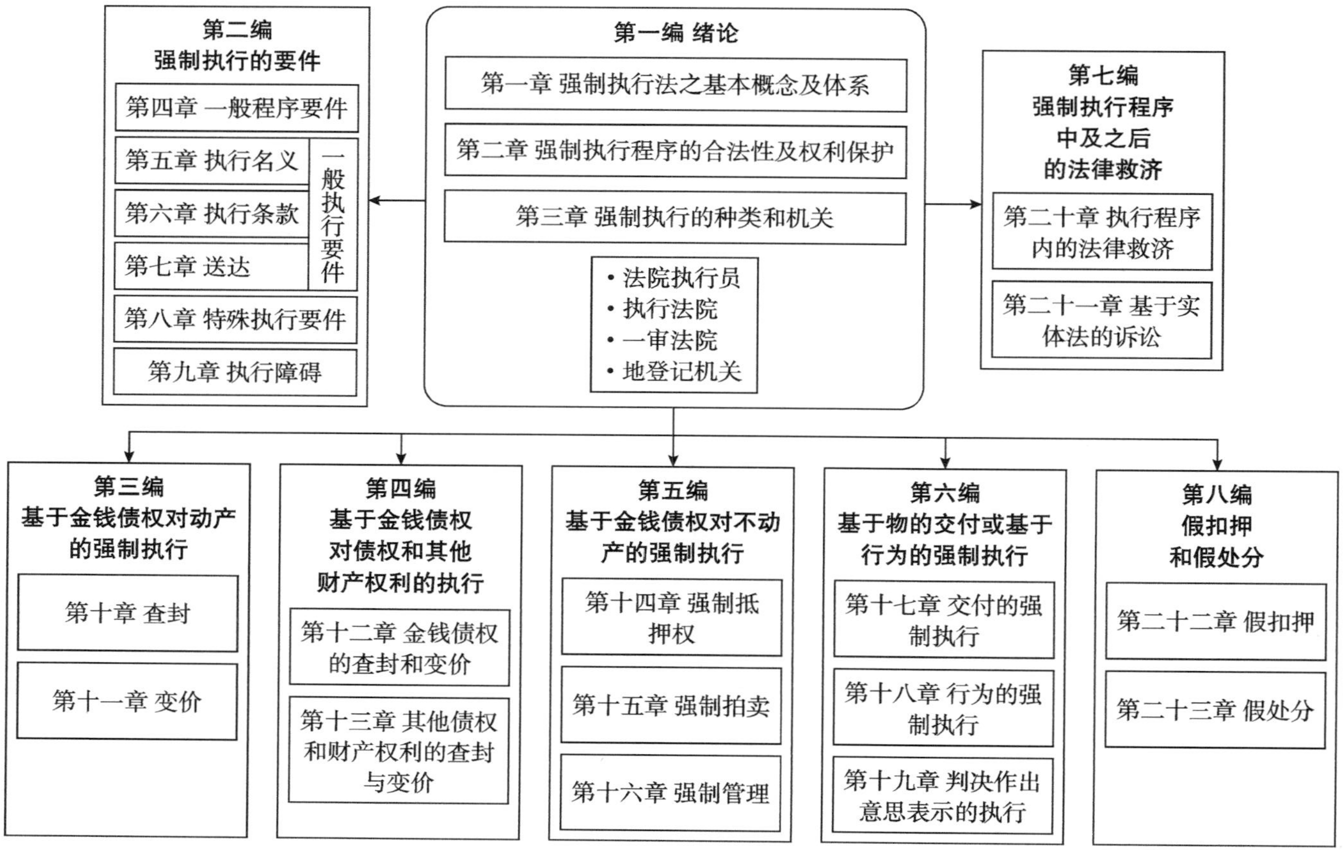
第一编 绪论
第一章 强制执行法之基本概念及体系
第二章 强制执行程序的合法性及权利保护
第三章 强制执行的种类和机关
• 法院执行员
• 执行法院
• 一审法院
• 地登记机关
第二编
强制执行的要件
第四章 一般程序要件
第五章 执行名义
第六章 执行条款
第七章 送达
一般执行要件
第八章 特殊执行要件
第九章 执行障碍
第七编
强制执行程序
中及之后
的法律救济
第二十章 执行程序内的法律救济
第二十一章 基于实体法的诉讼
第三编
基于金钱债权对动产的强制执行
第十章 查封
第十一章 变价
第四编
基于金钱债权对债权和其他财产权利的执行
第十二章 金钱债权的查封和变价
第十三章 其他债权和财产权利的查封与变价
第五编
基于金钱债权对不动产的强制执行
第十四章 强制抵押权
第十五章 强制拍卖
第十六章 强制管理
第六编
基于物的交付或基于行为的强制执行
第十七章 交付的强制执行
第十八章 行为的强制执行
第十九章 判决作出意思表示的执行
第八编
假扣押
和假处分
第二十二章 假扣押
第二十三章 假处分

第一编

绪　论

参考文献：Brox/Walker, Zwangsvollstreckungsrecht, 10 Aufl. 2014, Rn. 1 ff.; Heiderhoff/Skamel, Zwangsvollstreckungsrecht, 2. Aufl. 2013, Rn. 1 ff.; Jäckel, Die Rechtsstellung des Dritten in der Zwangsvollstreckung, JA 2010, 357 ff.; Kliebisch, Zwangsvollstreckungsrechtliche Klausuren im Assessorexamen Jus 2013, 316 ff.; Kornol/Wahlmann, Zwangsvollstreckungsrecht, 2012, Rn. 1; Lackmann, Zwangsvollstreckungsrecht, 10 Aufl. 2013, Rn.1 ff.; Lippross, Zwangsvollstreckungsrecht, 11. Aufl. 2014, Rn. 1 ff.; Schäfers, Einführung in das Zwangsvollstreckungsrecht, AL 2013, 143 ff., 217ff.

第一章　强制执行法的基本概念及体系

一、概念与范围

强制执行，是以强制方式来实现或保全私人债权的国家程序。[1]若每个债务人都自愿履行其实体法中所负的义务，就不需要强制执行了。若债务人不自愿履行，便有强制其履行或强制其提供担保的必要。此即强制执行程序的目的。 1

作为国家程序的强制执行是必要的，因为法律秩序不允许——除去极为严格的例外（如正当防卫等）——公民自己通过对其他公民实施强制力来实现其权利。相反，国家垄断强制力，也就是说，只有国家才能强制实现公民之间的权利。但同时，这也意味着每个公民都有权利向国家请求保护，以实现其对他人享有的权利。因此，司法保护请求权，不仅包括定纷止争的审判程序，还包括为了实现或保全债权的强制执行程序（即强制执行请求权）。[2] 2

不同于审判程序，强制执行程序是为了**实现或保全**债权人的债权。审判程序中，通过法庭裁判，原告也可以在诉讼中获得权利的保护。这个裁判可以是改变法律关系的形成判决（如减轻违约金），也可以是确定法律关系的确认判决（如确认租赁合同的有效终止）。在以上情形中，原告的目的已经达到；除法庭的裁决外，原告无需其他措施来保障自己权利。不同的是，当原告提起给付之诉，并进而得到一个给付判决，判决被告为或不为一定行为，或容忍一定行为时，情况有所不同。此时，仅仅获得一个给付判决，对原告来说并无太大用处，重要的是下一步如何执行该给付判决。只有被告事实上履行了判决书中的义务，原告的目的才能实现。 3

---

[1] Brox/Walker, Zwangsvollstreckungsrecht, 10. Aufl. 2014, Rn.1.

[2] Baur/Stürner/Bruns, Zwangsvollstreckungsrecht, 13. Aufl. 2006, Rn. 1.1 ff., 5.8.

4 但是，强制执行程序并不必然要以一个给付之诉的审判程序作为前置程序；强制执行法在较小范围内，也承认一些“快捷路径”。例如：在审判程序中胜诉的被告，想要原告负担其在诉讼中的费用，不必再单独起诉原告，而是可以通过费用确定程序来确认原告的赔偿义务，强制执行程序可以通过费用确定决定来实施（《民事诉讼法》第794条第1款第2项）。

另外，如果债权人的债权已经记载在可执行的公证书中，同样也不必再经审判程序，基于该公证文书就可以强制执行（《民事诉讼法》第794条第1款第5项，参见本书第5章边码27及以下数段）。

5 强制执行程序是为了实现或保全债权人的债权，不同于破产程序。破产程序不是为了实现某一个债权人的债权，而是为了平等地满足债务人的所有债权人。

▶《破产法》第1条：

为了变价债务人的财产并分配收益，使债权人能够共同受偿，……特制定本法。◀

在债务人资不抵债时，这样一个整体执行程序是必要的，每个债权人可以尽可能地受偿。在破产程序中，能够受偿的债权人面临平等的待遇（而非先到先得）。但只要债务人的财产可以清偿其所有的债务，就不必通过整体执行程序，每个债权人为了实现或确保自己的债权，需要针对债务人单独提起强制执行程序。

二、程序原则

6 强制执行是在实施国家的权力，因此，强制执行法——如所有程序法一样——属于公法。[1] 另外，如同审判程序一样，强制执行程序涉及的也是私权利，这会影响强制执行的构造。[2]

[1] Gaul/Schilken/Becker-Eberhard, Zwangsvollstreckungsrecht, 12. Aufl. 2010, § 1 Rn. 16 ff.; vgl. BGHZ 146, 17

[2] Gaul/Schilken/Becker-Eberhard, Zwangsvollstreckungsrecht, 12. Aufl. 2010, § 1 Rn. 28 ff., 34 ff.

强制执行是在债务人和债权人之间——有时也涉及第三人——发起的**双方当事人程序**，[1] 目的是实现或保全债权人（执行债权人）对债务人（执行债务人）的私权。提起强制执行程序的人是执行债权人，执行程序所针对的是执行债务人。这与当事人的实际法律地位无关，也即与债权人对债务人是否实际上享有《民法典》第 241 条第 1 款意义上的请求权无关。债权人与债务人的称谓不代表其在实体法中的地位，而是代表其在强制执行程序中所扮演的角色。在债权人和债务人之间存在民事强制执行关系。[2] 因此，如执行中涉及第三人占有的物时，第三人也可以参加执行程序。 7

强制执行程序不依职权进行，而应适用当事人主义原则（处分原则）。执行程序只有经债权人的申请才能启动，并且只能在债权人申请的范围内执行，而不得超出这一范围。债权人撤回申请的，则终结该执行程序。但是，执行程序开始的条件只有部分受债权人和债务人的影响；可以说，在很大程度上，强制执行法是强行法。[3] 8

强制执行法中保护债务人的规定，亦是如此。[4] 这些规定属于社会国原则（《基本法》第 20 条第 1 款）的具体化，同时与《基本法》第 1 条第 1 款保障人格尊严联系，应对每个公民最低限度的物质生活提供保障。举例来说，劳动收入中一定比例的部分不得查封。如果法律允许债权人干涉这个最低生活保障水平，国家应立即重新为债务人提供这一保障。最终的结果是，债权人从社会保障基金中获得受偿。因此，保护债务人的条款在很大程度上不仅符合债务人自己的利益，也符合公共利益，债务人自己不能放弃这一保护。[5] 9

由此，在内容上，强制执行法不属于《基本法》第 14 条第 1 款 1 句规定的保护财产原则，而属于同款第 2 句中的内容和权利限制的规定。 10

---

[1] Brox/Walker, Zwangsvollstreckungsrecht, 10. Aufl. 2014, Rn.9 f.

[2] Baur/Stürner/Bruns, Zwangsvollstreckungsrecht, 13. Aufl. 2006, Rn. 5.15 ff.

[3] Gaul/Schilken/Becker-Eberhard, Zwangsvollstreckungsrecht, 12. Aufl. 2010, § 5 Rn. 74ff.

[4] Baur/Stürner/Bruns, Zwangsvollstreckungsrecht, 13. Aufl. 2006, Rn. 6.14 ff.; Gaul/Schilken/Becker-Eberhard, Zwangsvollstreckungsrecht, 12. Aufl. 2010. § 5Rn. 55 ff.

[5] Baur/Stürner/Bruns, Zwangsvollstreckungsrecht. 13. Aufl. 2006, Rn. 10.1 ff.; Jauernig/Berger, Zwangsvollstreckungs-und Insolvenzrecht 23. Aufl. 2010, Rn. 28.

▶《基本法》第 14 条：

（1）保障财产权和继承权。有关内容和权利限制由法律予以规定。◀

这一规定适用于债权人以执行方式获得保障的财产权，也同样适用于债权人意欲干预的债务人的财产。因此，立法者有义务制定一部针对双方当事人法律地位合乎比例的强制执行法。在解释和适用强制执行法时，对双方的法律地位也必须要考虑比例原则。[1]

如果债权人的目的不是指向债务人的财产，而是涉及通常的行为自由时（例如对作为或不作为的执行），后者受到《基本法》第 2 条第 1 款中不受不成比例干涉的保护。

11 在立法上，强制执行程序是这样构造的：它应能迅速而有效地实现债权人的利益。这首先导致了强制执行法中普遍存在的形式化。[2] 只要存在这些形式化的前提条件，债权人就可以进入执行程序。这意味着功能的分离，并减轻了执行机构的负担，但同时他们也要受此约束。对结果的纠正通常是在事后的法律补救制度中做出。以下通过两个例子加以说明：

12 （1）在强制执行程序中，是否有权追索某个特定的、实体法上的请求权，完全取决于所谓的执行名义（例如要求债务人履行债务的判决），[3] 而不取决于作为基础的债之关系（《民法典》第 241 条）。例如，如果债务人在判决后已经自愿履行了自己的义务，尽管根据《民法典》第 362 条的规定，实体法上的债权已经消灭，但直到债务人根据《民事诉讼法》第 767 条向执行法院提起执行异议之诉并获得判决前，强制执行程序仍然是可能的。

[1] Vgl. BVerfG NJW 2009，1259. Kritisch dazu Jauernig/Berger，Zwangsvollstreckungs- und Insolvenzrecht，23. Aufl. 2010，Rn. 43 f.，und Gaul/Schilken/Becker-Eberhard，Zwangsvollstreckungsrecht，12. Aufl. 2010，§ 3Rn.46 ff. und § 5 Rn. 79. Vgl. Fischer，Die unverhältnismäßige Zwangsvollstreckung，Rpfleger 2004，599ff. Zum Grundrechtsschutz außerdem BVerfG NJW 2012，2500.

[2] Gaul/Schilken/Becker-Eberhard，Zwangsvollstreckungsrecht. 12. Aufl. 2010，§ 5 Rn. 39ff.

[3] BGHZ 118，229 = NJW 1992，2160（2161）：“基于执行程序的形式性，在执行名义存在实体权利瑕疵的情况下，执行机构仍必须强制执行。”

▶《民事诉讼法》第 767 条：

（1）涉及判决所确定的请求权本身的抗辩，债务人可以以诉的方式……主张。◀

（2）强制执行程序对具体如何执行的规定，如对特定请求清偿的请求权如何实现，也是格式化的：可执行的客体满足形式要求即可。[1] 因此，执行员对债务人占有的动产是可以查封的。 13

▶《民事诉讼法》第 808 条：

（1）对债务人所持有的有体动产的查封，由执行员……。◀

所有权的状况并不重要，执行员也不能一眼确定。如果该物事实上真的属于第三人，则执行案件尽管是违反实体法的（实质上只有债务人的财产可以用来清偿，而不是第三方的），但在执行法的意义上，执行程序也是没有瑕疵的。第三人就其实体权利必须对债权人单独提起诉讼（《民事诉讼法》第 771 条，第三人异议之诉）。

▶《民事诉讼法》第 771 条：

（1）第三人主张在强制执行的标的物上有……的权利时，可以向……提起异议之诉。◀

程序的快速和有效性也符合延期听审的原则（Prinzip des aufgeschobenen Gehörs）。[2] 为了不影响执行效果，在执行程序启动之前，债务人往往没有获得听审的权利（例如《民事诉讼法》第 834 条），而是在事后提出的法律救济程序中才有。 14

▶《民事诉讼法》第 834 条：

在查封前，关于查封申请，不询问债务人。◀

---

[1] BGH NJW-RR 2010, 16（17）.

[2] Gaul/Schilken/Becker-Eberhard, Zwangsvollstreckungsrecht, 12. Aufl. 2010, §5 Rn. 78.

15 最后，强制执行法在法律结果方面的特点与实体法相对应的优先原则：在执行程序中，债权人在债务人的财产上所能获得的权利，与其他人的权利相比，取决于采取执行措施的时间。换句话来说，就是先到先得，也即先采取行动的，能够获得更优的权利。

▶《民事诉讼法》第 804 条：

（3）查封在先所生的质权优先于查封在后所生的质权。◀

三、强制执行法的体系

16 强制执行法的大部分内容规定在《民事诉讼法》的第八编，主要是在前四章。第一章是通则，规定了执行程序的一般和特殊条件，以及执行机构和救济措施，第二章和第三章针对不同的执行目的，设置了一些具体的规则（参见本书第 3 章边码 1 及以下数段）。在 2012 年 12 月 31 日以前，第四章规定的是代宣誓的保证与拘留。第五章规定的是通过假扣押与假处分实施的强制执行。

强制执行法中的假扣押与假处分部分让人感到奇怪；主要是因为今天看来，假处分更像是审判程序中的问题。目前这一法律体系的依据在于，强制执行程序是为了实现**或保全**债权人的债权，而假扣押与假处分也同样服务于这一目的。

17 第二章规定的是满足金钱债权的强制执行。实现或确保一项金钱债权有很多种方法，可以对动产或不动产实施查封。[1] 本章的第二节和第三节

---

[1] 译者注：《德国民事诉讼法》对于动产及债权、其他权利的执行使用 Pfändung 一语（第 803 条、第 808 条、第 810 条第 1 项、第 829 条、第 830 条、第 847 条等），不动产的执行是通过法院作出拍卖裁定，故称为 Beschlagnahme（《德国民事诉讼法》第 810 条第 1 项、第 865 条第 2 项；《德国强制拍卖法》第 20、22、23 条），而不使用 Pfändung。因此我国学者有将 Pfändung 译为扣押，而将 Beschlagnahme 译为查封（参见周翠在：《德国民事诉讼法基础教程》，中国政法大学出版社 2005 年版，第 369 页关于 Verstrickung 的译法说明）。但实际上两者内涵并无不同，常常也有混用现象（参见 Gaul/Schilken/Lakkis, Zwangsvollstreckungsrecht, 12. Aufl., 2010, § 48 Rn.1; Stein/Jonas/Grunsky, Kommentar zur Zivilprozessordnung, 22. Aufl., 2002, § 803 Rn. 3 等）。我国学说已有主张统一采用“查封”用语，《强制执行法草案》历来使用“查封”这一用语（参见孙忠志：《关于〈民事强制执行法草案（第三稿）〉》的说明，载黄松有主编：《强制执行法起草与论证（第二册）》，中国人民公安大学出版社 2004 年版，第 38 页），因此，本书中，译者将金钱债权执行程序中对动产、不动产、债权及其他权利等采取的查封、扣押措施统一译为查封措施。

是根据执行程序中所针对的客体来设置的，其中第二节除通则外（第一目），又分为对有体动产的强制执行（也即《民法典》意义上的有体动产；第二目）和对债权及其他财产权的强制执行（第三目）。

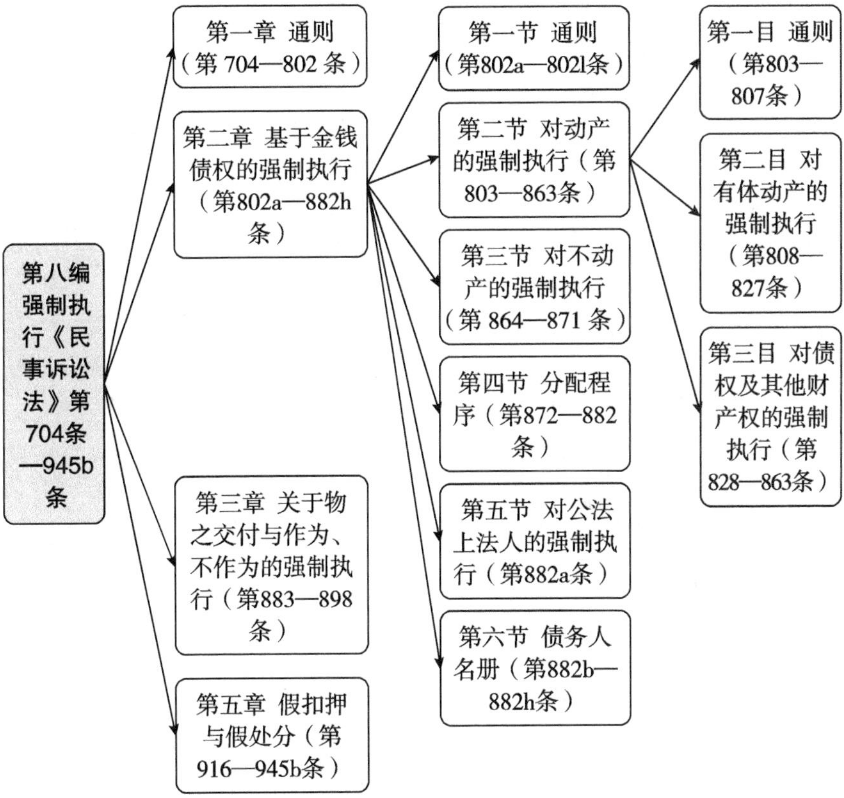

对不动产的强制执行规定包括《民事诉讼法》第864条至第871条，18
另外，根据《民事诉讼法》第869条的规定，还通过《强制拍卖与强制管理法》得到补充，主要是在该法的第一章和第二章中。第三章规定的情况和强制执行程序并无关系。

▶《民事诉讼法》第869条：

强制拍卖与强制管理，另以法律规定之。◀

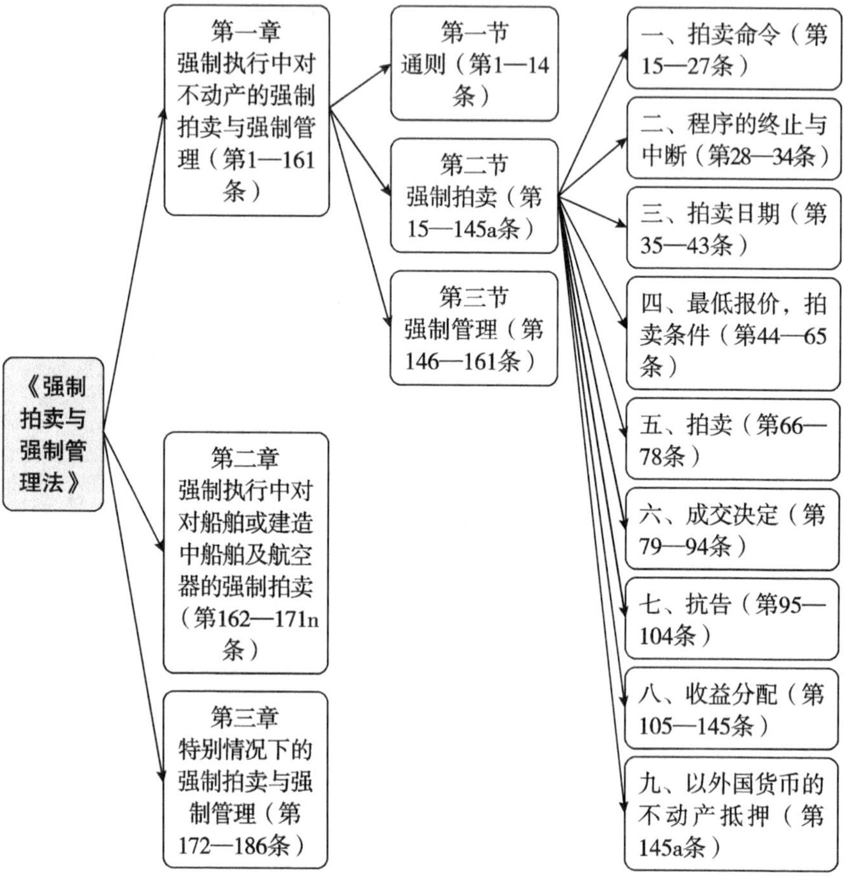

19 此外，强制执行程序仍然是民事诉讼法律体系的一部分，因此，《民事诉讼法》其他编的规定，尤其是第一编总则部分（第1—252条）的规定，原则上应当适用，同样还包括《法院组织法》和《司法辅助官法》。

第二章　强制执行程序的合法性及权利保护

强制执行在符合法定要件时是合法的。仅在很小的范围内可以对其进行事后的修正。如果强制执行不符合法定要件，则会面临其法律后果以及如何提供权利保护的问题。 1

一、是否为强制执行及具体内容如何

法定要件一方面可以界定是否为强制执行程序，另一方面也规定了强制执行程序具体如何进行，也即强制执行程序以及程序中采取的具体执行行为是否是按照要求进行的。[1] 2

（一）是否为强制执行程序

强制执行程序和其他民事程序一样，如果要开始一个强制执行，则原则上必须要满足**一般程序要件**（allgemeinen Verfahrensvoraussetzungen）（参见下文第四章）： 3

- 符合规定的执行申请
- 德国裁判权
- 合法的诉讼途径
- 执行机构有管辖权
- 当事人能力和诉讼能力
- 诉讼实施权限
- 有权利保护必要

此外，如果要开启强制执行，还必须要具备强制执行的一般要件（**一般执行要件，allgemeine Vollstreckungsvoraussetzungen**）： 4

---

[1] Kornol/Wahlmann，Zwangsvollstreckungsrecht，2012，Rn. 20 und 51；vgl. auch BGH NJW 2004，3041（3042）.

■ 执行名义
■ 执行条款
■ 送达

首先，必须要有一个生效的、可执行的执行名义。执行名义是一种公文书，由国家发给债权人用以证明他可以对债务人要求执行或保全其权利（参见下文第五章）。执行名义还必须要再配上执行条款，也即用执行条款来证成执行名义的可执行性（参见第六章）。此外，在开始采取执行行为之前，要将执行名义送达给债务人（下文第七章）。

5 其次，开始强制执行程序还需要根据执行名义的内容满足一些**特殊执行要件**（besondere Vollstreckungsvoraussetzungen）：日期届满或证明已提供担保（《民事诉讼法》第 751、752 条），或者是对待给付中债权人作出对待给付（第 756、765 条，下文第八章）。

6 最后，不能存在**执行障碍**（Vollstreckungshindernis）（下文第九章）。在有阻碍执行的法院判决以及债务人证明已经清偿、债务延期、支付或转账等情况时，存在执行障碍（《民事诉讼法》第 775 条）。另外，在遗产债权人承认继承前，不能继承人个人的财产强制执行；承认继承前，继承人的债权人也不能对遗产强制执行（《民事诉讼法》第 778 条）。最后，破产程序开启后不能再对债务人的财产强制执行（《破产法》第 89、90 条）。

7 通常来说，这些要件适用于所有的强制执行，但对于具体采取的执行行为（下文第三章）来说可能会根据法律的要求有所修正。

（二）如何进行强制执行

8 在强制执行的实施层面上首先要考虑的问题是，目前采取的执行行为和想要达到的执行目的是否吻合。这涉及不同执行种类的适用范围。

举例：基于金钱债权的执行不能采取监禁的措施，因为法律没有规定这一手段。

9 而且，执行行为必须要指向正确的被执行人，尤其是要指向正确的被执行财产。

举例：在金钱债权执行中对动产执行的前提是，债务人占有动产或者第三人准备返还动产。

最后，执行行为还必须采用正确的**方式和方法**、按规定的正当程序展开，并遵守法律规定的限制，尤其是比例原则的限制。 10

二、违法——执行行为的无效和撤销

如果合法性前提要件（Rechtmäßigkeitsvoraussetzungen）不具备，产生的问题是会造成何种法律后果。首先我们需要确定，在欠缺法定要件时，执行行为是**违法的**。[1] 11

即便债权人和债务人达成了符合执行法的有效的执行约定，也不能改变这一状况。因为，原则上，超出法律框架扩展强制执行是不允许的。法律规定的框架并不是建立在执行当事人的处分权之上（上文第一章边码 8 及以下）。相反，强制执行行为不仅会因为违反法律而违法，也同样会因为违反执行约定而违法。 12

例如，在执行约定中对执行的时间作一定的限制，债权人不得在某一日期到达前尝试进行强制执行。也可以约定债权人不得对特定财产进行强制执行。

这些产生执行限制效力的执行约定无须特殊要件就可以发生效力。只不过有争议的是，在违反执行约定时应当适用何种执行救济措施。[2]

违法的执行行为的法律后果，首先可以想到的是国家责任请求权（Staatshaftungsansprüche）（《民法典》第 839 条结合《基本法》第 34 条），由于面临的是因公务行为采取的措施，对违法执行行为的反抗很有可能是不会受到刑事处罚的（《刑法典》第 113 条第 3 款第 1 句、第 136 条第 3 款第 1 句）。[3] 13

和其他行政程序法一样，执行行为的违法并不必然导致执行行为不产生相应的法律效果。多数情况下，仅在执行行为存在严重瑕疵时才会导致其**无效**（《行政程序法》第 44 条第 1 款）。 14

---

[1] Vgl. BGH NJW-RR 2009, 601（Rn. 11）.

[2] 进一步论述参见 Kornol/Wahlmann, Zwangsvollstreckungsrecht, 2012, Rn. 50; Baur/Stürner/Bruns, Zwangsvollstreckungsrecht, 13. Aufl. 2006, Rn. 10.5 ff.; vgl. BGH NJW 1991, 2295.

[3] 具体参见 Gaul/Schilken/Becker-Eberhard, Zwangsvollstreckungsrecht, 12. Aufl. 2010, § 7 Rn. 1 ff.; BGHNJW-RR 2009, 601.

▶《行政程序法》第 44 条：

（1）行政行为存在特别严重瑕疵，考虑一切情况而理智地判断，该瑕疵皆为明显者，行政行为无效。◀

除此之外，违法的执行行为并不当然无效，而仅为**可撤销**。[1]

三、强制执行中的权利保护

参考文献：Brox/Walker，Zwangsvollstreckungsrecht，10. Aufl. 2014，Rn. 1159 ff.；Lackmann，Zwangsvollstreckungsrecht，10. Aufl. 2013，Rn. 21 ff.；Kornol/Wahlmann，Zwangsvollstreckungsrecht，2012，Rn. 53 ff.；Heiderhoff/Skamel，Zwangsvollstreckungsrecht，2. Aufl. 2013，Rn. 18 ff.；Kaiser，Besondere Anträge neben Zwangsvollstreckungsrechtsbehelfen des Schuldners，NJW 2014，364 ff.；Lippross，Zwangsvollstreckungsrecht，11. Aufl. 2014，Rn. 13 ff.；Preuß，Rechtsbehelfe in der Zwangsvollstreckung，Jura 2003，181 ff.，540 ff.；Schreiber，Die Rechtsschutzmöglichkeitendes Vollstreckungsschuldners，Jura 2011，110 ff.；Stackmann，Eilentscheidungenzur Vollstreckungsabwehr，JuS 2006，980 ff.

15 执行程序中的权利保护主要包括撤销执行行为和停止执行行为。是否采取以上两种执行救济取决于执行行为（是否为以及如何进行）是否合法。一般来说，执行中的权利保护首先关涉的问题是执行行为是否符合强制执行法。对此适用的是**执行程序内的法律救济措施**（vollstreckungsinternen Rechtsbehelfe）。[2] 从广泛意义来说，执行保护申请（Vollstreckungsschutzantrag）也属于执行内部救济措施，包括债务人提起的保护申请，以及债权人反对进行执行保护的权利保护。

16 此外，强制执行中的权利保护还不得不和**实体法**产生关联。实体法虽然在遵守强制执行法方面原则上没有任何作用（形式化原则，上文第一章边码 11 及以下数段），但必须——事前或事后——根据它对执行结果进行矫正。这一方面表现在依据实体法的特别执行诉讼，另一方面表现在一般性的给付和确认之诉。

---

[1] Vgl. BGHZ 30，173 = NJW 1959，11873（1874）；BGH NJW 1979，2045（2045f.）；Brox/Walker，Zwangsvollstreckungsrecht，10. Aufl. 2014，Rn. 362 ff.

[2] Lackmann，Zwangsvollstreckungsrecht，10. Aufl. 2013，Rn. 23.

最后，强制执行中的权利保护还包括在执行条款程序（参见下文第六章边码 35 及以下数段）和假扣押程序（第二十二章边码 11、12）中的法律救济。 17

（一）执行内部法律救济

强制执行法中有数个不同的内部法律救济措施。主要是： 18

■ 根据《民事诉讼法》第 766 条的**抗议**（Erinnerung）

■ 根据《民事诉讼法》第 793 条、第 567 条及以下条文的**即时抗告**（sofortige Beschwerde）

■ 根据《土地登记簿法》第 71 条的**土地登记抗告**（Grundbuchbeschwerde）

即时抗告（下文第二十章边码 26 及以下数段）应为执行内部救济措施的基本情形。根据《民事诉讼法》第 766 条的抗议（下文第二十章边码 4 及以下数段）是即时抗告的补充。最后，土地登记抗告（第十四章边码 11）是第 766 条抗议的特殊形式。

所有这些法律救济不取决于由法官还是由司法辅助官来处理（《司法辅助官法》第 1 条第 1 款）。如果这些救济措施都不允许，在涉及司法辅助官作出的裁定时，出于宪法上的原因，[1]《司法辅助官法》第 11 条第 2 款提供了对**司法辅助官抗议**（下文第二十章边码 44）的辅助法律救济措施。 19

作为最后的法律救济措施，[2] 在强制执行成为一种有违善良风俗的苛酷行为时，债务人可以根据《民事诉讼法》第 765a 条申请**执行保护**（下文第二章边码 45 及以下数段）。这一救济措施的兜底特征表明，只要债务人没有用尽其他救济措施，强制执行原则上就不是有违善良风俗的苛酷行为。[3] 20

（二）基于实体法的诉讼

实体法主要是通过执行之诉得到适用的： 21

■ 如果债务人想要主张对要清偿的请求权享有实体法上的抗辩的，可以

[1] BVerfG NJW-RR 2001, 1077.

[2] MünchKommZPO/Heßler, 4. Aufl. 2012, § 765a Rn. 6.

[3] Hk-ZPO/Kindl, 6. Aufl. 2015, § 765a Rn. 3.

根据《民事诉讼法》第 767 条提起**执行异议之诉**（Vollstreckungsabwehrklage）

■ 如果债务人想要主张执行名义有效性的抗辩的，可以准用《民事诉讼法》第 767 条提起**执行名义否认之诉**（Titelgegenklage）

■ 如果第三人想要主张享有阻碍执行的权利的，可以根据《民事诉讼法》第 771 条提起**第三人异议之诉**（Drittwiderspruchsklage）

■ 如果第三人想要在查封的动产之上主张享有质权或优先权的，可以根据《民事诉讼法》第 805 条提起**优先受偿之诉**（Klage auf vorzugsweise Befriedigung）

■ 根据《民事诉讼法》第 878 条及以下条文可以在分配程序中提起**异议之诉**（Widerspruchsklage）

这些诉讼被称为执行程序中的诉讼，因为它们被单独规定在了《民事诉讼法》第八编中。它们的适用范围排除了《民事诉讼法》第一至七编中的给付、确认和形成之诉。它们的共同点在于，债务人、第三人或其他债权人在执行程序中可以通过这些诉讼来主张自己的实体权利。

22 但要注意的是，也存在一些需要主张执行程序之外的实体权利的情况。因此还要保留适用一般的给付、确认和形成之诉。需要考虑适用一般**给付之诉**的重要案例（下文第二十一章）有：

■ 准用《民法典》第 371 条债务人要求债权人返还执行名义的**返还之诉**（Herausgabeklage）

■ 如果债权人有违善良风俗地骗取执行名义，或者有违善良风俗地利用已经取得的执行名义时，债务人根据《民法典》第 826 条提起的**损害赔偿之诉**（Schadensersatzklage）

■ 根据《撤销法》第 11、13 条提起的**撤销之诉**（Anfechtungsklage），债权人可以要求第三人提供以撤销方式取得的用以清偿的标的物

■ 在**执行程序结束**后，债务人或第三人提起的损害赔偿或不当得利之诉，对拍定人（Ersteigerer）主张物的返还或者对债权人主张利益的返还（尤其是所谓的事后的执行异议之诉或事后的第三人异议之诉）

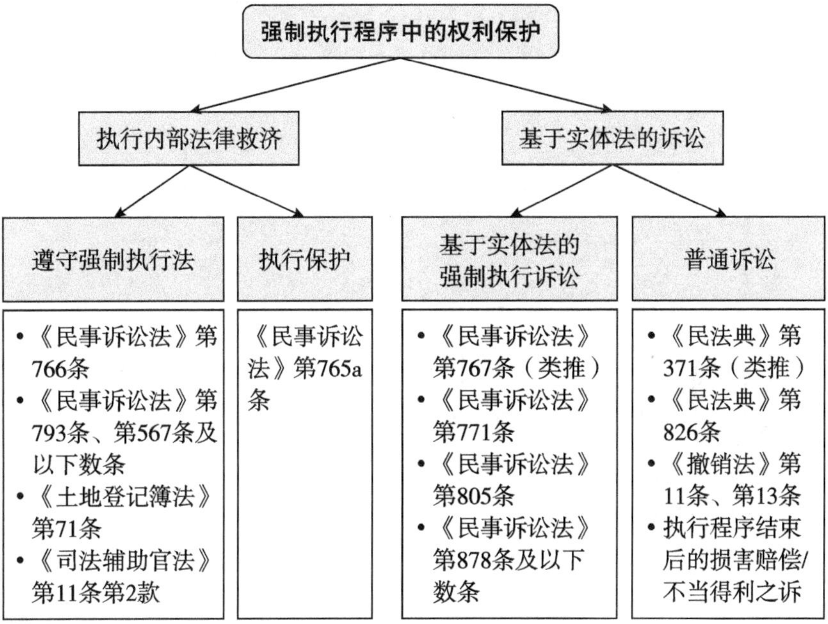
强制执行程序中的权利保护
执行内部法律救济
基于实体法的诉讼
遵守强制执行法
执行保护
基于实体法的强制执行诉讼
普通诉讼
•《民事诉讼法》第766条
•《民事诉讼法》第793条、第567条及以下数条
•《土地登记簿法》第71条
•《司法辅助官法》第11条第2款
《民事诉讼法》第765a条
•《民事诉讼法》第767条（类推）
•《民事诉讼法》第771条
•《民事诉讼法》第805条
•《民事诉讼法》第878条及以下数条
•《民法典》第371条（类推）
•《民法典》第826条
•《撤销法》第11条、第13条
•执行程序结束后的损害赔偿/不当得利之诉

第三章　强制执行的种类和机关

一、强制执行和执行行为的种类

1　强制执行法的规则体系是建立在根据所要达成的强制执行目标对不同执行行为进行区分之上的。而执行行为目标则主要来自想要借助于强制执行实现的不同种类的**请求**：

- 金钱债权
- 物的交付或返还
- （其他的）行为

2　进一步讲，执行目标通过要采取干涉手段的种类进行具体化，也即在金钱债权的情形，根据要执行的债务人财产而分为对动产（包括动产、债权和其他财产权）的执行和对不动产的执行。如果是物的交付或返还，干涉的种类取决于要交付或返还的动产或不动产是在债务人还是在第三人的占有之下。如果是其他的行为，如何采取干涉手段，可以根据执行的目标是一个可以替代的行为还是一个不可以替代的行为，是一个债务人不作为或容忍的行为还是判决债务人应作出意思表示的行为。

3　强制执行的种类因此可以分为以下不同的种类。

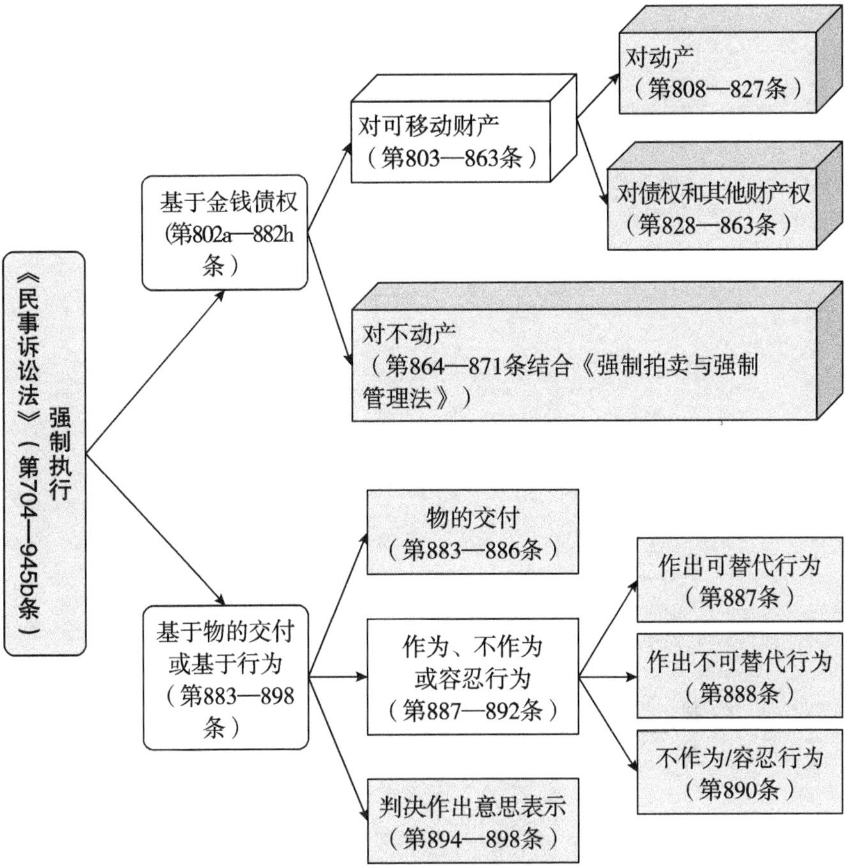

与执行种类相关联的是应该采取哪些**执行行为**以及具体由哪个国家机关（执行机关）享有职能管辖（下文边码 13） 4

强制执行的种类	执行行为	执行机关
基于金钱债权对动产的执行（《民事诉讼法》第 802a 条及以下数条，第 803 条及以下数条，第 808 条及以下数条）	查封—拍卖—价款分配	执行员
基于金钱债权对债权和其他财产权的执行（《民事诉讼法》第 802a 条及以下数条，第 803 条及以下数条，第 828 条及以下数条）	查封—转付裁定	地方法院作为执行法院

续表

<table>
<tr><th>强制执行的种类</th><th>执行行为</th><th>执行机关</th></tr>
<tr><td rowspan="2">基于金钱债权对不动产的执行
（《民事诉讼法》第 802a 条及以下数条，第 864 条及以下数条，结合《强制拍卖与强制管理法》）</td><td>强制抵押权：登记</td><td>地方法院作为土地登记机关</td></tr>
<tr><td>强制拍卖，强制管理：命令—拍卖 / 管理—价款分配</td><td>地方法院作为执行法院</td></tr>
<tr><td>关于物的交付或返还的执行
（《民事诉讼法》第 883 条及以下数条）</td><td>取走—交给债权人</td><td>执行员</td></tr>
<tr><td>关于可代替行为的执行
（《民事诉讼法》第 887 条）</td><td>替代履行</td><td rowspan="3">一审法院</td></tr>
<tr><td>关于不可代替行为的执行
（《民事诉讼法》第 888 条）</td><td>惩罚措施</td></tr>
<tr><td>关于不作为 / 容忍义务的执行
（《民事诉讼法》第 890 条）</td><td>违反义务的处罚</td></tr>
<tr><td>关于判决作出意思表示的执行
（《民事诉讼法》第 894 条及以下数条）</td><td colspan="2">法律上拟制其作出意思表示</td></tr>
</table>

（一）基于金钱债权对动产的执行

5　基于金钱债权对动产的执行（本书第三编）分为三个步骤。第一步是**查封**。查封是一个国家公权力行为，通过查封，剥夺了债务人对动产或权利的处分权，并将查封物置于为债权人利益可变价的状态（束缚，Verstrickung）[1]，另外在其上为债权人设立了一个质权。

▶《民事诉讼法》第 803 条：

（1）对动产的强制执行，以查封的方法进行……

《民事诉讼法》第 804 条：

（1）查封后，债权人在查封物上取得质权。◀

[1] Baur/Stürner/Bruns, Zwangsvollstreckungsrecht, 13. Aufl. 2006, Rn. 27.1.

对动产的查封，执行员享有职能管辖。他采取占有被查封物的方式进行查封。第二步，被查封的标的需要为债权人的利益进行变价。动产的变价原则上是由执行员进行职能管辖，执行员拍卖被查封物，拍定人拍下，执行员收取拍卖价款的同时交付拍卖物。最后一步是将拍卖的**价款交付**给债权人。 6

▶《民事诉讼法》第 808 条：

（1）对债务人所持有的有体动产的查封，由执行员占有其物而实施。

《民事诉讼法》第 814 条：

（1）被查封物应由执行员进行公开拍卖◀

（二）基于金钱债权对债权和其他财产权的执行

基于金钱债权对债权和其他财产权的执行（本书第四编）也是以查封债权和其他财产权开始的。查封采取发布查封裁定的方式进行。债权和其他财产权的变价则是通过转付裁定转付给债权人。债权人此时可以自己主张享有这些债权和其他财产权，并通过他们获得清偿。查封和变价是由地方法院作为执行法院并享有职能管辖。 7

▶《民事诉讼法》第 828 条：

（1）以对债权及其他财产权的强制执行为目的的审判上的行为，由执行法院实施。

《民事诉讼法》第 829 条：

（1）法院在查封金钱债权时，应禁止第三债务人向债务人支付。法院应同时向债务人发出命令，禁止其对债权作出任何处分，特别是不得收取债权……

《民事诉讼法》第 835 条：

（1）查封的金钱债权……转付于债权人。

《民事诉讼法》第 857 条：

（1）除以不动产为强制执行的标的者外，对其他财产权的强制执行，准用以上的规定。◀

（三）基于金钱债权对不动产的执行

8 基于金钱债权对不动产的执行（本书第五编）通过强制抵押权、强制拍卖或强制管理的方式实施。

▶《民事诉讼法》第 866 条：

（1）对不动产的强制执行，以登记债权上的保全抵押权、强制拍卖与强制管理的方式实施。◀

强制抵押权通过在土地登记簿上**登记**保全抵押权的方式设立。地方法院作为土地登记机关享有职能管辖。

强制拍卖或强制管理由地方法院作为执行法院通过**发布**裁定的方式实施。强制拍卖不动产是通过**拍卖**和对拍定人作出拍卖成交决定来实现变价，强制管理是通过管理不动产的方式变价。最后是分配变价款。

▶《强制拍卖与强制管理法》第 20 条：

（1）基于有利于债权人的考虑，启动强制拍卖程序的裁定视为对土地的查封。

《强制拍卖与强制管理法》第 90 条：

（1）……买受人就因拍卖成交而成为不动产所有权人。◀

（四）关于交付（返还）物或行为的执行

9 交付或返还物的执行（本书第十七章）通过将物从债务人处**取走**并**交付**给债权人的方式实施。两者均由执行员享有职能管辖。

▶《民事诉讼法》第 883 条：

（1）债务人应交付动产……时，由执行员将物从债务人处取走并交给债权人。

《民事诉讼法》第 885 条：

（1）债务人应交付不动产……时，执行员应解除债务人的占有，并使债权人取得占有……◀

强制实施行为的执行，在可替代行为时，通过**替代行为**的方式实现；一审法院可以授权债权人自己实施行为，费用由债务人承担。如果行为是不可替代的，则是通过施加惩罚措施的方式实现，同样也是由一审法院享有职能管辖，由其发布惩罚命令。 10

▶《民事诉讼法》第 887 条：

（1）债务人不履行某种行为，而此项作为是第三人可以实行的，一审法院依申请授权债权人，以债务人的费用实行。

《民事诉讼法》第 888 条：

（1）一种作为不能由第三人实行，而是完全取决于债务人的意思时，一审法院依申请可以宣告，债务人如不实行该项作为时，将处以强制罚款；如仍不实行，将处以强制拘留……◀

关于不作为（或容忍某种作为）的执行，是通过对债务人的每一个违反行为处以违警措施（Ordnungsmittel，包括违警罚款和违警拘留）的方法实施。同样由一审法院享有职能管辖，在债务人作出违反行为前，违警措施只是作为威胁手段，之后则由法院通过裁定确定具体惩罚内容。 11

▶《民事诉讼法》第 890 条：

（1）债务人违反其不作为或容忍某种作为的义务时，一审法院应依债权人的申请因每一次违反行为对债务人处以违警罚款，如仍不遵行，处以六个月以下的违警拘留……◀

如果债务人是被判决作出意思表示，其执行方法是通过法律拟制来完成的（本书第十九章）。 12

▶《民事诉讼法》第 894 条：

债务人受到判决，应作出一定意思表示的，判决确定时视为已作出意思表示……◀

二、法院执行员

参考文献：Brox/Walker, Zwangsvollstreckungsrecht, 10. Aufl. 2014, Rn. 11 ff.; Gaul/Schilken/Becker–Eberhard, Zwangsvollstreckungsrecht, 12. Aufl. 2010, §§25 f.; Glenk, Unverzichtbares Allerlei – Amt und Haftung des Gerichtsvollziehers, NJW 2014, 2315 ff.; Kornoll/Wahlmann, Zwangsvollstreckungsrecht, 2012, Rn. 7; Lackmann, Zwangsvollstreckungsrecht, 10. Aufl. 2013, Rn. 11 f.; Lippross, Zwangsvollstreckungsrecht, 11. Aufl. 2014, Rn. 20 ff.; Schreiber, Die Zwangsvollstreckungdurch den Gerichtsvollzieher, Jura 2006, 742 ff.

（一）概念与管辖

13 法院执行员是受托实施送达、传讯和执行任务的司法公职人员（《法院组织法》第 154 条），是独立的司法机关。

14 执行员享有所有没有分配给法院的执行行为的职能管辖（《民事诉讼法》第 753 条第 1 款）。

▶《法院组织法》第 154 条：

受托实施送达、传讯和执行任务官员（法院执行员）的服务和业务关系……

《民事诉讼法》第 753 条：

（1）强制执行，除应由法院实施的外，由执行员受债权人的委任实施。◀

执行员享有职能管辖的主要事项包括：

- 对动产的查封和变价，《民事诉讼法》第 808 条及以下条文
- 物的交付或返还，《民事诉讼法》第 883 条及以下条文

不属于职能管辖的执行行为是无效的。[1]

此外，执行员享有职能管辖的行为还包括：债务人居留地的查封（《民

[1] Baur/Stürner/Bruns, Zwangsvollstreckungsrecht, 13. Aufl. 2006, Rn. 8.9, 11.3.

事诉讼法》第 755 条），要求债务人提供财产报告（《民事诉讼法》第 802c 条），特定情形下实施拘留措施，以及将债务人记入债务人名簿（《民事诉讼法》第 882c 条）。

执行员的地域管辖范围包括其受聘的地方法院的辖区。如果执行员超 15
出地域管辖执业，执行行为只是可撤销，而非无效。[1]

《民事诉讼法》第 754 条至第 763 条规定了执行员的**程序**事项，主要 16
是关于执行委任、记录、记录管理，以及尤其要注意的是关于使用武力和搜查房屋的规定。

此外涉及的法律还有《执行员条例》以及关于执行员程序的《执行员业务指南》。两者均是行政法规，不能适用于执行员和债权人、债务人或第三人之间的关系，也就是说，即便执行员违反了这些规定，也不会导致执行行为违法。因此，违规只会涉及职务监督申诉，没有强制执行法中法律救济措施的适用。在一定情形下可能会产生国家赔偿责任。

（二）和债权人、债务人及第三人的关系

根据《民事诉讼法》第 753 条第 1 款，执行员实施强制执行是受债权 17
人的**执行委任**（Vollstreckungsauftrag）。执行委任是一般性的委任。它是程序性的申请，而非《民法典》第 662 条及以下条文意义上的委托。因此，执行员只是在强制执行法框架下受执行委任的约束。执行员和债权人之间的法律关系是公法性质的。[2]

▶《民事诉讼法》第 753 条：
（1）强制执行，除应由法院实施的外，由执行员受债权人的委任实施。◀

执行委任可以直接寄送给执行员，也可以通过地方法院的书记科转交

[1] Stein/Jonas–Münzberg, ZPO, 22. Aufl. 2002, § 753 Rn. 4.

[2] RGZ 82, 85 (86 ff.); Brox/Walker, Zwangsvollstreckungsrecht, 10. Aufl. 2014, Rn. 12.

给执行员（《民事诉讼法》第753条第2款）。如果地方法院有多个执行员，则会设置一个执行委任分配科（《法院组织法》第22条及以下条文），债权人也可以将委任直接寄送给他们。

18 法院执行员是一个执行机关，既非债权人的代理人也非他的履行或事务辅助人。因此，执行员的行为不能归属到债权人，债权人也不承担其违反职责的后果，在有违反职责时可以考虑的是国家赔偿请求权。[1]

19 尽管执行委任在内容上是一般性的委任，债权人仍然可以给出**指示**，例如，将委任限制在收取部分金额，或者对特定标的物排除强制执行。债权人的指示如果不违反法律或者《执行员业务指南》，执行员应当重视（《执行员业务指南》第31条第2款）。[2] 关于强制执行实施的期望，只有在不产生额外费用或困难且不影响执行目的时，执行员才需要重视（《执行员业务指南》第58条第2款）。

▶《执行员业务指南》第31条：

（2）债权人的指示如不违反法律或者执行业务指南，执行员应当重视。

《执行员业务指南》第58条：

（1）执行程序中，在不危及强制执行成果的前提下，执行员应同时维护债权人及债务人的利益。执行员应避免对债务人造成不必要的伤害或名誉损害，不得引起多余的注目。执行员应注意仅产生绝对必要的费用和花费。

（2）对于债权人或债务人关于强制执行实施可能的期望，只有在不产生额外费用或困难且不影响执行目的时，执行员才需要考虑。◀

20 债权人委任执行员实施强制执行并将有执行力的正本交付执行员后（上文第二章边码4），债权人不仅完成了开启强制执行的要件，而且根据法律的规定还在实体法领域完成了两个**授权**：一是执行员即可允许债务人清偿或部分清偿，受领清偿并发给受领证明；二是在债权人没有排除的情况下，执行员可以根据《民事诉讼法》第802b条的规定为债权人达成支付协议。

---

[1] BGH NJW 2001, 434.

[2] Hk-ZPO/Kindl. 6. Aufl. 2015, § 753 Rn. 8; MünchKommZPO/Heßler, 4. Aufl. 2012, § 754 n.F. Rn. 24.

▶《民事诉讼法》第 754 条：

（1）债权人委任执行员实施强制执行并将有执行力的正本交付执行员后，执行员即可受领债务人的清偿或其他给付，并就此受领有效地作成受领证书，并依据第 802b 条的规定为债权人达成支付协议。◀

根据债权人相关明示的授权，执行员也可以作出或受领私法上的意思表示，尤其是缔结免除或和解契约，或者有权接受替代履行。[1]

执行员根据已经获得的有执行力的执行名义，有权对债务人和第三人实施强制执行，以及接受债务人的履行、发给受领证明，达成支付协议。执行员和债务人与第三人的关系不依赖于执行委任。同样，债权人是否在委任中限制了执行员的权限，在这里也不重要。 21

▶《民事诉讼法》第 754 条：

（2）执行员获得有执行力的正本后，有权对债务人和第三人实施强制执行，有权实施第一款中所规定的行为。债权人对于债务人和第三人不得主张委任的欠缺或限制。◀

即便债务人知道委任存在瑕疵，对于执行委任本身而言也是没有影响的。[2]

在第 754 条第 2 款规定之外，执行员有义务在对债务人采取执行措施之前要求他**主动履行**（比例原则：温和措施优先）。就基于金钱债权的执行来说，根据第 802b 条第 1 款的规定，执行员在强制执行的任何阶段都应谋求案件的友好解决。 22

（三）向执行员履行

由于执行员有权采取强制执行以及受领债务人的清偿，根据《民法典》第 362 条结合《民事诉讼法》第 754 条，在以上两种情形中，只要负担的 23

[1] MünchKommZPO/Heßler, 4Aufl. 2012, § 754 n.F. Rn. 61.

[2] Brox/Walker, Zwangsvollstreckungsrecht, 10. Aufl. 2014, Rn. 312.

履行结果到达债权人时，债权人的实体请求权即消灭。[1]

如果执行员不转交债务人的给付，则适用《民事诉讼法》第 815 条第 3 款、第 819 条（有时为准用），也即，视为已经向债权人清偿。因此债权人要承担给付标的在执行员处丢失的风险。这一规则同时适用于强制债务人给付和债务人"主动"给付，否则债务人在后一种情形的地位反倒不如强制给付（详细论述参见下文第十一章边码 2）。[2]

如果对执行员发生效力的执行名义只有先予执行力（vorläufig vollstreckbar），则清偿原则上只是为了预先进行强制执行。只有在执行名义发生法律效力时，履行才算完成。因此，给付发生法律效力附有停止条件。如果执行名义被撤销，债务人可以根据《民法典》第 812 条的规定要求返还给付，但此处存在争议的是，应该向债权人还是债务人要求。[3]

24 根据《民事诉讼法》第 757 条的规定，执行员有义务在受领债务人的给付后将执行名义和受领证明交与债务人。这是为了保护债务人避免被双重索要给付。[4]

▶《民事诉讼法》第 757 条：

（1）执行员受领给付后，应将受领证明与有执行力的正本交与债务人，受领部分给付时，应将此点记载在有执行力的正本上，并交付受领证明。

（2）债务人以后向债权人本人索取受领证明的权利并不因前款的规定而受影响。◀

债务人可以根据《民法典》第 368 条向债权人索取受领证明；类推《民

---

[1] Baur/Stürner/Bruns, Zwangsvollstreckungsrecht. 13. Aufl. 2006, Rn. 29.2；具体争论参见：Brox/Walker, Zwangsvollstreckungsrecht, 10. Aufl. 2014, Rn. 312 ff.；Schünemann, Befriedigung durch Zwangsvollstreckung, JZ 1985, 49 ff.

[2] BGHZ 179, 298 = NJW 2009, 1085.

[3] 详细论述参见 Brox/Walker, Zwangsvollstreckungsrecht, 10. Aufl. 2014, Rn. 315.

[4] Musielak/Voit/Lackmann, ZPO, 12. Aufl. 2015, § 757 Rn. 1.

法典》第 371 条要求交付执行名义。[1]

(四)搜查和使用武力

执行员根据《民事诉讼法》第 758 条的授权可以强制方式侵入债务人的权利领域。[2] 25

▶《民事诉讼法》第 758 条:

(1)执行员在执行中有必要时,有搜查债务人的住所与储存物件处所的权力。

(2)执行员有权开启闭锁的房屋的门、房间的门以及储存对象处所的门。

(3)执行员在遇到抵抗时,有权使用武力,并且为此目的,可以向警察机关请求支持。◀

1. 搜查

《民事诉讼法》第 758 条第 1 款意义上的**搜查**是国家机关有目标和目的地查找人员、物品或者调查案件的行为,目的是找出持有人不愿意交出或返还的物品。[3] 26

可以搜查的:[4] 债务人的住所:理解上也包括工作办公场所、办公室、庭院、花园、地下室,另外也包括房车和宾馆的房间;债务人的储物处:用于储存物品的立体空间(箱子、衣服上的口袋、私人汽车)。

但调查的必须至少是和债务人有关的住所或储物处,也即,搜查并不排除第三人共同占有(Mitgewahrsam)的住所。[5] 27

---

[1] Gaul/Schilken/Becker-Eberhard, Zwangsvollstreckungsrecht, 12. Aufl. 2010, § 26 Rn. 15, 20.

[2] Hk-ZPO/Kindl, 6. Aufl. 2015, § 758 Rn. 1.

[3] Vgl. BVerfGE 51, 97 = NJW 1979, 1539.

[4] Hk-ZPO/Kindl, 6.Aufl.2015, §758 Rn.3f.

[5] Hk-ZPO/Kindl, 6. Aufl. 2015, § 758 Rn. 3 f.; 不同的意见: Musielak/Voit/Lackmann, ZPO, 12. Aufl. 2015, § 758 Rn.4 ff.

28 搜查的合法性要件是从实质角度判断搜查对强制执行的**必要性**。如果强制执行程序本身都不符合要件，那么搜查必然是不合法的，执行员也不能采取搜查措施。[1]

搜查的其他合法性要件是符合狭义上的比例原则。[2] 在对互相冲突的利益进行衡量时，如果对债务人利益保护的需要排在前面，必须要停止搜查。但仅仅因为涉及的是微小债务，或者有其他执行可能存在，则不会导致搜查不成比例。[3]

2. 搜查房屋

30 依据《基本法》第 13 条的形式要件：

▶《基本法》第 13 条：

（1）住所不得侵犯。

（2）搜索唯有法官命令，或遇有紧急危险时由其他法定机关命令，始得为之，其执行并须依法定程序。◀

根据《民事诉讼法》第 758a 条第 1 款，在搜查住所时如果未经债务人同意，或者不搜查会危及执行结果时，需要有法官的命令。

▶《民事诉讼法》第 758a 条：

（1）如果未经债务人同意，债务人的住宅只能根据搜查地初级法院的法官的命令进行搜查。命令如有害于搜查的结果时，不适用上述规定。◀

31 由搜查地所在辖区的地方法院管辖。这与执行法院无关。不适用《民事诉讼法》第 802 条规定的专属管辖。

命令的签发须依债权人的申请。如果事前债务人没有机会对搜查表示同意，则债权人的申请不存在权利保护需要。因此，在不影响执行结果时，应当保障债务人的法定听审权。[4] 命令以裁定的方式作出。对作出的命令

[1] Vgl. Hk-ZPO/Kindl, 6. Aufl. 2015, § 758a Rn. 4; MünchKommZPO/Helßler, 4. Aufl. 2012, § 758a Rn. 52, 56.

[2] Baur/Stürner/Bruns, Zwangsvollstreckungsrecht, 13. Aufl. 2006, Rn. 8.13.

[3] Vgl. Hk-ZPO/Kindl, 6. Aufl. 20, 15, § 758a Rn. 4

[4] 这也是较为常见的情形, Thomas/Putzo-Seiler, ZPO, 36. Aufl. 2015, § 758a Rn. 16.

或否定申请的异议可以提起即时抗告(《民事诉讼法》第 793 条、第 567 条及以下条文)。

只有搜查才需要法官的命令，如果仅是进入住所则不需要。[1] 如果执行员是以迁出房屋或返还(交付)房屋的执行名义执行的，或是实施逮捕命令，同样不需要有法官的命令(《民事诉讼法》第 758a 条第 2 款)。如果对第三人共同居住的住所搜查，该第三人根据《民事诉讼法》第 758a 条第 3 款第 1 句应当容忍搜查。

3. 开启门或打开储物处

根据《民事诉讼法》第 758 条第 2 款，执行员为了搜查有权开启闭锁 32
的门或储物处。

执行员必须尽可能地避免损坏。如果是按照常规采取的措施造成的损坏，债务人也不能请求赔偿，第三人可以依据实体法，例如《民法典》第 904 条要求损害赔偿。[2]

4. 使用武力

遇有债务人或由债务人支持的第三人的抵抗行为，执行员可以根据第 33
758 条第 3 款使用武力制伏，而且不仅是自己使用武力，还可以向警察机关请求支持。《执行员业务指南》在第 62 条第 3 款定义了何为抵抗。

▶《执行员业务指南》第 62 条：

(3)本规定中的抵抗是指所有不使用武力排除就无法实施强制执行的行为。◀

武力的使用范围仅限于排除抵抗强制执行的行为。执行中不能强迫实现合作。[3]

[1] OLG Hamburg, NJW 1984, 2898(2899).

[2] MünchKommZPO/Heßler, 4. Aufl. 2012, § 758 Rn. 12 f.

[3] MünchKommZPO/Heßler, 4. Aufl. 2012, § 758 Rn. 17.

5. 不适时的执行

34 根据《民事诉讼法》第 758a 条第 4 款的规定，在夜间和周日及假日（不适时）[1] 的执行受到特别限制。

▶《民事诉讼法》第 758a 条：

（4）法院执行员在夜间、星期日与节假日的执行行为，如使债务人与共同居住人发生不适当的困难则不得实施，或者在进入住所不能得到预期的后果时，只能根据初级法院法官的特别命令实施。夜间是指 21 时至次日 6 时。◀

需要加以区分的是在住所外和住所内的执行。执行员可以自己裁量在住所外的执行所造成的安宁困扰是否符合比例。通常来说，不适时的侵入如果不是约定好的，是不合比例的。[2] 在住所内不适时的执行需要有法官的特别命令。对作出的命令或否定申请的异议可以提起即时抗告（《民事诉讼法》第 793 条、第 567 条及以下条文）。此处的住所，较为合适的观点是采狭义理解（有争议），只包括债务人的居住住所，而不包括商业住所。由于不涉及搜查，因此《基本法》第 13 条中广义的住所概念在这里不具参考价值。如果同样解释《民事诉讼法》第 758a 条第 1 款第 1 句中的住所，则执行员对 21 点后尚开门的商店搜查时只需要有法官的命令即可，不存在不适时的顾虑。[3]

6. 权利保护

35 反对执行员的执行行为可以通过《民事诉讼法》第 766 条第 1 款中的**抗议**（Erinnerung）进行救济。

▶《民事诉讼法》第 766 条：

（1）对于强制执行的种类和方式，或对于执行员在执行时应遵守的程序提出申请、异议与抗议时，由执行法院裁判……◀

---

[1] Zöller/Stöber, ZPO, 30. Aufl. 2014, § 758a Rn. 35.

[2] Hk-ZPO/Kindl, 6. Aufl. 2015, § 758a Rn. 14.

[3] Hk-ZPO/Kindl, 6. Aufl. 2015, § 758a Rn. 14.

通过抗议可以主张强制执行违反程序性规定，也即强制执行的种类和方式或执行员应遵守的程序（详细论述参见下文第二十章边码 4 及以下数段）。如果正在采取的执行行为有程序瑕疵，则应被宣告为不予受理（unzulässig）。这一裁定属于继续执行行为的障碍（《民事诉讼法》第 775 条第 1 项）。根据《民事诉讼法》第 766 条第 2 款，执行员还应撤销已实施的执行行为。[1]

如果执行员全部或部分拒绝接受执行委任，其救济措施同样是第 766 条第 2 款中的抗议（详细论述参见下文第二十章编码 4 及以下数段）。 36

▶《民事诉讼法》第 766 条：

（2）执行员拒绝接受执行委任，或拒绝依照委任实施执行行为时，……由执行法院裁判。◀

如果委任的执行行为被错误地拒绝，执行员会收到采取特定执行行为的命令，并不得以同样理由再次拒绝。

三、地方法院作为执行法院

参考文献：Brox/Walker，Zwangsvollstreckungsrecht，10. Aufl. 2014. Rn. 13 f.；Gaul/Schilken/Becker-Eberhard，Zwangsvollstreckungsrecht，12. Aufl. 2010，§§ 27 f.；Kornol/Wahlmann，Zwangsvollstreckungsrecht，2012，Rn. 8；Lackmann，Zwangsvollstreckungsrecht，10. Aufl. 2013，Rn.13.

（一）概念与管辖

除了法院执行员，地方法院作为执行法院也是执行机关。它作为执行机关的**职能管辖**包括法律规定的应由“法院”实施的关于执行行为的命令以及对执行行为的协助。 37

▶《民事诉讼法》第 764 条：

（1）关于执行行为的命令以及对执行行为的协助，应由法院实施的，由初级法院作为执行法院管辖。◀

[1] Hk-Z’PO/Kindl，6. Aufl. 2015，§ 766 Rn. 17.

这里强调的是应由“法院”（den Gerichten）实施的，不同于应由“一审法院”（dem Prozessgericht des ersten Rechtszuges，为单数！）实施的，后者同样也可以作为一个执行机关。两者的区别是，分配给“法院实施”的任务同样也是分配给“地方法院的法官”的任务（如《民事诉讼法》第758a条第1款第1句中的命令）。

地方法院作为执行法院的职能管辖主要包括：

■查封和变价债权及其他财产权，《民事诉讼法》第828条及以下条文

■强制拍卖与强制管理，《民事诉讼法》第869条结合《强制拍卖与强制管理法》第1条及以下条文

■根据民法规定，判令债务人作出代宣誓保证以及发布拘留的命令，《民事诉讼法》第889条，第888条[1]

违反职能管辖的执行行为原则上是无效的。但执行法院和审理法院违反管辖的后果仅为裁判的可撤销。[2]

强制执行程序中地方法院作为执行法院被指派的**其他管辖**应与执行法院依据《民事诉讼法》第746条第1款规定的执行法院作为执行机关的职能管辖权区分开来；例如，执行法院也对第766条中规定的抗议进行裁判，以及处理根据第765a条规定的执行保护申请。

38 在作为执行法院的地方法院内部，原则上是由司法辅助官主管相关事宜，他是上级司法部门任命的官员（《司法辅助官法》第2条），独立且仅受法律的约束（《司法辅助官法》第9条），[3]具体负责事项规定在《司法辅助官法》第3条第3项第a小项、第20条第17项第1句以及第3条第1项第i小项。

▶《司法辅助官法》第3条：

司法辅助官受托处理下列事项：

---

[1] 其他职能管辖的情形参见：Musielak/Voit/Lackmann，ZPO，12. Aufl. 2015，§ 764 Rn. 3.

[2] MünchKommZPO/Heßler，4. Aufl. 2012，§ 764 Rn. 33 ff.

[3] 详细论述参见：Speckbrock，Der Rechtspfleger–Die unbekannte zweite Säule der dritten Gewalt，AL 2012，314 ff.

1. 根据法律规定由法官处理的所有地方法院事项：

……

i）根据法律规定采取强制拍卖与强制管理的程序

……

3. 本法第 20 条至第 24a 条，第 25 条、第 25a 条特别规定的事项：

……

a）在民事诉讼程序中……

……

《司法辅助官法》第 20 条：

司法辅助官受托处理民事诉讼程序中的下列事项：

……

17.《民事诉讼法》第八编强制执行程序中应由法院实施的事项。根据《民事诉讼法》第 766 条作出的裁判仍由法官处理。◀

法官负责裁判《民事诉讼法》第 766 条规定的抗议和对司法辅助官的决定提起的即时抗告(《司法辅助官法》第 11 条第 1 款，结合《民事诉讼法》第 793 条、第 567 条及以下条文)，以及根据《司法辅助官法》第 11 条第 2 款提起的对司法辅助官的抗告。

职能管辖如此细分带来的问题是在有瑕疵时的法律后果。其规则是：如果法官实施了一项司法辅助官事项，并不因此导致可撤销，因为这本应是司法辅助官负责的事（《司法辅助官法》第 8 条第 1 款）。[1] 但如果司法辅助官处理了一项法官事务——既没有委托于他也不能委托于他，而是必须由法官亲自处理的事项——则是无效的（《司法辅助官法》第 8 条第 4 款）。 39

▶《司法辅助官法》第 8 条：

（1）如果法官实施了委托给司法辅助官的事项，该事项的效力并不受影响。

（4）如果司法辅助官实施了法官的事项，根据法律该事项并未委托也无法委托，则该行为无效。◀

---

[1] Arnold/Meyer-Stolte/Herrmann/Rellermeyer/Hintzen, RPflG, 7. Aufl. 2009, § 8 Rn. 2.

40 地域管辖是根据具体执行行为的种类来确定的。因此在整个执行程序中并不存在统一的地域管辖规则。[1]

▶《民事诉讼法》第 764 条：

（2）法律没有指定其他初级法院时，执行法院就是应当进行或已经进行执行程序的地区所属的初级法院。◀

第 764 条第 2 款的例外管辖规则，例如第 828 条第 2 款规定的债权查封。

（二）权利保护——执行措施及裁判

41 在地方法院作为执行法院时，权利保护首先取决于地方法院是否是出于职能管辖而成为执行机关的。如果其是执行机关，实施或辅助实施了执行行为，则在第二步需要判断这个行为是《民事诉讼法》第 766 条第 1 款意义上的执行措施，还是第 793 条意义上的裁判。

42 如果是第 766 条第 1 款意义上的**执行措施**，可以对强制执行的种类和方式主张抗议（Erinnerung）、异议（Einwendungen）。

▶《民事诉讼法》第 766 条：

（1）对于强制执行的种类和方式，或对于执行员在执行时应遵守的程序提出申请、异议与抗议时，由执行法院裁判……◀

43 另外也有可能涉及的是执行法院的**裁判**。根据《民事诉讼法》第 764 条第 3 款，执行法院的裁判是以裁定方式作出，另外根据第 128 条第 4 款可以不经言辞辩论作出，此时需要提供其他的法律救济途径。[2] 根据《民事诉讼法》第 793 条可以针对这些裁判提起第 567 条及以下条文规定的即时抗告。

▶《民事诉讼法》第 764 条：

（3）执行法院的裁判以裁定作出。

---

[1] MünchKommZPO/Heßler, 4. Aufl. 2012, § 764 Rn. 27.

[2] Musielak/Voit/Lackmann, ZPO, 12. Aufl. 2015, § 764 Rn. 6.

《民事诉讼法》第 793 条：

对于在强制执行程序中不经言词辩论所作出的裁判，可以提起即时抗告。◀

因此，**可采取的法律救济**方式取决于是针对实施的执行措施还是针对裁判：针对执行措施可以根据《民事诉讼法》第 766 条第 1 款提起抗议，针对裁判可以根据《民事诉讼法》第 793 条、第 567 条及以下条文提起即时抗告。它们的区分标准在于，执行法院就执行申请是否询问了相对人。这意味着： 44

第 793 条意义上的**裁判**包括： 45

- 在（法定或主动）询问被申请人后准许执行行为的申请[1]
- 执行法院否定执行行为的申请
- 执行法院撤销或变更执行措施

在申请采取执行行为未经询问相对人而获准许时，属于《民事诉讼法》第 766 条第 1 款意义上的**执行措施**。这一区分规则背后的理由在于，抗议的结果是促使执行法院进行复查。但这只有在相对人尚未被执行法院询问时才有必要，因此实际上是要保障相对人事后的听审权。在另一种情形，即时抗告便能发挥其优势，直接促使抗告法院——上级法院——进行复查，而且应在一个较短的期间内提出抗告申请。[2] 46

不过，听审一般是由司法辅助官进行的，但关于抗议的裁判是由法官进行的。裁判是以对当事人的意见进行事实上和法律上的评价为前提，这一抽象区分观点是不能令人信服的。在不必询问债务人而采取执行措施时，其合法性要件却也是基于债权人的意见（“正当性”，Schlüssigkeit）进行审查。[3] 而执行法院拒绝执行行为同样可以仅依据正当性检查得出结论。

[1] BGH NZI 2004, 447(447f.).

[2] 详细论述参见：Brox/Walker, Zwangsvollstreckungsrecht, 10. Aufl. 2014, Rn.1176 ff.; MünchKommZPO/K. Schmidt/Brinikmann, 4. Aufl. 2012, § 766 Rn. 15ff. 批评的观点参见：Baur/Stürner/Bruns, Zwangsvollstreckungsrecht, 13. Aufl. 2006, Rn. 8.31 und 43.4（其认为应始终适用第 766 条）; Wieser, ZZP 115(2002), 157(159; 其认为应始终适用第 793 条). 概括论述参见：Zeising, Erinnerung versus sofortige Beschwerde in der Zwangsvollstreckung, Jura 2010, 93 ff.

[3] 同样的结论：Lackmann, Zwangsvollstreckungsrecht, 10. Aufl. 2013, Rn. 318.

四、一审法院

参考文献：Brox/Walker，Zwangsvollstreckungsrecht，10. Aufl. 2014，Rn. 15；Gaul/Schilken/Becker-Eberhard，Zwangsvollstreckungsrecht，12. Aufl. 2010，§ 29.

47 在少数情形中，一审法院同样也是执行机关。它的职能管辖包括：

■ 根据《民事诉讼法》第 887 条、第 888 条关于可替代行为和不可替代行为的执行

■ 根据《民事诉讼法》第 890 条关于不作为的执行

48 一审法院是制作执行名义的法院。即便执行名义是由提供法律救济的法院（Rechtsmittelgericht）[1] 作出，也同样由一审法院管辖。[2] 诉讼程序中作出的执行名义，它的**地域管辖和事务管辖**永远属于实际的一审法院（地方法院或州法院）。[3] 对于非经诉讼程序作出的执行名义，法律也为一审法院规定了一个特殊的管辖规则。

在地方法院或州法院，一般均由民事法庭或商事法庭的法官主管具体事务，因为《司法辅助官法》第 20 条第 17 项规定的司法辅助官管辖权是针对执行法院的。

49 针对作为执行机关的法院的裁定不能使用《民事诉讼法》第 766 条中的抗议主张异议，只能根据第 793 条、第 567 条及以下条文提起即时抗告。[4] 也即，这里涉及的总是上述概念界定（边码 44 及以下数段）中第 793 条意义上的裁判，因为根据第 891 条第 2 款，采取执行措施前应询问债务人。

▶《民事诉讼法》第 891 条：

依第 877 条至第 890 条所作的裁判可以不经言词辩论作出。在裁判前

---

[1] 译者注：在德语中，Rechtsbehelf 和 Rechtsmittel 都有法律救济的意思，但后者在德国专指有暂停和移审效果的法律救济（参见本书第二十章边码 4）。本书中后者均保留原文以示区分。

[2] BGH NJW 2002，754（755）.

[3] BGH NJW 1980，188（189）；特殊情形：Musielak/Voit/Lackmann，ZPO，2. Aufl. 2015，§ 767 Rn. 17 und § 887，Rn. 18.

[4] Vgl. nur Hk-ZPO/Pukall，6. Aufl. 2015，§ 887 Rn. 16.

应询问债务人。◀

不过，这里并不总是前后一致，因为根据上述概念界定，（救济方式）并不取决于是否规定了应当询问，而是是否实际采取了询问，但这一区分并没有得到承认。

和执行法院一样，一审法院并不仅仅是执行机关，它还有执行程序之外的其他任务。例如，它还负责对《民事诉讼法》第 767 条中的执行异议之诉（下文第二十一章边码 5 及以下数段）和第 768 条中的执行条款之诉（下文第六章边码 38 及以下数段）进行裁判。对这些裁判结果（如反对第 767 条中诉讼的判决）适用一般的救济途径（Rechtsmittel）（控诉和上告）。

五、地方法院作为土地登记机关

参考文献：Brox/Walker，Zwangsvollstreckungsrecht，10. Aufl. 2014. Rn. 16；Gaul/Schilken/Becker-Eberhard，Zwangsvollstreckungsrecht，12. Aufl. 2010，§ 30；Kornol/Wahlmann，Zwangsvollstreckungsrecht，2012，Rn. 10.

土地登记机关作为执行机关的职能管辖是根据《民事诉讼法》第 867 50
条在基于金钱债权的执行中对不动产执行时强制登记抵押权（下文第十四章）。土地登记机关既是作为执行机关又是作为独立管辖权机关从事抵押权登记的。[1] 根据《司法辅助官法》第 3 条第 1 项第 h 小项 [2]，由司法辅助官主管。

▶《司法辅助官法》第 3 条：

司法辅助官受托处理下列事项：

1. 根据法律规定由法官处理的所有地方法院事项：

……

[1] Hk-ZPO/Kindl，6. Aufl. 2015，vor§ 704 Rn. 12；§ 867 Rn. 2 ff.

[2] Hk-ZV/Noethen，2. Aufl. 2013，§ 867 ZPO Rn. 17；反对意见：应按照第 20 条第 17 项，Hk-ZPO/Kindl，6. Aufl. 2015，§ 867 Rn.14（这里的登记不仅是土地登记事项，也是执行行为，只不过不由执行法院进行）。

h）土地登记簿事项

……◀

51 不动产所在地的土地登记机关享有地域管辖（《土地登记簿法》第1条第1款第2句）。

52 对登入强制抵押权以及拒绝申请的救济方式是《土地登记簿法》第71条规定的土地登记抗告（Beschwerde），因为这些裁定是在土地登记程序中作出的。[1]

▶《土地登记簿法》第71条：

（1）对土地登记机关的决定可以主张抗告。◀

章节测试

复习问题

53 ■ 为什么需要强制执行程序？

■ 强制执行程序和破产程序的区别是什么？

■ “强制执行程序的形式化”是何含义，其目的何在？

■ 请说出强制执行开始所必须具备的一般执行要件。

■ 执行措施的违法性后果是什么：（1）无效，只有生效的执行措施具有可撤销性？（2）除违法性极其严重外，仅为可撤销？（3）始终需要撤销，并不自动归于无效？

■ 请说出两种执行内救济措施。

■《民事诉讼法》第八编中规定的基于实体法的法律救济措施是什么？

■ 强制执行可以分为哪些种类？

■ 基于金钱债权对动产的执行程序中享有管辖权的执行机关是：（1）法院执行员；（2）地方法院作为执行法院；（3）司法辅助官？

■ 都有哪些执行机关？

[1] Thomas/Putzo-Seiler, ZPO, 36. Aufl. 2015, § 867 Rn.19 f.

■ 基于金钱债权对动产的执行需要采取哪些执行措施来实现？

■ 实施基于金钱债权对不动产的执行时，可以采用哪三种执行行为？

■ 法院执行员何时享有职能管辖？法律依据是什么？

■ 由谁负责对强制执行的种类与方式的抗议进行裁判？如何决定由谁负责？

■ 如何区分执行法院的执行措施和执行法院的裁判？

■ 对执行法院的裁判有何种救济途径？如何决定应采取何种救济？

基础案例

1. Gottlieb Goldberg 对 Siegbert Silbermann 54

（1）享有一个 2000 欧元的执行名义，想要执行 Silbermann 的硬币收藏；

（2）享有一个 2000 欧元的执行名义，想要执行 Silbermann 在 Hamstedter 储蓄银行的结算账号；

（3）享有一个 2000 欧元的执行名义，想要执行 Silbermann 的不动产；

（4）享有一个交付一幅油画的执行名义；

（5）Siegbert Silbermann 的主业是绘画，Gottlieb Goldberg 对他享有一个消除墙体绘画中的一个（具体指明）瑕疵——由 Goldberg 委托给 Silbermann 处理——的执行名义；

（6）Gottlieb Goldber 对 Siegbert Silbermann 有一个执行名义，要求获取关于墙体绘画修复的具体细节信息；

（7）享有转让 Silbermann 车间的判决；

（8）享有一个判决，要求 Silbermann 不得在当地媒体上称 Goldberg 为“麻烦制造者”。

Gottlieb Goldberg 可以做什么？

2. Gottlieb Goldberg 基于对 Siegbert Silbermann 享有的交付油画的执行名义向执行员 Gerold Gewiss 发出了执行委任。Gerold Gewiss 以执行员的身份找到 Siegbert Silbermann，并首先要求其主动履行，Siegbert Silbermann 直接将油画交给了执行员。在去往办理下一个执行委任的路上，Gerold Gewiss 发生了一起交通事故。油画完全毁损。Gottlieb Goldberg 可以要求 Silbermann 赔偿吗？ 55

3. Siegbert Silbermann 欠 Gottlieb Goldberg 的 2000 欧元债务，已经支付了 1980 欧元。打听一番后 Silbermann 说，Goldberg 不指望这 20 欧，因为他钱 56

多得花不完。Goldberg 是有钱，但对于这种不付款的行为不予谅解。他委任执行员 Gewiss 去强制执行动产。Gewiss 带着法官的命令搜查了 Silbermann 的房间，并查封了他的硬币收藏。Silbermann 认为，搜查行为是基于剩下的小额债权，是不合法的。他说的对吗？ Silbermann 针对搜查命令可以主张哪些法律救济：（1）抗议（《民事诉讼法》第 766 条）？（2）即时抗告（《民事诉讼法》第 793 条、第 567 条及以下条文）？（3）执行异议之诉（《民事诉讼法》第 767 条）？

第二编

强制执行的要件

强制执行的要件包括： 1

- 一般程序要件
- 一般执行要件（执行名义，执行条款，送达）
- 特殊执行要件
- 不存在执行障碍

第四章　一般程序要件

参考文献：Brox/Walker，Zwangsvollstreckungsrecht，10. Aufl. 2014，Rn. 17 ff.；Gaul/Schilken/Becker-Eberhard，Zwangsvollstreckungsrecht，12. Aufl. 2010，§ 23；Heiderhoff/Skamel，Zwangsvollstreckungsrecht，2. Aufl. 2013，Rn. 66 ff.；Kornol/Wahlmann，Zwangsvollstreckungsrecht，2012，Rn. 21 ff.；Lackmann，Zwangsvollstreckungsrecht，10. Aufl. 2013，Rn. 27 ff.；Lippross，Zwangsvollstreckungsrecht，11. Aufl. 2014，Rn. 25 ff.

一般程序要件基本上与诉讼程序中的要求一致。在强制执行程序中同 2
样也适用处分原则，因为如果没有债权人符合规定的申请，执行机构不得采取执行措施（边码 3 及以下数段）。德国的法院应当有裁判权（边码 6 及以下），而且属于民事诉讼途径（Zivilrechtsweg）（边码 8）。具体负责的执行机关应当享有职能、事务和地域管辖权（边码 9 及以下数段）。债权人和债务人应具有当事人能力和诉讼能力（或相应的代理人）（边码 14 及以下）。另外，当事人还必须有诉讼实施权限（Prozessführungsbefugnis），以确保强制执行程序是在正确的当事人之间进行的（边码 16 及以下数段）。[1] 最后的一般性程序要件是债权人有权利保护的需求（边码 19 及以下数段）。

一、符合规定的执行申请

采取任何执行行为都必须先有债权人符合规定的执行申请。没有执行 3
申请，执行机构就不得采取措施，也即，执行机构不能依职权实施执行。执行申请中至少要指明债权人和债务人（带地址）。[2] 而且，还要能看出强制执行是基于什么债权而发起的，以及应采取哪些执行行为。

---

[1] Gaul/Schilken/Becker-Eberhard，Zwangsvollstreckungsrecht，12. Aufl. 2010，§ 23 Rn. 30.

[2] Hk-ZPO/Kindl，6. Aufl. 2015，§ 753 Rn. 5.

4 对执行员的申请没有形式限制，可以采用电子形式或言词形式（旧《民事诉讼法》第 754 条）。[1]

▶旧《民事诉讼法》第 754 条：

以书面或言词委任执行员实施强制执行并将有执行力的正本交付执行员后……◀

如果必须要在执行员、作为执行法院的地方法院或者一审法院为地方法院处申请执行，则不存在强制律师代理。如果必须要在一审法院为州法院处申请，则强制律师代理（《民事诉讼法》第 78 条）。诉讼代理权限也包括了执行程序。

▶《民事诉讼法》第 78 条：

（1）当事人在州法院、州高等法院必须由律师作为诉讼代理人代行诉讼……

《民事诉讼法》第 81 条：

诉讼代理人有权进行一切诉讼行为，包括……强制执行中的诉讼行为……◀

5 术语：对执行员的执行申请（Vollstreckungsantrag）在法律中使用的术语是“Vollstreckungsauftrag”（执行委任）（参见上文第三章边码 17）。根据《民事诉讼法》第 828 条及以下条文向执行法院申请查封债权的执行申请称为“Pfändungsgesuch”（查封申请）（下文第十二章边码 6 及以下）。

二、德国的裁判权

6 和所有其他德国司法程序一样，强制执行程序也需要**德国有裁判权**。[2] 德国裁判权是一般程序要件，在所有的程序中机关均须依职权审查。根据《法院组织法》第 18 条至第 20 条，对享有治外法权的人没有裁判权，以

[1] BGH DGVZ 2012，46（Rn. 8）.

[2] BGH NJW-RR 2007，1498.

及根据国际法一般规则（根据《基本法》第25条享有国内法效力的），对外国主权国家采取的公权行为也没有裁判权。[1]

▶《法院组织法》第18条：

根据1961年4月18日的维也纳外交关系公约（Bundesgesetzbl. 1964 II S. 957ff.），在该法范围内建立外交的使团成员，其家属和其家庭雇工免于德国裁判权的管辖……◀

7 **治外法权**（Exterritorialität）是指对享有这一权利的人员采取的程序性行为无效，不过治外法权可以被放弃（《维也纳外交关系公约》第32条）。超出德国裁判权管辖范围的执行行为是无效的。[2]

三、合法的救济途径

8 根据《民事诉讼法》第704条及以下条文进行的强制执行只能是：（1）该救济途径是为了解决民事诉争案件（《法院组织法》第13条）。

▶《法院组织法》第13条：

不属于行政机关或行政法院管辖或未根据联邦法律规定特别指定法院管辖的民事诉讼、家事案件和非诉案件（民事事项）……，属于普通法院管辖。◀

所有基于民事诉讼程序获得的执行名义（《民事诉讼法》第704条、第794条；参见下文第五章边码4及以下数段）进行的强制执行程序都属于这一类；这和要清偿的请求权性质无关[3]。（2）通过参照适用第704条及以下条文。

例如：《家事与非讼事务法》第95条及以下条文，第120条；《劳动法

[1] BGH NJW-RR 2014, 1088（Rn.13）；Hk-ZPO/Rathmann, 6. Aufl. 2015, § 18 GVG Rn. 2.

[2] Brox/Walker, Zwangsvollstreckungsrecht, 10. Aufl. 2014, Rn. 20.

[3] BGH NJW-RR 2006, 645；Gaul/Schilken/Becker-Eberhard, Zwangsvollstreckungsrecht, 12. Aufl. 2010, § 23 Rn. 3. 但是，相反的是，对于执行异议之诉的救济途径而言，要考虑BGH NJW 1994, 2620.

院法》第62条、第85条[1];《行政法院法》第167条;《社会法院法》第198条;《财税法院法》第151条;《社会法典·十》第66条第4款。

四、管辖

9 实施执行的机关必须要在职能、事务和地域三方面享有**管辖权**。

10 **职能**管辖涉及的是在案件中不同司法功能的分配以及不同司法机关的分配。[2] 在强制执行程序中,由哪个执行机关享有职能管辖是根据强制执行的种类来决定的(上文第三章边码1及以下数段)。违反职能管辖的执行行为原则上来说是无效的(上文第三章边码14、37)。

11 如果有多个一审法院享有职能管辖权(地方法院和州法院),就再通过**事务**管辖决定哪个法院享有具体的管辖权。[3] 在强制执行程序中,只有在一审诉讼法院是享有职能管辖权的执行机关时才会遇到这个问题(上文第三章边码47及以下):(事务管辖)可以由地方法院或州法院享有。如果诉争尚在法律救济程序中(Rechtsmittelinstanz)或进入法律救济程序但未裁决,初审法院也具有事务管辖权。[4] 对于不是通过法院程序作出的执行名义,适用《法院组织法》第23条、第71条确定事务管辖权。

12 所有的执行机关只能在其地域管辖的范围内执行:执行员只能在其被聘任的地方法院的辖区内,法院只能在法院的辖区内。违反地域管辖并不导致采取的执行行为无效,只是可撤销。[5]

13 根据《民事诉讼法》第802条规定的管辖属于专属管辖。

▶《民事诉讼法》第802条:
本编所规定的法院管辖均为专属管辖。◀

它既包括《民事诉讼法》第704条及以下条文规定的地域管辖,也包括事务管辖。根据第40条第2款的规定合意管辖不被准许,也不能通过

[1] Vgl. Hartwig, Die Zwangsvollstreckung im Arbeitsgerichtsverfahren, Jura 2009, 203ff.
[2] Rosenberg/Schwab/Gottwald, Zivilprozessrecht, 17. Aufl. 2010, § 30 1.
[3] 关于有分歧的术语,参见 Lippross, Zwangsvollstreckungsrecht, 11. Aufl. 2014, Rn. 27.
[4] BGH NJW 2002, 754(755).
[5] Gaul/Schilken/Becker-Eberhard, Zwangsvollstreckungsrecht, 12. Aufl. 2010, § 25 Rn. 11.

不责问的行为（rügelose Verhandlung）发生执行机关的管辖权。

▶《民事诉讼法》第 40 条：

（2）在……，以及对诉讼规定有专属管辖法院时，不得成立管辖的合意。此种情形，也不得由于不责问地进行本案辩论而发生管辖权。◀

五、当事人能力和诉讼能力

债权人和债务人必须具有当事人能力和诉讼能力。**当事人能力**是指可以成为程序主体的能力。它主要规定在《民事诉讼法》第 50 条以及一些具体条款中。 14

▶《民事诉讼法》第 50 条：

（1）有权利能力者，有当事人能力。

（2）无权利能力的社团可以起诉和被诉；在诉讼中，该社团享有有权利能力的社团的地位。◀

根据第 50 条第 1 款的规定，自然人和法人享有当事人能力，根据第 2 款无权利能力的社团也享有。根据特别规定，享有当事人能力的还有无限公司（OHG，《商法典》第 124 条），两合公司（KG，《商法典》第 161 条第 2 款，第 124 条）以及民法上的（对外）合伙（Außen-GbR，得到法官法的认可）。[1]

和当事人能力不同，**诉讼能力**是指自己实施诉讼或者让自己聘任的代理人实施诉讼的能力。根据《民事诉讼法》第 51 条及以下条文的规定，有行为能力者享有诉讼能力。 15

▶《民事诉讼法》第 51 条：

（1）当事人自己进行诉讼的能力，无诉讼能力的当事人由他人（法定代理人）代理，……，除以下各条另有规定外，依民法的规定。◀

---

[1] 自 BGHZ 146，341：NJW 2001，1056 案开始。

和之前的通说不同，目前认为债权人和债务人都需要具有诉讼能力或者由法定代理人代理。[1] 原则上，执行机关根据程序的具体情况审查当事人能力和诉讼能力，但只限于执行名义的实质既判力范围。[2]

六、诉讼实施权限

16 **诉讼实施权限**——在强制执行程序中也称为执行权限——是指在程序中以自己的名义作为当事人参与进来的能力。谁可以成为强制执行的当事人，是从执行名义中确定的。[3] 强制执行债权人是作为权利持有人还是通过诉讼担当进行诉讼程序，无关紧要，起决定性作用的是，执行名义写的是他［有时是作为诉讼担当人（Prozessstandschafter）］。

17 当非由执行名义中写明的债权人发动强制执行时，会在强制执行程序中产生诉讼实施权限的问题。

这和诉讼程序中一样：当非由法律关系的实体权利人主张权利，也即以自己的名义主张他人的权利时，会产生诉讼实施权限的问题。

如果是非由执行名义中写明的债权人发动强制执行，涉及的是执行担当。这只有在法律规定的情形下才可以，主要是《民法典》第 2039 条第 1 句规定的情形：强制执行的执行名义是共同继承人为所有继承人获取的，各继承人均有权限。[4]

18 不过法律**并未承认独立的执行承担**，也即，只有在执行名义中被认定为债权人的，才可以基于该执行名义强制执行。执行名义中授权的债权人，如果想要将强制执行转让他人实施，只能将债权转让。[5] 受让人必须要取得指定自己为债权人的执行名义，或者改写已有的执行名义到自己名下。

---

[1] Gaul/Schilken/Becker-Eberhard, Zwangsvollstreckungsrecht, 12. Aufl. 2010, § 23 Rn. 22 f.

[2] Brox/Walker, Zwangsvollstreckungsrecht, 10. Aufl. 2014, Rn. 23 f., 26; Zöller/Stöber, ZPO, 30. Aufl. 2014, vor § 704 Rn.16; Einzelheiten MünchKommZPO/Heßler, 4. Aufl. 2012, § 750 Rn. 19 ff.

[3] Gaul/Schilken/Becker-Eberhard, Zwangsvollstreckungsrecht, 12. Aufl. 2010, § 23 Rn. 30.

[4] KG NJW 1957, 1154.

[5] BGHZ 92, 347 = NJW 1985, 809; 关于论证现状参见: Brox/Walker, Zwangsvollstreckungsrecht, 10. Aufl. 2014, Rn.27.

七、权利保护需求

最后，每一个执行行为都要以债权人有**权利保护需求**为前提。如果债权人申请强制执行明显不是为了追求程序的目的，或者相关的执行行为和真正要达到的执行目的不相宜，则不存在权利保护需求。 19

非为程序目的的例子：[1]债权人申请查封自己以所有权保留方式享有所有权的货物，目的是保全保留的所有权，而不是变价货物。执行目的不达的例子：[2]即使租赁人的配偶同为租赁合同的当事人并且占有该房屋，但债权人只申请针对其中一个承租人迁出房屋的强制执行。债权人申请执行的目的是收复腾空的房屋，执行只针对其中任何一人，都将无法实现执行目的。 20

在无益查封时尤其缺少权利保护的需求，因为对被查封物的变价在扣除费用后没有盈余，执行目的就无法实现了（《民事诉讼法》第 803 条第 2 款；下文第十章边码 33 及以下数段）。 21

▶《民事诉讼法》第 803 条：

（2）应查封的标的物变价后，除偿付强制执行费用外无余额时，不得实施查封。◀

另外，如果债权人可以**更简便、合理**地实现执行目的时，也不存在权利保护需求。 22

不过，权利保护需求并不会因为债权人是为了实现较小债权进行强制执行而缺失。只不过，强制执行是为了实现较小债权时和为了实现较大债权时不同，其会受到狭义上比例原则的限制。[3] 23

债权人权利保护的需求也不会因为实体法上的原因被剥夺，根据形式化原则，它们可以通过法律救济途径得到主张。这主要包括对履行的异议（根据《民事诉讼法》第 767 条主张执行异议之诉）和对根据错误名义滥 24

---

[1] LG Oldenburg, DGVZ 1984, 91.

[2] OLG Oldenburg, MOIR 1991, 968.

[3] Vgl. Brox/Walker, Zwangsvollstreckungsrecht, 10. Aufl. 2014, Rn. 28; Lippross, Zwangsvollstreckungsrecht, 11. Aufl. 2014, Rn. 54.

用执行的异议（根据《民法典》第 826 条主张不作为之诉）。

章节测试

复习问题

25 ■ 请列出强制执行的要件。

■ Vollstreckungsauftrag（执行委任）和 Pfändungsgesuch（查封申请）的区别是什么？

■ 就一般程序要件而言，哪些参与人需要具备诉讼能力：（1）债务人？（2）债权人？（3）债务人和债权人？

■ 谁享有执行实施权限，需要满足什么要件？

■ 为什么强制执行法不承认独立的执行承担？

基础案例

26 1. Gottlieb Goldberg 对 Siegbert Silbermann 享有一个生效的支付名义。Silbermann 对此也自愿履行。但他对利息的计算有误，因此尚有 1.7 欧元的利息债权没有履行。Goldberg 随即申请执行员对剩余的差额以采取物的查封的方式强制执行。执行员必须要实施这个强制执行吗？

27 2. Gotthard Goldberg 的共同继承人包括 Gottlieb、Gotthilf 和 Gotthold Goldberg，他们对遗产债务人 Siegbert Silbermann 取得了一个支付名义。由于 Silbermann 不愿意履行，Gottlieb 申请强制执行，但 Gotthilf 与 Silbermann 关系交好不愿强制执行，Gottlieb 可以以自己的名义强制执行吗？

第五章　一般执行要件（一）：执行名义

参考文献：Brox/Walker，Zwangsvollstreckungsrecht，10. Aufl. 2014，Rn. 29 ff.；Gaul/Schilken/Becker-Eberhard，Zwangsvollstreckungsrecht，12. Aufl. 2010，§§ 10 ff.；Heiderhoff/Skamel，Zwangsvollstreckungsrecht，2. Aufl. 2013，Rn. 72 ff.；Kornol/Wahlmann，Zwangsvollstreckungsrecht，2012，Rn. 31 ff.；Lackmann，Zwangsvollstreckungsrecht，10. Aufl. 2013，Rn. 38 ff.；Lippross，Zwangsvollstreckungsrecht，11. Aufl. 2014，Rn. 55 ff.；Schreiber，Allgemeine Voraussetzungender Zwangsvollstreckung：Titel，Klausel，Zustellung，Jura 2005，670 ff.

一、概念

执行名义是一个**公文书**。其载明了可以执行的请求，也即，它授权债 1
权人要求国家实现或保全针对债务人享有的履行请求。名义包括：

- 谁对谁享有一个履行请求
- 这个履行请求的内容是什么

通过执行名义可以确定强制执行程序的当事人以及强制执行的内容。 2
从这一点来说，强制执行不再取决于实体法律关系，而是仅仅根据执行名义中载明的现状（执行程序的形式化，参见上文第一章边码 11 及以下数段）。

《民事诉讼法》将执行名义分为不同的种类，并分别设置了不同的生 3
效要件（参见下文边码 4 及以下数段）。除了执行名义效力的问题，接着的问题是执行名义的可执行性（Vollstreckungsfähigkeit）（参见下文边码 33 及以下数段）。

二、种类

《民事诉讼法》第 704 条及以下条文将执行名义分为了不同的种类。这 4
一法律体系的出发点是终局判决的强制执行，它是第 704 条至第 793 条所规范的主要内容。

5　在此之后，《民事诉讼法》第704条规定了**其他种类**的执行名义。其中比较重要的执行名义包括：诉讼和解协议（第1款第1项）以及承认强制执行的公证书（第1款第5项）。基于这些执行名义的执行可以准用第724条及以下条文，除非第795a条及以下条文有特殊规定（第795条）。

▶《民事诉讼法》第795条：

根据第794条所列的债务名义所进行的强制执行，除第795a条至第800条有不同的规定外，准用第724条至第793的规定……◀

6　除了《民事诉讼法》第794条，还存在第704条、第794条意义上的其他执行名义，例如：《强制拍卖与强制管理法》第93条第1款，在强制拍卖程序中的拍卖成交裁定；《破产法》第148条第2款中的破产宣告裁定；记入破产清单（有时还涉及破产计划，《破产法》第257条）；根据《破产法》第201条第2款，类似于可执行判决的强制执行；债务清偿计划：类似于和解的强制执行，《破产法》第308条第1款第2句；刑事法院在刑事附带民事诉讼程序中的裁判：类似于判决的强制执行，《刑事诉讼法》第406条第3款；青少年福利局文书：类似于可执行公证书的强制执行，《社会法典·八》第60条。另外，也可能存在通过参照适用的方式适用《民事诉讼法》第704条及以下条文的执行名义，参见上文第四章边码8。

7　最后，外国的判决也可以作为执行名义。根据《民事诉讼法》第722条，基于外国判决的执行需要先取得第723条中规定的执行判决。

▶《民事诉讼法》第722条：

（1）根据外国法院的判决的强制执行，须执行判决宣告准许执行后，始可实施。

《民事诉讼法》第723条：

（1）发给执行判决，无须审查原裁判合法与否。

（2）对外国法院的判决，须在依该法院所适用的法律，该判决已经确定后，才能发给执行判决。……◀

但是，通常会有特殊的欧盟法规或国家间协议以及《承认和执行民商事案件实施法》中的规定取代《民事诉讼法》第 722 条、第 723 条中的程序。在**欧盟领域**内（丹麦有特殊规定）承认和执行法院裁判文书需要特别适用 EuGVVO[1] 和《民事诉讼法》第 1110 条及以下条文，以及 EuEhVO[2] 和《国际家事程序法》。另外也有可以在成员国执行的欧盟法上的名义，主要适用 EuVTVO[3] 和《民事诉讼法》第 1079 条及以下条文、EuMVVO[4] 和《民事诉讼法》第 1087 条及以下条文，EuGFVO[5] 和《民事诉讼法》第 1097 条及以下条文，以及 EuUVVO[6] 和《国外抚养、赡养法》。

（一）终局判决

执行名义的基本类型就是终局判决（《民事诉讼法》第 704 条）。 8

▶《民事诉讼法》第 704 条：
强制执行，根据确定的终局判决或宣告先予执行的终局判决而实施。◀

属于终局判决的有： 9

- 根据《民事诉讼法》第 300 条的全部终局判决
- 根据《民事诉讼法》第 301 条的部分判决
- 根据《民事诉讼法》第 306 条、第 307 条的舍弃和认诺判决
- 根据《民事诉讼法》第 330 条及以下条文的缺席判决
- 根据《民事诉讼法》第 302 条第 3 款、第 599 条第 3 款的保留判决

---

[1] 欧盟第 1215/2012 号关于民商事案件法院管辖以及承认和执行判决条例（新版）。

[2] 欧盟第 2201/2003 号关于婚姻案件和有关父母责任的程序中的管辖，以及承认和执行裁判的条例，并废止第 1347/2000 号条例。

[3] 欧盟第 805/2004 号为无争议债权设立欧盟执行名义的条例。参见 Coester-Waltkjen, Der neue europäische Vollstreckungstitel, Jura 2005, 394 ff.: Windolf/Zemmrich, Der Europäische Vollstreckungstitel–Schon jetzt ein „Dauerbrenner“ im Europäischen Zivilprozessrecht?, JuS 2007, 803ff.

[4] 欧盟第 1896/2006 号规定欧盟督促程序的条例。

[5] 欧盟第 861/2007 号规定小额债权欧盟程序的条例。参见 Hau, Das neue europäische Verfahren zur Beitreibung geringfügiger Forderungen, Jus 2008, 1036 ff.

[6] 欧盟第 4/2009 号抚养赡养案件关于管辖、法律适用、裁判的承认与执行、合作的条例。

10 不过，根据第 704 条，强制执行只能依据执行成熟的终局判决实施，也即，要么（形式上）具有既判力，要么至少宣告可提前执行。此外，该判决必须是有效的。

1. 形式既判力

11 根据《民事诉讼法》第 705 条，在准许提起法律救济（Rechtsmittel）和异议的期间没有提起法律救济（Rechtsmittel）和异议的，判决发生**形式既判力**。

▶《民事诉讼法》第 705 条：

判决在准许提起法律救济和异议的期间届满前，不发生既判力。在规定期间内提起法律救济或异议的，既判力即不能发生。◀

12 如果从一开始就没有提起任何的法律救济（Rechtsmittel）和异议，那么判决宣判后即发生形式既判力。即便在具体案件中出于其他原因对判决提起的法律救济没有获准，也不改变形式既判力在期间届满后才发生的事实。[1] 另外，在各方当事人放弃法律救济时，也会发生形式既判力。

13 形式既判力通过书记科的书记员根据《民事诉讼法》第 706 条第 1 款作出的有法律效力的证词来证明。

▶《民事诉讼法》第 706 条：

（1）形式既判力的证明书，由第一审法院书记科根据诉讼文卷发给……◀

14 然而，败诉方仍然可以阻止形式既判力，特别是通过恢复原状申请（Wiedereinsetzungsantrag）、再审申请（Wiederaufnahmeantrag）或者提交侵犯听审请求权的责问状（Gehörsrüge）。在保留判决中即便判决已经发生形式既判力，诉争仍然可以继续。不过，这些情形对于执行而言始终发挥间接的影响：在申请恢复原状或申请再审后，或依据第 321a 条的规定提出责问时，或者诉讼在宣示保留判决后继续进行时，并**不会构成（执行）障碍**。但是，为使债务人不遭受不可弥补的不利影响，根据《民事诉讼法》第 707 条通过对本案有管辖权的法院可以作出暂时停止或撤销（执行）命令。

---

[1] GmS-OBG BGHZ 88, 353 = NJW 1984, 1027.

▶《民事诉讼法》第 707 条：

（1）申请恢复原状或申请再审后，或依据第 321a 条的规定提出责问时，或者诉讼在宣示保留判决后继续进行时，法院可以依申请，命令提供担保或不提供担保而暂时停止强制执行，或提供担保而暂时实施强制执行，并且可以依申请命令提供担保而撤销执行处分……◀

通过必要的衡量，能够提出救济的成功可能性还是很大的。如果可以提出救济，则下一步是否停止 / 撤销以及拒绝债权人和债务人，主要涉及的是经济上的考虑。[1] 最终需要作出的裁判是，根据《民事诉讼法》第 775 条第 2 项由执行机关停止强制执行，或者根据第 776 条第 2 句由执行机关撤销强制执行。

2. 先予执行（“假执行”）

15 强制执行如基于判决实施，在该判决发生形式既判力之前，根据《民事诉讼法》第 708 条及以下条文，只有在诉讼程序中被宣告为**可先予执行**（“假执行”，vorläufig vollstreckbar）的，才可以基于该判决实施。[2] 第 708 条第 1 项至第 11 项（不提供担保）目录中的判决和第 709 条（提供担保；例外：第 710 条中的情形）中的“其他”判决是可以被宣告为先予执行的。如果判决是根据第 708 条第 4 项至第 11 项被宣告为先予执行的，如债权人在执行前并未提供担保的，根据第 711 条，债务人可以通过提供担保或通过提存以免除先予执行。根据第 712 条，债务人可以申请相应的执行保护以阻止执行，此时不必考虑债权人已提供担保。相反，根据第 713 条的规定，如果判决显然是不具备法律救济（Rechtsmittel）条件的，则债务人不会根据第 711 条、第 712 条获得任何的阻止（执行）权限。

16 先予执行还会带来实体法上的后果：债务人的履行受到其后既判力是否留存的影响，因此，只有在判决发生既判力时履行才发生清偿的效果。

---

[1] Vgl. OLG Frankfurt，NJW 1976，2137（2138）.

[2] Dazu König，Die vorläufige Vollstreckbarkeit im Zivilurteil，Jus 2004，119 ff. und Brögelmann，Anordnung der vorläufigen Vollstreckbarkeit in Zivilurteilen，Jus 2007，1006 ff.

17 如果被宣告可以先予执行的判决被撤销或者变更了，那么判决就不再具有执行力。

▶《民事诉讼法》第 717 条：

（1）以判决宣告撤销或变更原判决中关于本来的裁判或关于执行宣告的裁判后，在撤销或变更的范围内，原判决中先予执行的宣告失去效力。◀

此外，原告负有执行损害赔偿义务（《民事诉讼法》第 717 条第 2 款；下文第二十一章边码 102）。如果判决后来被撤销或变更，担保的目的是保护债务人免于这种风险，即在不得不忍受先予执行的判决后，却不能实现其损害赔偿请求。

18 对宣告先予执行的判决提起法律救济（Rechtsmittel）或异议不构成执行的障碍，可能涉及的是第 719 条中的强制执行的暂时停止。

▶《民事诉讼法》第 719 条：

（1）对于宣告先予执行的判决提起异议或控诉时，准用第 707 条的规定……◀

3. 生效

19 判决必须是有效的（并非无效）。假判决和非判决（Schein-oder Nichturteil）是无效的，也即，它们只有判决的外表（因为裁判机构根本没有被要求作出裁判或者裁判机构根本不是因行使裁判权而作出的裁决）。[1] 如果判决存在尤其严重且明显的错误，那它也是无效的，例如，它是未经法定程序而作出的，或者得出的法律后果没有法律依据。[2] 此外，被撤销的判决也是（变为）无效的。相反，如果判决存在程序或实体上的瑕疵，并不因为它存在违法性就当然无效，而是必须要经过法律救济（Rechtsmittel）撤销这个判决。

---

[1] Hk-ZPO/Saenger, 6. Aufl. 2015, vor § 300 Rn. 8 f.

[2] Kornol/Wahlmann, Zwangsvollstreckungsrecht, 2012, Rn. 34: Hk-ZPO/Saenger, 6. Aufl. 2015, vor § 300Rn. 11 ff. Vgl. ferner Rosenberg/Schwab/Gottwald, Zivilprozessrecht, 17. Aufl. 2010, § 62.

（二）诉讼和解协议

根据《民法典》第 779 条第 1 款的法律定义，**和解**是双方当事人通过合同、以互相让步的方式除去法律关系中的争执或不确定性。 20

▶《民法典》第 779 条：

（1）当事人间关于法律关系之争执或不明确，通过合同而以相互让步方式除去时（和解）……◀

诉讼和解协议是指，为解决法律纠纷（针对争议事项的全部或部分）签订的一项实体法上的合同。诉讼和解既是诉讼行为，也是实体法上的法律行为（诉讼和解的双重性质说），它既需要一个生效的实体法律行为，也需要一个民事诉讼法意义上生效的诉讼行为。[1] 21

在实体法上，诉讼和解协议需要具有权利能力和行为能力的人达成合意（《民法典》第 145 条及以下条文），如果诉讼和解协议会导致权利变更，订约人还必须具有处分权限。合意必须是相互作出的。这些让步可能是对悬而未决的法律纠纷之外的问题作出的。放弃判决应属于让步。[2] 必须遵守实体法上的形式规定和许可规定（Genehmigungsvorschrift）（除了《民法典》第 127a 条）。 22

在程序法上，当事人需要具备当事人能力、诉讼能力和诉讼行为能力。诉讼行为有两种表现方式： 23

■ 口头协商。此时根据《民事诉讼法》第 159 条及以下条文必须把诉讼和解记录下来；需要注意的是第 160 条第 3 款第 1 项、第 162 条第 1 款；需要把记录送达，并就该记录授予执行条款

■ 根据《民事诉讼法》第 278 条第 6 款，书面的方式。法院根据第 276 条第 6 款第 2 句就诉讼和解的订立和内容作出确认的裁定是执行名义，需要送达，并就裁定授予执行条款

一个有效的诉讼和解协议促使法律纠纷的（完全或部分）终止，从而消除了诉讼程序。根据《民事诉讼法》第 794 条第 1 款第 1 项，诉讼和解协议属于**执行名义**。 24

---

[1] BGHZ 16，388 = NJW 1955，705；NJW 2014，394（Rn. 12）.

[2] 同样观点见 Lackmann，Zwangsvollstreckungsrecht，10. Aufl. 2013，Rn. 46.

▶《民事诉讼法》第 794 条：

（1）强制执行，也可以根据以下各项而实施：

1. 当事人双方之间，或当事人一方与第三人之间，为解决诉讼，对于诉讼的全部或诉讼标的的一部分，在德国法院……订立的和解协议……◀

和解协议在订立时可以附生效或解除条件，或者附期限，它可以约定解除权，并且可以保留撤回。保留撤回的结果是对协议的有效性附上了生效条件。只有在撤回期限届满而未提出撤回时，法律纠纷方才终止，此时才可以授予一个执行条款。[1]

25 如果诉讼和解协议因为实体法上的原因无效（例如，因为违反《民法典》第 134 条、第 138 条意义上法律禁止规定或者善良风俗）或者因为程序法上的原因无效（例如，因为它没有按照规定记录），则不存在一个终止诉讼的诉讼行为，法律纠纷因此要在其尚未解决的主管法院继续进行。需要加以区分的是可执行性的问题。它仅仅取决于，协议中可执行的内容是否按照规定作成记录。[2]

值得注意的是，协议应当已经宣读，获得同意，并且具备要求的签名，另外需要注意的是强制律师代理。[3] 如果缺失影响协议产生诉讼终止效果的要件，则在接下来的法律纠纷中，基于协议的强制执行可根据《民事诉讼法》第 707 条、第 719 条、第 769 条暂时停止。[4]

26 如果诉讼和解协议中设定了**作出意思表示**的义务，此时强制执行不涉及《民事诉讼法》第 894 条（这是出于第 794 条第 1 款第 5 项的法理念，参见下文边码 30），而是根据第 888 条；或者在约定一个认诺时亦同。[5]

---

[1] Hk-ZPO/Kindl, 6. Aufl. 2015, § 794 Rn. 12.

[2] OLG Frankfurt, NJW-RR 1995, 703; MünchkommZPO/Wolfsteiner, 4. Aufl. 2012, § 794 Rn. 90; Hk-ZPO/Kindl, 6. Aufl. 2015, § 794 Rn. 18.

[3] Musielak/Voit/Lackmann, ZPO, 12. Aufl., 2015, § 724 Rn. 6.

[4] BGHZ 28, 171 = BGH NJW 1958, 1970（1971）; BGH NJW 1971, 467（468）; Hk-ZPO/Kindl, 6. Aufl. 2015, § 794 Rn.19 ff.

[5] 详细论述参见 MünchKommZPO/Wolfsteiner, 4. Aufl. 2012, § 794 Rn. 94.

（三）可执行的公文书

根据《民事诉讼法》第 794 条第 1 款第 5 项的规定，执行名义还包括声明服从的**可执行公文书**。[1] 27

▶《民事诉讼法》第 794 条：

（1）强制执行，也可以根据以下各项而实施：

……

5. 由德国法院或德国公证员在其职务的权限内依规定的方式、就某一请求制作成的证书，但以该项请求不属于作出意思表示，也不涉及住房租赁关系的状况，并且债务人在证书内声明服从就所指定的请求实施即时的强制执行的为限；……◀

关于可执行的公文书，《民事诉讼法》第 794 条第 1 款第 5 项规定了四个要件：

（1）由德国法院或德国公证员在其职务的权限内：根据《联邦公证员法》第 1 条、第 20 条第 1 款第 1 句，《公证书证法》第 56 条第 4 款，公证员负责各类公证事务。 28

地方法院仅主管《公证书证法》第 62 条第 1 款规定的公证事项。

（2）以合乎规定的方式制作：一个意思表示的公证是指由公证员将对其和当事人作出的意思表示以及说明（《公证书证法》第 9 条）记录下来（《公证书证法》第 8 条）。记录必须在公证员在场的情况下对当事人宣读，获得他们的同意并亲笔签名（《公证书证法》第 13 条）。根据《公证书证法》第 6 条和第 7 条的规定，如果公证员已经被开除了，则公证事项是无效的。 29

（3）就某一可以适用和解规定的请求，但该项请求不属于发出意思表示，也不涉及住房租赁关系的状况：请求必须属于当事人的处分权限。它可能与《民法典》第 134 条、第 138 条的规定相违背，而且根据请求的 30

[1] Dazu Schreiber, Die vollstreckbare Urkunde, Jura 2004, 546ff.; Hagedorn, Die Zwangsvollstreckung aus der notariellen Urkunde, JA 2012, 932 ff.

种类可能还会出现相对的请求。[1] 它可以是一个未到期的、附条件或附期限的请求。这和请求的法律基础无关；即便意思表示属于请求的构成要件，《民事诉讼法》第 794 条第 1 款第 5 项也没有规定必须对他们进行公证，公证书只用描述该请求即可，[2] 也即，对公证的请求记录，做到能和其他请求区分即可。[3] 不过有两类请求是被排除在外的：作出意思表示的请求，以及涉及住房租赁关系状况的请求。第一个例外背后的原因是，作出意思表示无法通过强制执行实现，因为意思表示是在判决生效时拟制作出的（《民事诉讼法》第 894 条）。第二个例外背后的原因是，关于住房租赁关系状况的法律纠纷不能从州法院处剥离。[4]

31 （4）债务人在证书内声明**服从**就所指定的请求实施即时的强制执行：只有在公证书内包含债务人符合形式的声明，表明其服从就所指定的请求实施即时的强制执行时，该公证书才是可执行的。服从声明节省了债权人的时间和债务人的成本。它是一个单方的诉讼行为，（行为人）必须具备权利能力和行为能力（并非诉讼能力），[5] 不过这些可以根据《民法典》第 305 条及以下条文进行适当的考虑。[6] 根据《民事诉讼法》第 78 条及以下条文可以授予全权代理。[7] 服从声明是抽象的，独立于公证书中的或同时期实施的实体法律行为，即便在实体法律行为无效时，它仍然是有效的。[8] 有争议的是，服从声明是否是可撤销的，[9] 还是说因为它是诉讼行为所以不能撤销。[10]

32 与诉讼和解协议、可执行的公证书不同的是《民事诉讼法》第 796a 条规定的律师和解协议。它是一个庭外和解，债务人在和解中对即时强制执行

[1] Thomas/Putzo-Seiler, ZPO, 36. Aufl. 20115., § 794 Rn. 50.

[2] BGHZ 73, 157 = NJW 1979, 928; MünchKommZPO/Wolfsteiner, 4. Aufl. 2012, § 794 Rn.155 及其他相反观点的文献。

[3] Hk-ZPO/Kindl1 6. Aufl. 2015, § 794 Rn. 32.

[4] Brox/Walker, Zwangsvollstreckungsrecht, 10. Aufl. 2014, Rn. 88b.

[5] Musielak/Voit/Lackmann, ZPO, 12. Aufl. 2015, § 794 Rn. 36 及其他相反观点的文献。

[6] Lackmann, Zwangsvollstreckungsrecht, 10.Aufl. 2013, Rn. 52.

[7] BGH NJW 2004, 844: Zöller/Stöber, ZPO, 30. Aufl. 2014, § 794 Rn. 33f.

[8] BGH NJW-RR 2008, 1075（Rn. 9）.

[9] So BGHZ 71, 260 = NJW 1978, 1480（1481）.

[10] Musielak/Voit/Lackmann, ZPO, 12. Aufl. 2015, §794 Rn. 39.

声明了服从。在符合第 796a 条规定的条件下，可以在一审法院申请将其宣告为可执行（第 796b 条），特定情况下也可以在公证员处宣告（第 796c 条）。

三、可执行性

执行名义不仅要是有效的，还要具备可执行性（Vollstreckungsfähigkeit）。 33
可执行性有两个条件：首先，执行名义必须包含强制执行的内容，并且该内容的种类具有可执行性（下文边码 34 及以下）。其次，执行名义必须足够明确地给出强制执行的当事人以及内容（下文边码 36 及以下数段）。

（一）可执行的内容

具有执行性的执行名义只包括那些设置了债务人给付（作为或不作为， 34
《民法典》第 241 条第 1 款）的情形。该给付不得是《民法典》第 275 条第 1 款意义上的不能情形。[1] 这里包括所有类型的给付，不过在如《民事诉讼法》第 888 条第 3 款中有限制规定。

▶《民事诉讼法》第 888 条：
（3）本条规定不适用于根据雇佣契约判令给付劳务的情形。◀

败诉判决、形成判决、确认判决或者确认协议是没有可执行的内容的。 35

如果这些判决也被宣告为先予执行，这可能是由于，它们是采取其他措施的基础、为了确定诉讼费用（《民事诉讼法》第 103 条及以下条文）、暂时停止或限制强制执行（第 775 条），以及撤销执行行为（第 776 条，下文第九章边码 2 及以下数段）、注册登记。[2]

（二）当事人和内容的确定

执行名义必须**足够明确**地给出强制执行的当事人以及内容。执行机关 36

[1] BGH NJW-RR 1992, 450.
[2] Lippross, Zwangsvollstreckungsrecht, 11. Aufl. 2014, Rn. 60.

必须可以独立地从执行名义中得出谁对谁负有何种给付义务。国家强制力只能是为了实现或保全公文书明确指定的请求并且是对明确指定的请求人和承受人实施。[1]《民事诉讼法》第750条第1款第1句明确将债权人和债务人确定规定为执行的一般要件。

▶《民事诉讼法》第750条：

（1）强制执行，只在将请求执行人与受执行人的姓名记载于判决或记载于附在判决上的执行条款之中……才能开始执行……◀

《民事诉讼法》第750条的规定准用于其他执行名义（第795条）。执行条款可以代替执行名义给出债权人和债务人，主要是，在债权人或债务人方面的权利继受不是通过变更执行名义记录下来的，而是通过一个相应的改写执行名义的执行条款（下文第六章边码28及以下数段）。

37 针对非属于执行名义具体指定的人的执行是不合法的。有问题的是在返还房屋的执行中针对不知名的房客，尤其是在占用闲置房屋（Hausbesetzung）的情形。[2]

在有数人时（如继承共同体、住房共同所有权人）必须要写明所有的人员以及他们的参与关系（按份债权人、债务人或者共同债权人、债务人）。[3]在商人场合，为了能够执行该商人的营业及私人财产，执行名义中写明在授予执行名义时其所拥有的企业就足够了（《商法典》第17条第2款）。[4]

如果是民法上的合伙（GbR），需要注意，为了执行合伙的财产，执行名义中需要列明所有合伙人（《民事诉讼法》第736条），如果是执行个人财产只用写明该合伙人即可。执行名义只是针对民法上的合伙的，只能对合伙的财产进行执行，不能同时执行某一合伙人的个人财产。[5]

在继承场合需要注意的是，尽管遗产因为继承转让给了继承人，执行

---

[1] BGH NJW-RR 2003, 1450 (1451).

[2] Vgl. Heiderhoff/Skamel, Zwangsvollstreckungsrecht, 2. Aufl. 2013, Rn. 87ff.

[3] Zu einer Ausnahme vgl. BayObLG NJW-RR 1986, 564.

[4] Musielak/Voit/Lackmann, ZPO, 12. Aufl. 2015, § 750 Rn. 11.

[5] Heiderhoff/Skamel, Zwangsvollstredungsrecht. 2. Aufl. 2013, Rn. 89 f.

名义针对遗产人的仍可以在遗产上继续进行强制执行（《民事诉讼法》第779条）。如果在继承后才开始强制执行，则必须先要对执行名义改写（《民事诉讼法》第727条），包括承认继承（《民法典》第1958条）、遗嘱继承（《民法典》第2213条）、遗产管理（《民法典》第1984条）或者遗产保全（《民法典》第1960条）。[1]

此外，执行名义必须足够明确地给出强制执行的**内容**。[2] 执行机关必须可以通过执行名义获知，要实现或保全的给付是什么，以及强制执行是否附有期限或条件，尤其是，强制执行是否以提供担保或者在同时履行中债权人应提供对待给付为前提。最后，被清偿的请求应当足够明确到可以和其他有相同内容的请求区分开的程度。 38

举例：如果执行名义是要求支付，则要明确债务人应当支付的数额。此外，也要明确，通过支付是为了清偿哪一个债权。[3]

执行名义还要写明债务人服从强制执行的**范围**。原则上债务人以其所有财产承担债务。如果债务人是职务上的当事人，则他一般只以其管理的财产承担。强制执行也有可能针对某一具体的标的。 39

举例：只以管理的财产承担责任：针对破产管理人的执行名义。只以特定标的承担责任：抵押债务人要容忍根据《民法典》第1147条对抵押权所及的特定不动产进行强制执行。

执行机关也可以对执行名义进行解释，不过用于解释的情况原则上必须由名义本身产生。执行名义之外的情况只能在极有限的范围内参考。如果诉讼法院是执行机关，它可以利用其在诉讼程序中获知的情况对名义进行解释。[4] 在解释缺席判决或者认诺判决时也可以参考起诉状（根据《民 40

[1] Hk-ZPO/Kindl, 6. Aufl. 2015, § 778 Rn. 3.
[2] Brox/Walker, Zwangsvollstreckungsrecht, 10. Aufl. 2014, Rn. 42 ff.
[3] Vgl. BGHZ 124, 164 = NJW 1994, 460（460 f.）.
[4] BGH NJW 2010, 2137.

事诉讼法》第 313b 条第 1 款第 1 句，这些判决不需要事实和裁判理由）。如果对于任何人而言结合上下文都可以轻易解释清楚，执行名义同样也满足内容足够确定。

举例：[1] 如果利息以“高于当时的基本利率”的百分点表示。如果名义中写的是“在扣除已经支付的部分后支付”，则是不够明确的，因为没有明确说明具体有多少。如果在支付执行名义中写明的数额是按照公务员薪酬发展水准来确定，或者在权利消灭执行名义中没有说明债权的数额，则执行名义同样是不够明确的。如果执行名义不够明确，债权人可根据《民事诉讼法》第 319 条请求更正，或者提起确认执行名义内容的确认之诉。

41 如果债务人清偿债务需要由债权人提供一个对待给付，则对待给付也必须和债务人需要提供的给付一样足够确定，否则执行机关便无法判决能否开始强制执行（下文第八章边码 10 及以下数段）。[2]

章节测试

复习问题

42 ■《民事诉讼法》第 724 条及以下条文可准用于第 794 条规定的执行名义的依据是什么？

■《民事诉讼法》第 704 条意义上的终局判决有哪五种判决形态？

■《民事诉讼法》第 704 条意义上的判决何时发生效力？

■ 诉讼和解协议的双重性质是指什么？

■ 一个生效的诉讼和解协议的要件是什么？在有瑕疵时的后果是什么？

■《民事诉讼法》第 794 条第 1 款第 5 项中“规定的形式”应如何理解？

■ 何种请求不能作成可执行的公文书？为什么不能？

■ 什么时候执行名义不具有可执行性？

[1] Lackmann, Zwangsvollstreckungsrecht, 10.Aufl. 2013, Rn. 57ff.

[2] Kornol/Wahlmann, Zwangsvollstreckungsrecht, 2012, Rn. 35.

基础案例

1. Gottlieb Goldberg 出租了一个车库给 Siegbert Silbermann。在 1 月 5 日，一个周四，他在 Hamstedt 市的州法院拿到了一个对 Silbermann 的判决。之后，Silbermann 将不得不向 Goldberg 支付 350 欧元的拖欠款。Silbermann 有些气愤，在 1 月 6 日这天通过他的律师提出了上诉。1 月 13 日收到判决书后，他仔细考虑了这件事，并在 1 月 16 日通过他的律师撤回了上诉。在 Goldberg 于 1 月 23 日主张强制执行时，Silbermann 仍然感到很气愤。他抗辩称，判决中并没有包含先予执行的宣告，而上诉期届满最早是在 2 月 6 日（一个周一），最晚可能要到 2 月 13 日了。 43

2. Gottlieb Goldberg 和 Siegbert Silbermann 在 Hamstedt 市的州法院有一个关于剩余租金的法律纠纷。在 1 月 5 日时，他们通过律师代理签订了一份和解协议以结束纠纷，并由法院制作成记录。协议中保留了他们在 2 月 6 日前的撤回权。1 月 23 日 Goldberg 想要根据和解协议进行强制执行，Silbermann 想知道强制执行是否会被允许。 44

3. Gottlieb Goldberg 持有一个可执行的公文书，在公文书中 Siegbert Silbermann 因为抵押权而声明服从即时的强制执行。在公证书中写明强制执行可以对抵押权所及不动产的当时的所有权人实施。该抵押权以及服从声明均登记在了土地登记簿中。当 Silbermann 不履行其付款义务时，Goldberg 想要实现这个可执行的公文书，Silbermann 则主张，公文书中没有确定执行债务人，毕竟从土地登记簿上才可以看到谁在这时是所有权人。 45

4. Siegbert Silbermann 在 Hamstedt 市作为一个独立商人经营一个名为“Farben und Lacke Hamstedt Silbermann”的企业，这个企业在商业登记簿上登记过。在商业往来中他也使用“Silbermann-Farben”这个短的商号。Gottlieb Goldberg 经营着一个文具店，为 Silbermann 打印名片，并就尚未支付的款项获得了一个针对“位于 Hamstedt 的 Silbermann-Farben 有限责任公司”的缺席判决。当他想要执行 Silbermann 的财产时，后者抗议道，并不存在这么一个有限责任公司，而他自己并不属于执行名义中指明的债务人。Goldberg 主张，缺席判决应当解释为是对独立商人 Silbermann 作出的，毕竟他只和 Silbermann 有商业往来。 46

谁有道理？

第六章　一般执行要件（二）：执行条款

参考文献：Brox/Walker，Zwangsvollstreckungsrecht，10. Aufl. 2014，Rn.101 ff.；Gaul/Schilken/Becker-Eberhard，Zwangsvollstreckungsrecht，12. Aufl. 2010，§§ 16 f.；Heiderhoff/Skamel，Zwangsvollstreckungsrecht，2. Aufl. 2013，Rn. 100 ff.；Kornol/Wahlmann，Zwangsvollstreckungsrecht，2012，Rn. 36 ff.，439ff.；Lackmann，Zwangsvollstreckungsrecht，10. Aufl. 2013，Rn. 66 ff.，721 ff.；Lippross，Zwangsvollstreckungsrecht，11. Aufl. 2014，Rn. 66 ff.

一、概念与种类

1 执行条款是对判决书正本的官方说明，指明该正本是可以强制执行的正本（《民事诉讼法》第 724 条第 1 款），也就是说，基于某一判决书正本是可以采取强制执行的。法院书记处的书记官通过执行条款来证明，基于这个判决可以且谁可以强制执行（《民事诉讼法》第 725 条）。

▶《民事诉讼法》第 724 条：

（1）强制执行，根据附有执行条款的判决正本（有执行力的正本）实施。

（2）有执行力的正本由……法院的书记科发放。

《民事诉讼法》第 725 条：

执行条款如下："此项正本付与某某（指明当事人）以供强制执行用。"此项条款应附记于判决正本的末尾，由法院书记官署名并加盖法院印章。◀

2 在特定情况下，（仅有）根据《民事诉讼法》第 725 条的执行条款是不够的，第 726 条至第 729 条还为强制执行设置了特殊条款。这主要是执行名义补充条款或者执行名义变更条款。如果强制执行取决于债权人证明条件的满足，则原则上必须有一个执行名义补充条款。如果强制执行是为了执行名义中载明的当事人之外的人实施，则需要一个执行名义变更条款。

不仅判决需要有执行条款，根据《民事诉讼法》第 724 条及以下数条，**其他执行名义**也准用这一规定（《民事诉讼法》第 795 条）。 3

不过，为了加快程序的进行，存在一些例外，例如，依据执行决定，为其载明的债权人对债务人强制执行时，不需要执行条款，《民事诉讼法》第 796 条第 1 款。除此之外：确定费用的决定的强制执行，根据该判决的有执行力的正本实施（第 795a 条第 2 半句，第 105 条）；查封裁定作为取走抵押证书的依据（第 830 条第 1 款）；转付裁定作为交付证明文件的依据（第 836 条第 3 款第 5 句）。

另外，《民事诉讼法》第 845 条规定的债权预查封在没有可执行正本时也可以实施。如果正式查封是在一个月内进行的，则预查封发生假扣押的效力，而正式的查封则需要有可执行的正本存在（参见下文第十二章边码 54 及以下数段）。 4

如果执行名义中有数个待清偿债权，则需要对每个债权分别检索，是否需要一个简单的或复杂的执行条款，以及它们的条件是否满足。如果执行条款只是为具体某一待清偿债权发放（“本正本是为了执行和解协议的第一部分而发给原告的”），则属于一个部分条款。[1] 此时强制执行只能是针对条款规定的部分。 5

这一执行要件的**意义**分为两个方面。[2] 6

首先，执行条款与形式化效果相关，因为执行机关受发出条款的约束：[3] 如果执行条款有效地被发出且未经法院裁判消灭，则执行机关不能因认为发出执行条款是无效的而拒绝强制执行。[4]

[1] Lippross, Zwangsvollstreckungsrecht, 11. Aufl. 2014, Rn. 66.

[2] Brox/Walker, Zwangsvollstreckungsrecht, 10. Aufl. 2014, Rn. 103 f.

[3] Gaul, Rpfleger 1971, 81,（90）.

[4] Lackmann, Zwangsvollstreckungsrecht, 10. Aufl. 2013, Rn. 67.

唯一的例外是执行名义内容是否足够具体的问题：如果发出条款的机关没有因为执行名义内容不明确而拒绝作出执行条款，则同样不能约束执行机关。

这就发生一个减负的效果：执行机关不必检查执行名义是否有效，以及是否有可执行性。

其次，执行条款保护债务人免受债权人将执行范围扩大到合理数额之外的侵害。原则上，债权人只收到一份带有执行条款的执行名义正本，这样他就不能同时委托多个执行机关；另外执行员根据《民事诉讼法》第757条也将债务人的（部分）履行记载在这个正本中。

二、程序

（一）条件

7 执行条款是在**条款发出程序**中作出的，从狭义上来讲是强制执行程序的前置程序。发出条款的要件有：（1）无形式要求的申请；（2）一个生效且具有可执行性的执行名义；（3）根据《民事诉讼法》第726条及以下数条要求的证明。执行名义必须是形式上有效的，实体法上对待清偿债权的抗辩权不能阻碍执行条款的发出。[1]

可以想到的形式瑕疵如在判决书中法官错误的署名（《民事诉讼法》第315条第1款第1句），以及在诉讼和解中缺少律师代理或者在谈判记录中缺少宣读或确认记录（第160条第3款第1项、第162条第1款）。[2]

如果执行名义中的写明的是向第三人履行，则执行条款既可以向原告发出，也可以向第三人发出。[3]

（二）管辖

8 执行条款由**诉讼法院**作出，除诉讼案件系属于上级法院外由一审法院

[1] Lippross, Zwangsvollstreckungsrecht, 11. Aufl. 2014, Rn. 69f.

[2] Lackmann, Zwangsvollstreckungsrecht, 10. Aufl. 2013, Rn. 736ff.

[3] Brox/Walker, Zwangsvollstreckungsrecht, 10.Aufl. 2014, Rn.117; Lackmann, Festschrift Musietak, 2004, S. 287 ff.

作出。这一规则的基础是《民事诉讼法》第724条第2款，一些复杂条款中另外规定了职能管辖，这里并不存在事务管辖。

▶《民事诉讼法》第724条：

（2）有执行力的正本由第一审法院的书记科发出，如诉讼案件系属于上级法院时，由该法院的书记科发出。◀

根据《民事诉讼法》第725条，（简单）执行条款由书记科的书记官发出（第724条第2款），但根据《司法辅助官法》第20条第12项的规定，复杂执行条款的发出则是由诉讼法院的司法辅助官管辖。 9

▶《司法辅助官法》第20条：

司法辅助官受托处理民事诉讼程序中的下列事项：

……

12.在《民事诉讼法》第726条第1款、第727条至第729条、第733条、第738条、第742条、第744条、第745条第2款以及第749条规定情形下发放有执行力的正本；

……◀

如果司法辅助官发出了本应由书记官管辖的条款，根据《司法辅助官法》第8条第5款，其效力不受影响。[1] 10

▶《司法辅助官法》第8条：

（5）如司法辅助官处理了书记官负责的事项，不影响该事项的效力。◀

但是，如果是本应由司法辅助官管辖的条款却由书记官发出，则该条款存有瑕疵且可撤销，根据德国最高法院尚存争议的观点并不会直接无效。[2]

---

[1] Lackmann, Zwangsvollstreckungsrecht 10. Aufl. 2013, Rn. 70.

[2] BGH NJW-RR 2012, 1146（Rn. 12 f.）；相反的观点参见：Zöller/Stöber, ZPO, 30. Aufl. 2014, § 726 Rn. 7. 不同的观点参见 Musielak/Voit/Lackmann, ZPO, 12. Aufl. 2015, § 726 Rn. 4.

（三）询问债务人

11 根据《民事诉讼法》第 730 条的规定，在发出一个复杂执行条款时由一审法院适当酌情决定询问债务人。

▶《民事诉讼法》第 730 条：

在第 726 条第 1 款与第 727 条至第 729 条的情形，可以在发出有执行力的正本之前，询问债务人。◀

相反，如果是发出一个简单执行条款，根据《民事诉讼法》第 724 条第 1 款不允许询问债务人。其理由在于，强制执行不能拖延开始，债务人可以根据第 732 条在执行条款抗议程序中主张形式方面的抗辩。

（四）附加的有执行力的正本

12 有执行力的正本使债权人能够对债务人采取执行措施。同时，债务人也不会面临多次被强制的风险，因为债权人原则上只能获得一份有执行的正本。债权人只有在对发放多个正本确有正当利益，且不损害债务人的利益时，才能够取得附加的正本。[1]

举例：第一个正本丢失了。债权人想要对多个共同债务人进行强制执行。债权人必须要同时多次进行强制执行（如账户查封）。

13 法律规定，此时应当**询问**债务人（《民事诉讼法》第 733 条第 1 款）。通常来说，如果不是存在特殊的紧迫性或要件满足时，这里的询问可以理解为是强制性的。[2] 此外，在发放附加的正本时应当通知债务人（第 733 条第 2 款）。

▶《民事诉讼法》第 733 条：

（1）如果未将先发出的正本交回，在发出附加的可执行正本之前，应询问债务人。

---

[1] Hk-ZPO/Kindl, 6. Aufl. 2015, § 733 Rn. 4.

[2] Zöller/Stöber, ZPO, 30. Aufl. 2014, § 733 Rn. 11.

（2）书记科应将发出附加的可执行正本告知对方当事人。
（3）附加的可执行正本上应记明其为附加的可执行正本。◀

发放附加的可执行正本由司法辅助官管辖（《司法辅助官法》第20条第12项）。 14

（五）其他执行名义的特殊性

根据《民事诉讼法》第795条的规定将第724条及以下数条适用于其他执行名义时，应注意其特殊性，其中包括第795a条以下数条中的规定。 15

尤其是在法院订立的和解，有效性仅取决于诉讼文件中列明的事件的，法院和解协议的执行补充条款（和简单条款一样）由第一审法院书记科的书记官发出，而非司法辅助官（第795a条）。公证证书的有执行力的正本，不管是简单的还是复杂的，原则上由持有该证书的公证人发出（第797条第2款第1句）。

三、执行名义补充条款

（一）必要性

依判决的内容，判决的执行，除债权人应提供担保外，仍需由债权人证明另一**事实**的满足的，则需要一个执行名义补充条款（《民事诉讼法》第726条第1款）。 17

▶《民事诉讼法》第726条：
（1）依判决的内容，判决的执行，除债权人应提供担保外，仍需由债权人证明另一事实的满足的，必须有公文书或认证证书的证明，始得发出有执行力的正本。◀

《民事诉讼法》第726条第2款就这一规则规定了一个例外，即在执行有赖于债权人对债务人为**对待给付**后始能实施的情况下的例外规定。 18

▶《民事诉讼法》第726条：

判决的执行须待债权人对债务人为对待给付后始能实施的，只限于债务人应为的给付是作出意思表示时，才有必要对债务人已受履行或受领迟延作出证明。◀

债权人的对待给付（以及就此债务人的受领延迟）是作为特殊执行要件由负责的执行机构审查的，根据《民事诉讼法》第756条由执行员审查，根据第765条由执行法院审查。如果同时履行中需要提供的对待给付没有完成，则原则上有执行力的正本应当保留，而执行机构需要留意，在没有证明完成对待给付或者债务人受领迟延时，不能对债务人施加执行措施（参见下文第八章边码10及以下数段）。因此，《民事诉讼法》第726条第2款才规定，在发给执行条款时不需要对待给付获得受领延迟的证明，此时并不需要一个执行名义补充条款，一个简单的执行条款就够了。

19 法律在这里还规定了一个例外的例外，即如果判决中债务人应为的给付是**作出意思表示**时，则需要对待给付或受领延迟的证明。对于这些给付，立法者是无法将其委托给执行机构来审查的，因为根据《民事诉讼法》第894条第1句的规定，作出意思表示是通过法律拟制完成的，因此完全不涉及执行行为。就这一情形而言，第726条第2款因此规定，此时需要第1款中规定的执行名义补充条款，并在条款发放程序中审查对待给付是否完成。第894条第2句规定，作出意思表示需待作出对待给付时，并非——像往常一样——是在判决发生既判力时完成，而是在根据第726条发出有执行力的正本时拟制完成。

▶《民事诉讼法》第894条：

债务人受到判决，应作出一定意思表示的，判决确定时视为已作出意思表示。意思表示需待作出对待给付时，依第726条、第730条将确定判决的有执行力的正本交付时，发生效力。◀

20 依执行名义的内容，强制执行需由债权人证明某一事实的满足的，但如果就该事实，债权人依执行名义的内容或者举证责任的一般规则不负担举证义务的，例如它是一个解除条件，则与《民事诉讼法》第726条第1

款的规定相反，此时同样不需要一个执行名义补充条款。[1]

不属于执行名义中的举证责任约定对债权人没有任何帮助，因为书记科的书记官无法注意到它们。不过债权人根据《民事诉讼法》第 726 条的规定，不需要其他条件即可获得执行名义补充条款。如果债权人在诉讼和解协议或者可执行的公证文书中同样被免除了证明义务时，亦是如此。

根据《民事诉讼法》第 726 条第 1 款规定的类推解释，依执行名义的 21
内容，强制执行需经过一定**日期**的，同样不需要执行名义补充条款。[2] 如果强制执行需某一日期届满才能实施，根据第 751 条，这个要求和需要债权人提供担保才能执行的要求一样，都是作为特殊执行要件由执行机关进行审查（下文第八章边码 3 及以下数段、边码 6 及以下数段）。因此，它不会涉及（执行条款程序中）执行力正本的问题，而是涉及具体的执行行为。

总体而言，《民事诉讼法》第 726 条第 1 款的适用范围如下： 22

- 强制执行需满足一定的条件，其中不包括债权人应提供担保
- 在同时履行中债务人就债权人的给付需要对待作出意思表示
- 强制执行附有特定的期限，且不是按照具体日期确定

以及，这些要件应根据一般证明责任规则由债权人证明。

另外还包括：迁出房屋和解协议中包含一个提供替代房屋条款（Ersatzraumklausel），支付和解协议中包含一个再生条款（Wiederauflebensklausel），必须取得监护许可，待清偿的是“迟延利息”，关于撤销的诉讼和解协议。相反和解协议包含失效条款的（债务人承担失效的举证负担）、解除条件的（债务人对条件的发生承担举证负担），以及对选择之债的和解协议（《民法典》第 264 条第 1 款），不属于《民事诉讼法》第 726 条的范围。[3]

（二）由债权人证明

《民事诉讼法》第 726 条第 1 款规定的事实发生必须由债权人提供**公文** 23
书（öffentliche Urkunde）**或者认证证书**（öffentlich beglaubigte Urkunde）证明。

---

[1] Hk-ZPO/Kindl, 6. Aufl. 2015, § 726 Rn. 3; Zöller/Stöber, ZPO, 30. Aufl. 2014, § 726 Rn. 4.

[2] Thomas/Putzo-Seiler, ZPO, 36. Aufl. 2015, § 726 Rn. 2.

[3] Lackmann, Zwangsvollstreckungsrecht, 10. Aufl. 2013, Rn. 724.

24 《民事诉讼法》第 415 条第 1 款对公文书进行了定义；其主要是公证书（《公证书证法》第 1 条及以下数条）形式的公文书。认证证书（《民法典》第 129 条第 1 款）是指，意思表示以书面形式制作，并由公证人认证表意人的签名（《公证书证法》第 39、40 条，《联邦公证员法》第 20 条第 1 款第 1 句）。如果债权人不能提供必需的文书，则他既不能根据《民事诉讼法》第 731 条的规定请求发放执行条款，也不能借助《民事诉讼法》第 792 条、《商法典》第 9 条第 4 款或者《土地登记簿法》第 12 条第 2 款取得文书。

▶《民事诉讼法》第 792 条：

为实施强制执行，应由一定的官厅、官员或公证人依债务人的申请付给债务人继承证书或其他文书时，债权人可以代替债务人提出申请。

《商法典》第 9 条：

（4）可以要求打印提交登记的内容以及文件。如果提交商业登记处的文件仅以纸质形式存在，则可以要求提供副本。副本应当经法院登记处认证，且打印文本应制作为官方文本，除非放弃申请认证。

《土地登记簿法》第 12 条：

（1）享有合法权益者均可查阅土地登记簿。土地登记册中提及的作为登记增补的文件，以及尚未完成的登记申请亦同。

（2）前款规定的可查阅范围内的文书以及尚未完成的登记申请可要求制作副本；副本依申请应进行认证。◀

25 从某种意义上来说，这些文书补充了执行名义，因为只有统观执行名义和文书才能获知需要强制执行的债权人权利。也因此，这些文书也应当和执行名义一样，在开始强制执行时应送达债务人（《民事诉讼法》第 750 条第 2 款）。

▶《民事诉讼法》第 750 条：

（2）如果要执行的是依第 726 条第 1 款发出的有执行力的正本的判决时，……，则在开始执行前，除必须将应执行的判决送达外，还必须将附于判决上的执行条款送达，而在条款是根据公文书或认证证书发出时，还必须将这种文书的副本也予送达，或者在开始执行时同时送达。◀

当该事实显而易见时，则不需要特别的证明（参见《民事诉讼法》第291条）；《民事诉讼法》第727条的规定应当类推适用。如果债务人承认了这一事实，同样不需要再证明（第288条），不过第138条第3款的规定不能类推适用。[1] 最后，如果在诉讼和解或者在可执行的公证书中放弃提供证明的话，也不需要再提供。[2] 26

为了使执行机构清楚所需的文书是否已经全部提交，执行条款必须说明债权人根据《民事诉讼法》第726条第1款应提供哪些文书，又或者为何无须证明。 27

四、执行名义改写条款

当判决书中载明的债权人**之外的当事人**想要推动强制执行时，或者应当对判决书中载明的债务人之外的第三人采取强制执行时，便需要一个执行名义改写条款。 28

如果判决的实质既判力根据《民事诉讼法》第325条的规定延伸到判决书载明的债权人或债务人的权利承继人，那么该判决的有执行力的正本根据第727条的规定可以向或者对该承继人发出。 29

▶《民事诉讼法》第727条：

（1）有执行力的正本可以发给判决内容记载的债权人的权利承继人，也可以发给判决内记载的债务人的依第325条判决效力所及的权利承继人，……，但这种权利承继或……，以其为法院所明知的，或者是经公文书或公证证书予以证明的为限。

（2）这种权利承继或……是法院所明知的，应当记载于执行条款中。

《民事诉讼法》第325条：

（1）确定判决的效力，其利与不利，及于当事人、在诉讼系属发生后当事人的承继人以及……◀

[1] BGH NJOZ 2005, 3307（3308 f.）; Hk-ZPO/Kindl, 6. Aufl. 2015, § 726 Rn. 4 中其他文献以及相反的观点。

[2] BGH NJW-RR 2006, 567; Musielak/Voit/Lackmann, ZPO, 12. Aufl. 2015, § 726 Rn. 5 m.w.N. Dagegen Zöller/Stöber, ZPO, 30. Aufl. 20, 14, § 726 Rn. 16.

30 根据《民事诉讼法》第 325 条，在实质既判力的主体范围内（也即，判决对债权人的权利承受人发生效力，或者对债务人的权利承受人发生效力，又或者以上两者同时发生），并不是在新的当事人之间发生了一个新的诉讼（由于法律效力相互冲突，无法产生新的诉讼），而是在执行条款发生程序中审查承受人，并基于生效的判决而产生的执行名义将他们改写为新的债权人或者债务人。

31 根据《民事诉讼法》第 728 条的规定，当判决实质既判力的主观范围根据第 326 条规定包括后顺位继承人时，或者在遗嘱执行根据第 327 条规定包括继承人时，亦是如此。对商事营业依《商法典》第 25 条第 1 款第 1 句、第 2 款应当负责的承受人，并不存在效力的扩张，但是，按照《民事诉讼法》第 729 条第 2 款的规定，仍然规定了一个执行名义改写条款。《商法典》第 28 条规定的情形也是如此。新的诉讼并不会因此而妨碍判决既判力，但是新的诉讼会缺少权利保护需要，因为执行名义改写条款是更为简便的道路。随着旧《民法典》第 419 条被删除，《民事诉讼法》第 729 条第 1 款在其直接适用范围内变得无关紧要，但是基于《民法典》第 2382 条在遗产买卖情形下仍然要类推适用。

32 如果判决是通过**诉讼担当人**争取来的，再对债务人进行新的诉讼同样违反实质既判力：权利持有人受到该判决的约束。在这一状况下，《民事诉讼法》第 325 条以及第 727 条的规定应当类推适用，也即，权利持有人也可以获得一个执行名义改写条款。但具体的细节仍有争论。

33 职务上的当事人，管理包含特殊资产的债权，也和权利持有人一样对待。《民事诉讼法》第 727 条的规定应当类推适用。

举例：破产管理人想要基于对债务人的胜诉判决进行强制执行。破产管理人需要类推适用第 727 条取得一个执行名义改写条款。

34 根据《民事诉讼法》第 727 条的规定发出执行条款，需要该权利继受是显而易见的，或者是经公文书或认证证书予以证明的（参见边码 23 及以下数段）。

关于执行名义改写条款的举例：[1]“本正本是为了对被告进行强制执行而向……发放。该权利继受已经通过……地方法院的遗产继承证书所证明。”

五、法律救济

参考文献：Literatur：Brox/Walker，Zwangsvollstreckungsrecht，10. Aufl. 2014，Rn.128 ff.；Gaul/Schilken/Becker-Eberhard，Zwangsvollstreckungsrecht，12. Aufl. 2010，§ 17；Heiderhoff/Skamel，Zwangsvollstreckungsrecht，2. Aufl. 2013，Rn. 131 ff.；Hoffmann，Die Rechtsbehelfe während des Klauselerteilungsverfahrens，Jura 1995，411 ff.；Jäckel，Rechtsbehelfe im Klauselverfahren，JuS 2005，610ff.；Kornol/Wahlmann，Zwangsvollstreckungsrecht，20U，Rn. 449；Lackmann，Zwangsvollstreckungsrecht，10. Aufl. 2013，Rn. 740 ff.；Lippross，Zwangsvollstreckungsrecht，1 l. Aufl. 2014，Rn. 85 ff.

执行条款发放程序中的法律救济分为债权人方面和债务人方面。 35

“债权人”包括执行条款涉及的当事人，不仅包括执行名义中载明的债权人，还包括经过执行名义改写后的债权人。在债务人方面亦是如此。

（一）债权人的法律救济

执行条款的发放尚不属于强制执行程序，而是一个执行准备程序，由 36
审判机构（广泛意义上）管辖，具体来说有书记科的书记官、司法辅助官或者公证员。因此，债权人可以强制要求发放执行条款的救济方法也是诉讼程序中针对机构作出的裁判的一般救济方法：

- 针对书记科书记官的裁定提出抗议，《民事诉讼法》第 573 条第 1 款
- 针对司法辅助官的裁定提起即时抗告，《民事诉讼法》第 567 条结合《司法辅助官法》第 11 条第 1 款
- 对公证员的裁定提起抗告，《公证书证法》第 54 条

如果债权人没有主张其已经证明了发出条款应当满足的要件，以证明 37

[1] Lippross，Zwangsvollstreckungsrecht，11. Aufl. 2014，Rn. 83.

可以将该条款发给他，但之后获得相关的证明的，那么他可以根据《民事诉讼法》第 731 条提起执行条款授予诉讼。

（二）债务人的法律救济

38 对债务人权利的救济不是诉讼程序中的救济方法，而是在条款发放程序中特别规定的：

■ 有形式瑕疵时主张发给执行条款的抗议，《民事诉讼法》第 732 条

■ 就仅进行形式审查的实质问题提起反对发给执行条款之诉，《民事诉讼法》第 768 条

▶《民事诉讼法》第 732 条：

（1）债务人对于发给执行条款提起抗议时，由发出执行条款的书记科所属法院裁判……

《民事诉讼法》第 768 条：

在第 726 条第 1 款、第 727 条至第 729 条、第 738 条、第 742 条、第 744 条、第 745 条第 2 款与第 749 条规定的情形中，认为发出执行条款的要件已经具备而发出执行条款，但债务人对此有争议时，准用第 767 条第 1 款和第 3 款的规定，此时不影响债务人依第 732 条对发出执行条款提出抗议的权利。◀

39 债务人对“哪些涉及执行条款的可受理性”的抗辩可以根据《民事诉讼法》第 732 条主张发给执行条款的抗议。执行条款抗议的标的是发给执行条款的强制执行法要件。最常见的是**形式方面的瑕疵**，例如：

■ 没有（至少外观上看是生效的或者有执行力的）执行名义（例如，判决还没有宣告，判决既没有生效也没有宣告先予执行，和解协议没有记录，全权代理没有符合形式的证据，在可执行公证书中对债权人的描述不够精确）

■ 在复杂执行名义时缺少相关证明

■ 根据《民事诉讼法》第 733 条发放附加的正本时没有权利保护必要

不过，在决定是否发给复杂执行条款时，瑕疵也有可能是实质方面的（也即内容上），例如：

■ 从提供的证明来看不存在权利承受或者债务人迟延

■ 从商业登记的摘录中可以看出，公司受让人的责任被排除了（《商法

典》第 25 条第 2 款）

40 对于这类实质性瑕疵不仅可以主张《民事诉讼法》第 732 条规定的执行条款抗议，还可以提起第 768 条规定的反对发给执行条款之诉。[1] 除了复杂执行条款，对于简单的执行条款也是如此。如果债务人仅主张形式的瑕疵，那么主张执行条款抗议可以更为简单和方便地实现权利保护的目的，因此反对发出执行条款之诉就不存在权利保护需要。[2]

和实质瑕疵要区分的是债务人反对发出复杂执行条款的实体法上的抗辩：

■ 与提交的文书相反，该条件并没有满足

■ 继承事实虽然得到了适当的证明，但实体法上是无效的（例如因为《民法典》第 134 条的规定）

就这些抗辩而言，只能主张提起《民事诉讼法》第 768 条规定的反对发给执行条款之诉，因为发放执行条款所需证明的实体法要件已经超过了执行条款机关的审查能力范围，而抗议法院的审查能力也不能超出执行条款机关的审查能力。在这种情况下，执行条款抗议就无法提供法律救济。[3]

41 如果债务人对证明以及该事实是否发生有争议，他可以提起反对发出执行条款之诉以反击有瑕疵的证明。[4] 在发放简单执行条款时也同样适用。[5]

42 另外，需要把发出复杂执行条款时的形式和实质瑕疵以及实体法上的抗辩和对执行名义本身的（例如，因为服从声明的全权代理无效；对此可以类推适用《民事诉讼法》第 767 条提起反对执行名义之诉，参见下文第二十一章边码 41 及以下数段）或者待清偿债权的（例如，因为在这期间已经履行；可以根据《民事诉讼法》第 767 条提起执行异议之诉，参见下文第二十一章边码 5 及以下数段）实体法上的抗辩区分开来。

43 无论是主张执行条款抗议还是提起反对发出执行条款之诉，都不会自动停止强制执行。不过法院可以根据《民事诉讼法》第 732 条第 2 款以及

[1] Lippross, Zwangsvollstreckungsrecht, 11. Aufl. 2014. Rn. 97; Zöller/Stöber, ZPO, 30. Aufl. 2014, § 732 Rn. 12.

[2] Musielak/Voit/Lackmann, ZPO, 12. Aufl. 2015, § 732 Rn. 4 und 6.

[3] Hk-ZPO/Kindl, 6. Aufl. 2015, § 732 Rn. 3.

[4] Zöller/Stöber, ZPO, 30. Aufl. 2014, § 732 Rn. 12, § 76.8 Rn. 1; Hk-ZPO/Kindl, 6. Aufl. 2015, § 732 Rn. 3.

[5] Vgl. Lippross, Zwangsvollstreckungsrecht, 11, Aufl. 2014, Rn. 100.

第 769 条临时发布命令，要求强制执行在提供担保或不提供担保情况下暂时停止，或者要求仅在提供担保情况下继续进行。

章节测试

复习问题

44 ■ 什么是执行条款?

■ 这一制度有什么意义?

■ 谁管辖执行条款的发放:(1)法院执行员?(2)司法辅助官?(3)诉讼法院?

■ 复杂执行条款的发放由谁享有职能管辖，为什么如此?

■ 请说出判决中载明的债权人的权利承受人如果要获得执行条款应满足哪些要件。

■ 请说出《民事诉讼法》第 727 条的适用范围。

基础案例

45 1. Siegbert Silbermann 已经数次没有支付租赁 Gottlieb Goldberg 的车库的租金。2 月 1 日，Gottlieb Goldberg 宣布租赁合同到 6 月 1 日时终止。但 Silbermann 指责 Goldberg 的行为并通知他，除非 Goldberg 亲自挡在门前，否则自己不会搬走。Goldberg 在 3 月 1 日取得了一个截至 6 月 1 日应腾退房屋的判决。该判决已经生效。5 月 15 日，Goldberg 向书记官 Ulrich Ungenau 申请发给执行条款。

46 2. 变形: Gottlieb Goldberg 在判决生效后把车库卖给了 Edo Evers，并完成了交付。现在 Evers 向书记官 Ulrich Ungenau 申请发给执行条款。

第七章　一般执行要件（三）：执行名义的送达

参考文献：Brox/Walker，Zwangsvollstreckungsrecht，10. Aufl. 2014，Rn. 147 ff.；Gaul/Schilken/Becker-Eberhard，Zwangsvollstreckungsrecht，12. Aufl. 2010，§ 22 Rn. 12 ff.；Heiderhoff/Skamel，Zwangsvollstreckungsrecht，2. Aufl. 2013，Rn. 118 ff.；Kornol/Wahlmann，Zwangsvollstreckungsrecht，2012，Rn. 41；Lackmann，Zwangsvollstreckungsrecht，10. Aufl. 2013，Rn. 76 ff.；Lippross，Zwangsvollstreckungsrecht，11. Aufl. 2014，Rn. 102 ff.

送达是指将一份书状按《民事诉讼法》第166条及以下数条规定的形 1
式告知某人（第166条第1款）。

▶《民事诉讼法》第166条：

（1）送达是指将书状以该名义所规定的形式告知某人。◀

一、适用领域及范围

在强制执行开始时应将执行名义送达给债务人，这是强制执行的一般 2
要件（《民事诉讼法》第750条）。

▶《民事诉讼法》第750条：

（1）强制执行，只在将请求执行人与受执行人的姓名记载于判决或记载于附在判决上的执行条款之中，并已将判决送达后或同时送达时，才能开始。送达，可以由债权人进行；在此情形，判决正本中可以不记载事实和裁判理由。

（2）如果要执行的是依第726条第1款发出的有执行力的正本的判决时，或者判决是依第727条至第729条、第738条、第742条、第744条、第745

条第 2 款，以及第 749 条为该判决或对该判决中所记载的人有效，并为此人或对此人而执行的时候，则在开始执行前，除必须将应执行的判决送达外，还必须将附于判决上的执行条款送达，而在条款是根据公文书或认证证书发出时，还必须将这种文书的副本也予送达，或者在开始执行时同时送达。

（3）如果强制执行是根据第 720a 条进行，则至少应在执行开始前两周将判决以及执行条款送达。◀

根据《民事诉讼法》第 795 条，上述规定对于其他执行名义同样适用。

3 送达应当确保债务人**知道**执行名义的存在，并以此开展自己的行为。他应当能够审查该强制执行的合法性，并最后一次被警告将要强制实现或保全债权人的权利。[1]

4 不过，根据《民事诉讼法》第 845 条，**预查封**时不用先对债务人送达执行名义。预查封之后一个月内进行正式查封的，预查封发生假扣押的效力，而正式查封时则必须要送达（参见下文第十二章边码 54 及以下数段）。这里规定送达的例外是因为，此时强制执行一方面来说是尤其紧迫的，另一方面又具有先予执行的性质。[2] 因此，稍晚进行送达也是可以容忍的。

5 另外也存在相反的情形，也即，不仅应当在开始执行措施时送达，而是要提前完成送达。在以下三种情形中需要在送达后有两周的**等待期**。（1）根据《民事诉讼法》第 750 条第 3 款，依据第 720a 条进行的提供担保的执行（参见下文第八章边码 8）；这种情形应当允许债务人根据第 750 条第 3 款通过提供担保免除强制执行；（2）根据第 798 条情形 1，根据不是附记于判决上的确定费用的决定进行的强制执行；（3）根据《民事诉讼法》第 798 条情形 3，根据有执行力的公文书进行的强制执行。

▶《民事诉讼法》第 798 条：

根据不是附记于判决上的确定费用的决定，根据依第 794 条第 1 款第 4 项之二所为的裁定，以及根据第 794 条第 1 款第 5 项制作的文书，实施强制执行时，债务名义至少应在执行开始的两周前送达。◀

[1] BGH NJW-RR 2007, 358 (358 f.).

[2] Lippross, Zwangsvollstreckungsrecht, 11. Aufl. 2014, Rn.102.

从送达的意义可知必须要送达的**内容**。通常来说，只用把执行名义的正本或者经过认证的副本送达即可。送达判决时也不用记载案件事实和裁判理由。不过，书记官的正本附注是必要的。根据《民事诉讼法》第 750 条第 2 款，只有在涉及的是复杂执行条款时，才需要送达有执行力的正本的经过认证的副本（也即附有执行条款的执行名义）。如果复杂执行条款是根据特定的文书而发放的，根据《民事诉讼法》第 750 条第 2 款的规定，也必须将这些公证书或认证证书送达（《民事诉讼法》第 799 条、第 800 条第 2 款为例外）。 6

与《民事诉讼法》第 750 条第 3 款的文义相反，在提供担保的执行情形不必送达简单的执行条款。[1] 如果是通过代理人取得的有执行力的公证书，则还必须要送达全权代理或授权证书。[2]

二、送达的种类

根据《民事诉讼法》第 317 条第 1 款、第 329 条第 3 款、第 166 条第 2 款的规定，判决或裁定的送达**依职权**完成。此外，就强制执行的目的而言并不需要补充的送达。[3] 但是，为了基于判决的强制执行能够尽早开始，根据第 750 条第 1 款第 2 句，送达也可以通过债权人在与**当事人的往来**中来完成。判决和裁定之外的执行名义（尤其是诉讼和解协议、可执行的公证书）根据第 191 条及以下数条的规定也可以在当事人的往来中送达。 7

需要送达的人是执行名义（以及执行条款）中载明的债务人（受送达人，Zustellungsadressat）。如果是无诉讼能力的当事人，则其法定代理人是受送达人（《民事诉讼法》第 170 条第 1 款）——所以不必交给债务人本人。如果是非自然人，则向其负责人送达（第 170 条第 2 款），也即该机构的法定代表人。 8

---

[1] BGH NJOZ 2005, 3304 (3305 f.). Dazu Brox/Walker, Zwangsvollstreckungsrecht, 10. Aufl. 2014, Rn. 154.

[2] BGH NJW-RR 2007, 358.

[3] Brox/Walker, Zwangsvollstreckungsrecht, 10. Aufl. 2014, Rn. 153.

▶《民事诉讼法》第 170 条：

（1）当事人无诉讼能力的，向其法定代理人送达。向无诉讼能力的当事人送达的，送达无效。

（2）受送达人不是自然人的，向其负责人送达。◀

在《民事诉讼法》第 172 条规定的情形下不是向当事人送达，而是向其诉讼代理人送达。该送达必须是在该纠纷终结之前——强制执行也属于此——对其进行的。

▶《民事诉讼法》第 172 条：

（1）在未决程序中，各审级的受送达人是该审级的诉讼代理人。……执行法院的程序是第一审级程序。◀

9 根据第 178 条规定的**补充送达**的情形，也可以向受送达人之外的其他人送达。

▶《民事诉讼法》第 178 条：

（1）受送达人不在住所、营业场所、机构的，按下列方法送达：

1. 如果在受送达人住所没有遇见受送达人，可以在其住所将书状送达给成年的家庭成员、家中雇佣的人员或者成年的长期共同居住人；

2. 受送达人有营业场所的，……

（2）第一款规定的人如果系诉讼对方当事人，送达无效。◀

根据第 178 条第 2 款的规定，如果对受送达人的对方当事人进行补充送达是无效的。因为这存在对方当事人出于自己的利益不告知受送达人的风险，另外如果不存在第 178 条第 1 款规定的条件，补充送达也是无效的。

送达的证明应以第 182 条、第 193 条及以下条文的形式作出，也即通过**送达回证**证明。

▶《民事诉讼法》第 182 条：

（1）以第 171 条、第 177 条至第 181 条规定的方式送达的，回证以相

应的格式制成。第 418 条的规定于此适用。◀

三、送达瑕疵及放弃

送达的瑕疵或者错误并不导致其直接无效，而是导致后续的执行措施 10
为**可撤销**。[1] 根据《民事诉讼法》第 189 条的规定，还存在修复的可能。

▶《民事诉讼法》第 189 条：

不能证明进行了符合形式规定的送达或者书状的接收违反了强制性送达规范的，只要之前依法向该人进行过送达或者可以依法向其送达，书状在其实际到达相关人的时候视为送达。◀

该条要求文件实际上到达了受送达人手中。但是仅有这些还是不够的，主管机关在行事时必须有送达的意愿，而且主管机关还必须实施一个符合形式的送达。[2]

根据主流观点，债务人不得事前**放弃**送达。[3] 尽管送达的要求完全是 11
出于对债务人利益的保护。而送达作为强制执行的一般要件，由执行机关依职权审查，但却不能审查债务人弃权的效力。较有可能的是，债务人对一个有效的送达事后放弃。[4] 这是因为，无效的送达只能导致执行行为可撤销，并不是当然无效。如果送达的瑕疵是否影响到债务人的利益取决于债务人的撤销，则债务人必须明确表示放弃，主张送达的瑕疵。[5]

必须要将修复送达瑕疵以及放弃主张送达瑕疵的问题和以下问题区分开来：当最初进行送达有瑕疵时，随后的执行行为效力如何。尤其是，在

[1] BGHZ 66, 79 = NJW , 976, 851; Musielak/Voit/Lackmann, ZPO, 12. Aufl. 2015, § 750 Rn. 19.

[2] BGH NJW 2003, 1192（1193）; Thomas/Putzo-Hüßtege, ZPO, 36.Aufl. 2015, §189 Rn. 7.

[3] Musielak/Voit/Lackmann, ZPO, 12. Aufl. 2015, § 750 Rn.15; kritisch Zöller/Stöber, ZPO, 30. Aufl. 2014, § 750 Rn.22 m.w.N .

[4] MünchKommZPO/Heßler, 4. Aufl. 2012, § 750 Rn. 86; Musielak/Voit/Lackmann, ZPO, 12.Aufl. 2015, § 750Rn.15.

[5] Lackmann, Zwangsvollstreckungsrecht, 10. Aufl. 201, 3, Rn. 78.

有多个债权人的纠纷中，则涉及修复可以溯及发生的效力还是仅向后发生效力（参见下文第十三章边码7及以下的说明）。

章节测试

复习问题

12 ■什么是送达?

■为什么送达是一般执行要件?

■执行名义要以什么形式送达：（1）以有执行力的正本?（2）仅以简单的正本?（3）只有在复杂执行条款时以有执行力的正本?

■为什么债务人事前对送达的放弃是不允许的?

第八章　特殊执行要件

参考文献：Brox/Walker，Zwangsvollstreckungsrecht，10. Aufl. 2014，Rn. 157 ff.；Gaul/Schilken/Becker–Eberhard，Zwangsvollstreckungsrecht，12. Aufl. 2010，§ 16 Rn. 39ff.，§ 22 Rn.1 ff.，30 ff.；Heiderhoff/Skamel，Zwangsvollstreckungsrecht，2. Aufl. 2013，Rn. 123 ff.；Kornol/Wahlmann，Zwangsvollstreckungsrecht，2012，Rn. 42 ff.；Lackmann，Zwangsvollstreckungsrecht，10. Aufl.2013，Rn. 89ff.；Lippross，Zwangsvollstreckungsrecht，11. Aufl. 2014，Rn. 112ff.

从执行名义中可以得知，在采取一些执行行为（如有必要结合《民事诉讼法》第 795 条的规定）之前，**执行机关**需要审查影响强制执行的特殊要件： 1

- 某一日期届满，《民事诉讼法》第 751 条第 1 款（边码 3 及以下数段）
- 提供担保的证明，《民事诉讼法》第 751 条第 2 款（边码 6 及以下数段）
- 同时履行时提供了对待履行，《民事诉讼法》第 756 条、第 765 条（边码 10 及以下数段）

这些特殊执行要件的共同点是，它们并不影响执行条款的发放。这意味着，在执行条款发放程序中不会审查这些执行要件是否已经具备。尽管待清偿的请求最终不能被强制执行，债权人仍然可以获得一个可执行的正本。因此，在采取执行行为之前必须要对这些执行要件进行单独的审查，看其是否在这期间已经满足。 2

（一）日期届满

根据《民事诉讼法》第 751 条第 1 款，如果依执行名义的内容主张的请求权附有一定的日期期限，则日期届满是开始强制执行的要件。 3

▶《民事诉讼法》第751条：

（1）一定的请求权，必须于一定的日期始能主张的，只有在这个日期届满后，才能开始强制执行。◀

将来的履行或者将来的腾退房屋请求，通常会有这样一个日期期限。

举例：债务人被判令腾出房屋，但是他根据《民事诉讼法》第721条的规定被要求腾退的期限截止到20xx年3月31日。或者：强制执行是基于分期付款和解协议进行了的。

4 只有在日期是明确给出或者借助日历可以计算出（“圣灰星期三的两周后”）时，才是附有日期期限。

不属于附有日期期限的，例如：“生效两周后”，因为无法从日历中看出是哪一天生效的。一个例外是，以根据《民事诉讼法》第750条第1款单独送达为起点的期限是允许的，因为执行机关自己是知道这个日期的。[1]如果期限的终点无法在日历中确定，则属于一个条件。要么债权人应当证明这个条件满足，此时他根据《民事诉讼法》第726条需要一个复杂的执行条款并在条款发放程序中提供证明（第六章边码17及以下数段），要么由债务人承担举证负担，债权人可以获得一个简单的执行条款，而债务人有异议时则可以反对依据有执行力正本进行的强制执行（根据《民事诉讼法》第768条；第六章边码38及以下数段）。

5 在债务人应当履行前，不应立即开始强制执行，也即不允许类似于提前开始强制执行。只有在《民事诉讼法》第850d条第3款规定的情形才允许一个**提前查封**（Vorratspfändung）。另外和提前查封不同的是**预先查封**（Vorauspfändung，Dauerpfändung）。提前查封存在于，基于将来到期的债权而对重复的给付进行查封。每一个查封均附有待清偿债权额到期的生效条件，也就是说，只有债权到期后查封才生效，并在生效时取得相应的公开排序。因此，它与《民事诉讼法》第751条第1款的规定不冲突。[2]

---

[1] Näher Kornol/Wahlmann, Zwangsvollstreckungsrecht, 2012, Rn. 43.

[2] BGH NJW 2004, 369; Hk-ZPO/Kindl, 6. Aufl. 2015, § 751 Rn.1.

（二）提供担保的证明

6 根据《民事诉讼法》第751条第2款的规定，依执行名义的内容强制执行须待债权人**提供担保**后实施的，则提供担保的证明是开始强制执行的要件。债务人必须可以检查这一证明，因此必须将其送达给债务人。

▶《民事诉讼法》第751条：

（2）必须在债权人提供担保后才能执行的，只有在债权人提出公文书或公证证书证明已提供担保并已经将该项文书的副本送达或同时送达时，才能开始强制执行或者继续执行。◀

通过这一措施可以防止：因为可能存在的执行损害（上文第五章边码17），即使还没有考虑债务人担保的需求，却仍然实施强制执行。

7 实践中提供担保通常是以提存金钱、有价证券或者通过《民事诉讼法》第108条第1款第2句规定的银行担保完成的。[1]

8 在支付一定金钱的判决中**提供担保的执行**，根据《民事诉讼法》第720a条存在例外。

▶《民事诉讼法》第720a条：

（1）判令债务人支付一定金钱的判决，宣告于提供担保后准予先予执行的，只在下列情况下，债权人方可不提供担保而要求强制执行：

a. 已查封动产的；

b. 在强制执行中对不动产已进行保全抵押权或船舶抵押权的登记的。

债权人只在提出担保后才能从抵押的标的中得到满足。◀

也即，提供担保执行的开始不再取决于提供担保。不过提供担保的执行只能为债权人提供排序和保全[2]，只有在提供担保后才能进行变价（《民事诉讼法》第720a条第1款第2句）。也即，强制执行能否继续实施取决

---

[1] Zum Nachwels insoweit Lippross, Zwangsvollstreckungsrecht, 11. Aufl. 2014, Rn. 117.

[2] Hk-ZPO/Kindl, 6. Aufl. 2015, § 720a Rn. 1.

于债权人是否提供担保。

9　如果债权人仅想要执行部分债额时，则依《民事诉讼法》第 752 条的规定只需证明提供了部分债额的担保。

▶《民事诉讼法》第 752 条：

在第 751 条第 2 款规定的情形中，债权人仅对部分债额执行时，担保的数额依部分债额与总债额的比例确定……◀

（三）同时履行中的对待给付

10　有时执行名义中不是规定债务人应无条件提供给付，而是只有在债务人获得债权人的**对待给付**（同时履行）后才负担有给付义务。

例如，被告在诉讼程序中根据《民法典》第 273 条或第 320 条基于留置权成功上诉，参见《民法典》第 274 条第 1 款、第 322 条第 1 款。同时履行也可以在诉讼和解或者可执行公证书中约定。

11　如果执行名义的内容是同时履行，则强制执行的**实质要件**是，要么债权人提供了对待给付，要么债务人陷入受领迟延（《民法典》第 274 条第 2 款，有时结合第 322 条第 3 款）。

▶《民法典》第 274 条：

（1）于债权人提起之诉讼，债务人留置权利之主张，仅发生于债务人受领其自己之给付时，应为给付（同时履行抗辩之给付）判决之效力。

（2）债务人受领迟延者，债权人基于前项判决即使未提出自己之给付，亦得以强制执行实现其权利。◀

12　**在程序上**，对不同执行机关的影响是不同的。其共同之处在于，和其他特殊执行要件一样，在发放有执行力正本时并不审查该特殊要件是否满足。唯一不同的是，当待清偿的债权是作出意思表示时，此时根本不存在执行机构（《民事诉讼法》第 726 条第 2 款，上文第六章边码 17 及以下数段）。在所有其他情形，执行条款程序中不会考虑同时履行抗辩，因此必须要执行机构在开始实施强制执行行为时审查目前所需的执行要件是否全部满足。

有问题的是，当债权人因为发生**给付不能**而无法提供对待给付时，会发生什么。根据主流观点，债权人必须要起诉在不提供对待给付情况下请求容忍强制执行。如果债权人在前一个诉讼中一开始只是请求判令债务人同时履行，则这一起诉与同时履行判决的既判力并不冲突。如果他申请判令债务人无条件给付且该诉求被拒绝，则该判决的既判力就与新的容忍强制执行的诉求相冲突，不过这要受到《民事诉讼法》第 767 条第 2 款规定的时间限制。这表明，基于在言辞辩论结束后出现的履行不能而要求容忍强制执行的诉讼请求必须得到保护。[1] 13

1. 法院执行员的要件

法院执行员采取的执行行为以同时履行中提供对待履行为前提所需要的特殊执行要件规定在《民事诉讼法》第 756 条。 14

▶《民事诉讼法》第 756 条：

（1）判决的执行须待债权人对债务人作出对待给付后始能实施者，在执行员向债务人提供债务人应受的给付并不致成为受领迟延之前，执行员不得开始实施强制执行；但如能以公文书或认证证书证明债务人已受清偿或债务人受领迟延，并且已经将该项文书的副本送达或同时送达时除外。

（2）如果债务人对执行员的口头要约表示不受领给付时，执行员可以开始强制执行。◀

据此，在以下三种情形，执行员可以开始强制执行：

■ 债务人对通过执行员提供的给付构成了受领迟延，《民事诉讼法》第 756 条第 1 款情形 1

■ 以公文书或认证证书证明债务人已受清偿或债务人受领迟延，且文

[1] BGH NJW 1995, 2993（2994）; Vgl.Lippross, Zwangsvollstreckungsrecht, 11. Aufl. 2014, Rn. 127.

书已经送达,《民事诉讼法》第756条第1款情形2

■ 债务人对执行员的言词提供给付表示不受领给付时,《民事诉讼法》第756条第2款

15 执行员根据《民事诉讼法》第756条第1款情形1,在向债务人提供其应受的给付后,债务人陷入**受领迟延**时,可以开始强制执行。构成受领迟延的给付必须符合《民法典》第294条及以下数条的要求。因此,原则上它必须是《民法典》第294条意义上的一个现实给付。

给付应当在正确的时间和正确的地点向债务人——同时也是《民法典》第294条及以下数条意义上的债权人——提供,也就是说,这里进行的给付行为应使债务人无须再费精力,只用接受提供的给付即可。[1] 但是,只有债务人方面愿意并且处于能够正常提供履行的阶段时,给付才发生效力,从《民法典》第298条可得出这一结论。[2] 根据《民法典》第295条的规定,在以下两种情形言词提出给付即可:(1)债务人对债权人——是《民法典》第294条及以下数条意义上的债务人——表示将不受领给付,《民法典》第295条第1句情形1;(2)给付的提出需要债务人为一定行为,尤其是,如往取之债,《民法典》第295条第1句情形2,根据《民法典》第295条第2句的规定,请求债务人进行必要的行为,也发生同样的效力。在以上两种情形中,言词提出必须符合应当履行的给付,而且债权人必须具有给付能力且处于给付状态中(《民法典》第297条)。因此,执行员需要审查,债权人委托其对债务人提供的给付是否是对待给付中应当提供的给付,以及因提供该给付是否有构成受领迟延。[3] 执行员为了可以对此进行审查,执行名义中必须载明债务人应当进行的必要行为是什么。另外,如果涉及的是往取之债,执行名义中也必须加以明示。《民法典》第296条规定的毋庸提出情形只有在结合《民事诉讼法》第756条第1款情形2时,才可以允许开始强制执行。

16 此外,根据《民事诉讼法》第756条第1款情形2的规定,在债权人

[1] BGHZ 90, 359 = NJW 1984, 1679 (1680).

[2] Hk-ZPO/Kindl, 6. Aufl. 2015, § 756 Rn. 6.

[3] Musielak/Voit/Lackmann, ZPO, 12. Aufl. 2015, § 756 Rn. 8.

以公文书或认证证书**证明**债务人已受清偿或债务人受领迟延，且文书已经（将要）送达时，执行员可以开始强制执行。

然而，有争议的是，在发放执行条款之前存在的受领延迟证明是否足够，因为在此之后同时履行判决才依强制执行法加以对待。因此，就有必要在执行条款发放后重新判断受领延迟。不过，多数观点认为，如果执行条款发放前的受领延迟是以正确的形式加以证明的，就符合要求。例如，从判决中得出的债务人的驳回起诉申请，就是不够的，所必需的应当是，如判决确定的债务人受领延迟。[1]

最后，根据《民事诉讼法》第756条第2款，如果债务人对执行员的 17
言词提供给付表示不会受领时，执行员也可以开始强制执行。在这个情形中，不同于《民事诉讼法》第756条第1款情形1，执行员无须审查，债务人是否因该言词提供给付已经陷入受领延迟。只需要审查的是，所提供的给付是否是应当负担的给付。[2]

需要注意的是执行员的权限，对发生效力或者所提供的对待给付的合法性审查，是通过执行名义的内容来确定和划定范围的。例如，如果债权人根据执行名义对债务人负担的债务是交付一个特定的、但又没有明确描述的标的，则执行员只用审查交付的或提供的标的与执行名义中所载明的标的的一致性（也即同一性）。但是，却不必审查该标的是否达到应有的状况（也即质量）。接下来，债务人对于错误给付可以通过《民事诉讼法》第766条规定的抗议主张权利，瑕疵给付则可通过第767条规定的执行异议之诉主张权利。[3]

2. 其他执行机关执行行为的要件

《民事诉讼法》第765条规定了其他执行机关（执行法院、一审法 18
院、土地登记机关）就同时履行中的须提供的对待给付应满足的特殊执行要件。

---

[1] Lippross, Zwangsvollstreckungsrecht, 11. Aufl. 2014, Rn.125.

[2] Vgl. Musielak/Voit/Lackmann, ZPO, 12. Aufl. 2015, § 756 Rn. 8.

[3] BGH NJOZ 2005, 3395（3396）.

▶《民事诉讼法》第 765 条：

执行需待债权人对债务人作出对待给付后始能实施者，只有在下列情况下，执行法院才能命令实施执行措施：

1. 已有公文书或认证证书证明债务人已受清偿或债务人受领延迟，并且已将该文书的副本送达；但执行员已依第 756 条第 1 款开始强制执行，且依执行员的记录已经证明上述事实时，可以不必送达。

2. 执行员已经依第 756 条第 2 款实施了执行措施，且执行已由执行员的记录予以证明。◀

该条规定可对执行法院直接适用，对于一审法院和土地登记机关作为执行机关时则可类推适用。[1] 在以下两种情形中，可以开始强制执行：

▪ 已有公文书或认证证书证明债务人已受清偿或债务人受领延迟，《民事诉讼法》第 765 条第 1 项

▪ 执行员已经依《民事诉讼法》第 756 条第 2 款实施了执行措施，且有记录予以证明，第 765 条第 2 项

不同于《民事诉讼法》第 756 条第 1 款情形 1，这里执行机关不可能自己引起债务人的受领延迟。

19 《民事诉讼法》第 765 条第 1 项中的受清偿或受领延迟**证明**与第 756 条第 1 款情形 2 中的证明一致。不过，与前一条规定不同的是，如果先前已因执行机关的决定采取了执行行为（参见上文第三章边码 7 及以下，边码 10 及以下），则在开始强制执行时就不必再送达这些证明文书。不过这也说明，在采取执行行为前必须将证明文书送达。

只有在根据《民事诉讼法》第 756 条第 1 款采取了执行行为，且由执行员的记录予以证明时，才不需要送达。此时，通过执行员已经可以确保强制执行并没有提前开始，也根本不需要受清偿或受领延迟的其他证明。这只适用于执行员根据第 756 条第 1 款有权开始强制执行的情况。但是，其他执行

[1] Hk-ZPO/Kindl, 6. Aufl. 2015, § 765 Rn. 1.

机关应当对是否有权开始强制执行自行进行审查。[1] 因此，其他执行机关因为存在根据第 756 条第 1 款实施的和证实的执行行为并不会导致受清偿或受领延迟证明变得不重要，而仅是这些证明的送达变得不重要。因为在其他执行法院和执行员的判断一样，认可这些证明时，才会涉及证明送达的问题。但在这种情况下，事后再重新送达一遍是多余的。如果是在相反的情况下，则完全不会有送达问题，因为证明不成立，执行机关不会允许实施执行措施。

另外根据《民事诉讼法》第 765 条第 2 款的规定，当执行员因债务人对其言词提供表示拒绝受领后开始强制执行，且有执行员记录予以证明的（根据第 756 条第 2 款采取的执行行为），则可以允许实施执行措施。 20

章节测试

复习问题

- 请说出特殊执行要件。在什么层面上会涉及特殊执行要件？ 21
- 在哪些程序阶段需要审查特殊执行要件？
- 当债务人被判令提供同时履行中的给付时，在符合哪些要件的情况下可以采取强制执行？

[1] Hk-ZPO/Kindl, 6. Aufl. 2015, § 765 Rn. 2.

第九章　执行障碍

参考文献：Brox/Walker, Zwangsvollstreckungsrecht, 10. Aufl. 2014, Rn. 174 ff.; Gaul/Schilken/Becker-Eberhard, Zwangsvollstreckungsrecht, 12. Aufl. 2010, § 45; Heiderhoff/Skamel, Zwangsvollstreckungsrecht, 2. Aufl. 2013, Rn. 126 ff.; Kornol/Wahlmann, Zwangsvollstreckungsrecht, 2012, Rn. 47 ff.; Lackmann, Zwangsvollstreckungsrecht, 10. Aufl. 2013, Rn. 100 ff.; Lippross, Zwangsvollstreckungsrecht, 11. Aufl. 2014, Rn. 128 ff.

一、概念

1 最后，强制执行的要件还包括**不存在执行障碍**。执行障碍是指会导致强制执行暂停或者受到限制的事实，以及一定情况下会致使撤销一个已经生效的执行措施。如果在开始强制执行前就存在一个执行障碍，则执行行为就不允许实施。[1]

常见的执行障碍有：

■《民事诉讼法》第 775 条第 1 项至第 5 项规定的事实（边码 2 及以下数段）

■《民事诉讼法》第 778 条，继承人没有接受继承（边码 9 及以下数段）

■ 对债务人的财产启动了破产程序，《破产法》第 89、90 条（边码 13 及以下）

二、根据《民事诉讼法》第 775 条的执行障碍

2 第 775 条首先规定了执行障碍事项。

[1] Lippross, Zwangsvoltstreckungsrecht, 11. Aufl. 2014. Rn. 128.

▶《民事诉讼法》第 775 条：

在下列情况下，停止强制执行，或加以限制：

1. 提出有执行力的裁判的正本，根据该裁判，应执行的判决或该判决的先予执行已被撤销，或强制执行已被宣告为不合法，或命令停止强制执行；

2. 提出法院裁判的正本，该裁判命令暂时停止执行，或暂时停止某种执行措施，或命令需在提供担保后才能继续执行；

3. 提出公文书，根据该文书，已为免除执行而提供必要的担保或已经提存；

4. 提出公文书或债权人出具的私文书，根据此项文书，在应执行的判决作出后，债权人已受清偿或同意延缓履行；

5. 提出银行或储蓄所的交款证书或汇款证书，根据该证书，为清偿债权人所必需的金额已经支付给债权人，或者已经存入或汇入其账户。◀

第 775 条规定的第 1 至 5 项事实的**法律后果**是强制执行的暂停或受到限制。在这些情形中，强制执行的进程受到搁置。而第 776 条规定了已经实施的强制执行措施是否应撤销的问题。 3

▶《民事诉讼法》第 776 条：

在第 775 条第 1 项、第 3 项的情形，应同时撤销已实施的执行处分。在第 4 项、第 5 项的情形，该项处分仍暂保留；在第 2 项的情形，如法院裁判没有命令撤销原来的执行行为，该项行为仍暂保留。◀

（一）第 1 项：因法院裁判的执行障碍

在以下情形中，存在根据《民事诉讼法》第 775 条第 1 项因法院裁判的执行障碍： 4

- 裁判废除判决导致其执行名义的消灭（情形 1）
- 裁判废除判决的先予执行宣告导致强制执行的条件不再满足（情形 2）
- 裁判宣告强制执行为不合法的（情形 3）
- 裁判命令停止强制执行（情形 4）

这里涉及的必须是法院裁判，例如法律救济程序（Rechtsmittelinstanz）

中的判决（情形 1）或者是根据第 718 条作出的提前裁判（情形 2）。强制执行被宣告为不合法的（情形 3），主要是根据第 732 条、第 766 条、第 767 条、第 711 条作出的裁判，以及破产法院在开启程序中根据《破产法》第 21 条第 2 款第 1 句第 3 项做出的保全措施。如果双方当事人因签订的是一个诉讼和解而没有法院的裁判，则不构成这里的执行障碍，债务人必须要根据第 732 条提起反对发放执行条款的抗议来消灭有执行力的正本。停止强制执行（情形 4）主要是根据第 765a 条、第 766 条、第 793 条，不过这一情形比较少见。第 765a 条规定的停止是较为常见的情形；只有在法院先按照《强制拍卖与强制管理法》第 28 条（或类推适用）对一个可消除的瑕疵进行审查，而日期届满后没有得出什么结果时，才会根据第 766 条和第 793 条导致停止强制执行。

（二）第 2 项：因法院裁判的暂时性执行障碍

5 在以下情形中，存在根据《民事诉讼法》第 775 条第 2 款因法院裁判的暂时性执行障碍：

- 裁判命令暂时停止强制执行（情形 1）
- 裁判命令暂时停止某种执行措施（情形 2）
- 裁判命令需在提供担保后才能继续执行（情形 3）

同样，这里也需要存在一个法院裁判，不过它不必具有可执行性。因为，这里所谓的裁判的意义正是它一经作出就可以无须其他要件发生效力。第 775 条第 2 项意义上的裁判主要是根据《民事诉讼法》第 707 条、第 719 条、第 732 条第 2 款、第 765a 条、第 766 条第 1 款第 2 句、第 769 条、第 770 条、第 771 条第 3 款，以及《破产法》第 21 条第 2 款第 1 句第 3 项和第 89 条第 3 款作出。根据法院的裁判，执行机关实施的强制执行应当停止或受到限制。在《民事诉讼法》第 775 条第 2 项情形 3 中，还需要债务人证明已经提供了担保（与第 3 项相符）才可以适用。根据《民事诉讼法》第 776 条第 2 句的第 2 分句，已经实施的执行措施不受影响，也即并没有被撤销，这也意味着，撤销需要单独的命令。

（三）第 3 项：通过提供担保的妨碍

6 根据《民事诉讼法》第 775 条第 3 项的规定，当债权人有权通过**提供担保**阻止强制执行（第 709 条、第 711 条、第 720a 条第 3 款）且通过公文书予以证明时，债务人提供担保的行为会发生执行障碍的效果。

（四）第 4 项和第 5 项：清偿或延期

7 待清偿的债权已获**清偿或者延期**，同样会发生执行障碍的效果。清偿可以以《民法典》第 362 条及以下条文中的履行或者代物清偿的方式完成。一个有实体效力的执行和解同样也属于《民事诉讼法》第 775 条第 4 项中的执行障碍。清偿或延期必须要由债务人通过一个公文书或者债权人的私文书予以证明。在第 5 项中，存款证明或汇款证明与受清偿证明发挥同样的效力。

清偿或延期、存款或汇款，必须是在执行名义作出后发生的事实。如果这些事实是在执行名义作出之前，则必须通过《民事诉讼法》第 767 条提起执行异议之诉主张自己的权利（但这一权利最终也会因第 2 款被排除）。但清偿必须是在执行名义作出后发生，是否是第 5 项的要件尚有争议，因为从文义来看并没有包含这一限制。[1]

（五）执行障碍的消失

8 如果《民事诉讼法》第 775 条规定的执行障碍事项消失，原则上强制执行只有基于债权人的**申请**才会继续进行，而债权人还需要证明障碍事项已经消失。对于第 775 条第 1 项至第 3 项的情形，还需要一个废除或者继续实施命令的裁判。在第 775 条第 2 项情形 2 中，债权人须证明提供担保。在第 3 项中，债权人须证明执行名义的效力或者提供对待担保。在第 4 项和第 5 项中，只要债权人否认获得了清偿，就可以继续进行强制执行。[2]

---

[1] Näher Lippross, Zwangsvollstreckungsrecht, 11. Aufl. 2014, Rn. 130.

[2] Hk-ZPO/Kindl, 6. Aufl. 2015, § 775Rn. 16; MünchKommZPO/K. Schmldt/Brinkmann, 4.Aufl. 2012, § 775 Rn. 28.

这是因为在第 4 项和第 5 项中涉及的不过是暂时的执行障碍，也即执行机关在收到债权人的不同指示前，暂时停止或限制了强制执行。在债权人有不同指示时，债务人须根据《民事诉讼法》第 767 条提起执行异议之诉，并获得第 775 条第 1 项中的执行障碍裁判。通过这种方式可以确保，债务人的实体抗辩是在诉讼程序中由诉讼法院审查，而不是在执行程序中进行审查。

三、《民事诉讼法》第 778 条：继承人没有接受继承

9 《民事诉讼法》第 778 条规定了一个限制强制执行的执行障碍。

▶《民事诉讼法》第 778 条：

（1）在继承人承认继承前，基于对遗产所产生的请求权的强制执行，只能对遗产实施。

（2）在继承人承认继承前，不得因继承人自己的债务而对遗产实施强制执行。◀

这一规定来自继承法中的**自动获得继承权原则**（Vonselbsterwerb）。该原则是指，在被继承人死亡时，其遗产作为整体根据法律的规定转移给另外一个或数个继承人，但这并不妨害继承人放弃继承的权利（《民法典》第 1922 条、第 1942 条第 1 款）。只要继承人没有接受继承，且放弃继承的期限没有届满，他就可以放弃继承（《民法典》第 1943 条）。如果放弃继承，则根据《民法典》第 1953 条第 1 款，继承并未成功，遗产也就没有转移给继承人。在接受继承前财产转移给继承人的过程因此具有先予进行的特征。[1] 基于这一特征，《民法典》第 1958 条规定了对诉讼程序的影响，在承认继承前，不得在诉讼上对继承人主张《民法典》第 1967 条第 2 款意义上的遗产债务约束（继承人缺乏被动的诉讼实施权限）。因此，针对被继承人有效力的执行名义，在承认继承前，不能通过《民事诉讼法》第 727 条规定的复杂执行条款改写为针对继承人。

10 不过，《民事诉讼法》第 778 条的规定也是根据财产转移的先予进行

[1] Hk-ZPO/Kindl, 6. Aufl. 2015, § 778 Rn. 1.

特征规定了**强制执行法上**的后果。该条规定的执行障碍存在于两个方面：（继承人）在承认继承前因遗产债务不能对个人财产实施强制执行（第 778 条第 1 款）；在承认继承前因个人债务不能对遗产进行强制执行（第 778 条第 2 款）。也即，在强制执行法下，遗产和个人财产是分开的。

《民事诉讼法》第 778 条第 1 款规定的执行障碍涉及的是，基于**遗产债务**对承认继承前的债务人进行的强制执行，也即强制执行是由遗产债权人推动的。该强制执行在承认继承前，只能对遗产进行，除此之外则不允许。这一执行障碍的法律后果是，执行机关在承认继承前进行的强制执行只能限于对遗产实施。而且，由遗产债权人推动的针对暂时继承人的强制执行只有在以下两种情形下会发生，具体来说，只有在针对被继承人已经开始了强制执行时（第 779 条），以及在有遗产管理人的情形，在其他情形下针对暂时继承人实施强制执行则需要获得一个执行名义，但根据《民法典》第 1958 条的规定，又绝无可能获得这样一个执行名义。[1] 11

《民事诉讼法》第 778 条第 2 款规定的执行障碍涉及的则是相反的情形。债权人基于对暂时继承人的**个人债务**进行的强制执行，只有在承认继承后才可以对遗产实施。这一执行障碍的法律后果是，执行机关在继承人承认继承前，对暂时继承人的强制执行只能限于在其个人财产范围内实施。 12

四、《破产法》第 89、90 条：破产程序的启动

此外，就债务人的财产启动破产程序时，也构成一个执行障碍。根据《破产法》第 89 条的规定，此时不允许实施强制执行。 13

▶《破产法》第 89 条：

（1）在破产程序进行期间，不得为某一破产债权人对债务人的破产财产或其他财产进行强制执行。

（3）基于第 1 款和第 2 款对实施强制执行提起的异议，由破产法院进行裁判。法院在作出裁判前可发出紧急命令；尤其是可以命令在提供担保或不提供担保前提下暂时停止，或者在提供担保前提下继续实施。◀

---

[1] MünchKommZPO/K. Schmidt/Brlnkmann, 4. Aufl. 2012, § 778 Rn. 8.

这一执行障碍对于所有的破产债权人均适用（《破产法》第38条），而且适用的范围不仅包括破产财产（《破产法》第35条及以下数条），还包括债务人的其他财产。各执行机关应在破产程序进行期间依职权暂停强制执行。

14 《破产法》第89条的例外是根据第90条的规定，基于非由管理人的法律行为成立的破产财团债务进行的强制执行，自破产程序开始后六个月内不得实施。

五、区分

15 如果是**债权人**申请暂停或限制强制执行的，不属于执行障碍。不过，它们的效果是相似的。这是因为，作为一般执行要件的生效的执行申请消灭了，则接下来的强制执行就不合法了。因此，债权人可以在任何阶段使强制执行停止，甚至可以撤销已经实施的执行措施。[1]

16 根据《破产法》第88条、第129条及以下数条的规定，债权人丧失在个别执行程序中获得的权利，也不属于执行障碍。《破产法》第88条规定的**逆转障碍**（Rückschlagsperre）发挥的效力主要是，根据法律除去债权人获得的强制执行法上的保全，例如查封担保物权（下文第十章边码57及以下数段）。在满足《破产法》第129条及以下数条规定的**破产撤销**要件时，破产管理人可以要求债权人返还其从破产财团中取得的财产，也即返还获得的强制执行法上的保全。此外，根据《破产法》第286条及以下数条作出的**剩余债务免除**决定也不属于执行障碍，债务人应根据《民事诉讼法》第767条的规定通过执行异议之诉主张自己的权利。执行机关无法顾及剩余债务免除，尤其是它还不属于《民事诉讼法》第775条意义上的裁判。[2]

---

[1] MünchKommZPO/K. Schmidt/Brinkmann, 4. aufl. 2012, § 775 Rn. 6 und § 776 Rn. 3.

[2] BGH NJW 2008, 3640; Lippross, Zwangsvollstreckungsrecht, 11. Aufl. 2014, Rn. 1361.

章节测试

复习问题

■ 请说出可能存在的执行障碍。 17

■ 执行机关对于存在执行障碍可能会作出何种反应?

■ 就债务人的财产启动了一个破产程序。为某一破产债权人进行的强制执行意味着:(1)它不能开始,因为债务人不(再)具备诉讼实施权限?(2)它不能开始,因为存在一个执行障碍?(3)它可以开始,直到执行法院命令暂时停止为止?

■ 为什么剩余债务免除不构成执行障碍?

第三编

基于金钱债权对动产的强制执行

参考文献：Brox/Walker, Zwangsvollstreckungsrecht, 10. Aufl. 2014, Rn. 206 ff.; Gaul/Schilken/Becker-Eberhard, Zwangsvollstreckungsrecht, 12. Aufl. 2010, § § 48 ff.; Heiderhoff/Skamel, Zwangsvollstreckungsrecht, 2. Aufl. 2013, Rn. 288 ff.; Kornol/Wahlmann, Zwangsvollstreckungsrecht, 2012, Rn. 69ff.; Lackmann, Zwangsvollstreckungsrecht, 10. Aufl. 2013, Rn. 112 ff.; Lippross1 Zwangsvollstreckungsrecht, 11. Aufl. 2014, Rn. 144 ff.; Pfeiffer, Pfändung und Verwertung schuldnerfremder Sachen, JA 2012, 892 ff.; Stadler/Bensching, Die Vollstreckung in schuldnerfremde Sachen, Jura 2002, 438 ff.; Zeiss/Holthaus, Klausurwichtige Ansprüche bei Pfändung und Verwertung durch den Gerichtsvollzieher, Jura1996, 281 ff.

1 法律将强制执行分为基于**金钱债权**、基于物的交付或基于行为而实施三种类型。基于金钱债权的强制执行适用《民事诉讼法》第802a条至第882h条的规定，其他类型则适用第883条及以下数条的规定。

《民事诉讼法》第802a条及以下数条的强制执行针对的是金钱债权，这只能从法律中（忽略“第二章”的标题而言）间接得出，与此相反，基于其他债权的强制执行，则是在第883条及以下数条中明确规定的。

根据《民事诉讼法》第802a条第2款第1句的规定，执行员对所有基于金钱债权的强制执行有下列依第802a条及以下条文的权限：

- 根据第802b条，寻求案件的友好解决
- 根据第802c条，获取或者强制获取债务人的财产信息
- 根据第802l条，从第三方获取债务人的财产信息[1]
- 根据第808条及以下数条，对有体物进行查封和变价
- 根据第845条，实施预查封

其他的权限还包括：

- 根据第828条及以下数条，对债权和其他财产权利查封和变价
- 根据第864条及以下数条，对不动产采取强制执行

除此之外，如果债务人不自愿履行其提供财产报告的义务，或者所采取的强制执行与财产清单的内容明显不符，无法实现对债权人的完全清偿，执行员应将债务人记入债务人名簿（第882b条及以下数条）。

2 基于金钱债权的强制执行，还可以细分为通过对动产的查封和变价实现（第803条及以下数条），或者是对不动产进行强制执行（第864条及

[1] 关于释明参见 Sternal, Die neue Sachaufklärung in der Zwangsvollstreckung, in: Wolf u.a., Zwangsvollstreckungsrecht aktuell, 2010, S.173ff.; Bruns, Vom Forderungseinzug zum Forderungsmanagement Neue Aufgaben für den Gerichtsvollzieher?, DGVZ 2010, 24 ff.; Vollkommer. Die Reform der Sachaufklärung in der Zwangsvollstreckung–Ein Uberblick, NJW 2012, 3681 ff.

以下数条）。基于金钱债权对**动产**的强制执行是对有体物进行执行（第 808 条及以下数条，参见下文第十章和第十一章）。但是，债权和其他财产权利也属于动产；所以也属于基于金钱债权对动产的强制执行体系中的执行客体（第 828 条及以下数条，参见下文第十二章和第十三章）。

3 《民事诉讼法》第 803 条至第 807 条对所有基于金钱债权对动产的强制执行均适用。基于金钱债权对动产的强制执行因此具有一个共同的**结构**：强制执行的第一步是查封（第 803 条第 1 款第 1 句）。查封（Pfändung）意味着对财产客体的羁押（Beschlagnahme）[束缚（Verstrickung）]，并成立了一个查封质权（第 804 条第 1 款）。

▶《民事诉讼法》第 803 条：

（1）对动产的强制执行，以查封的方法进行……

《民事诉讼法》第 804 条：

（1）查封后，债权人在查封物上取得质权。◀

第二步，则是为债权人的利益对被查封的财产客体进行变价。

第十章　对动产的查封

一、概况：查封的合法性

一个合法查封的前提是，强制执行必须是合法的（参见上文第二章边码 3 及以下数段）。此外，须是享有职能管辖的执行机关实施——动产的查封为执行员（地域管辖参见上文第三章边码 15）——且存在一个符合规定的执行申请。 4

此外需要注意的是，根据《民事诉讼法》第 803 条及以下、第 808 条及以下数条规定的查封，只有在涉及基于金钱债权的强制执行且是对动产进行执行时，才被允许（边码 8 及以下数段）。查封位于债务人或债权人处动产的前提是他们单独持有，查封第三人处动产时，须第三人单独持有且已准备交出（边码 22 及以下数段）。查封如违反查封限制规定，则是不合法的（边码 32 及以下数段）。 5

执行员须重视法定程序（《民事诉讼法》第 753 条至第 763 条），尤其是其中的强制执行的时间和地点限制（第 758 条及以下）。 6

最后，动产的查封应按照《民事诉讼法》第 808 条及以下数条规定的种类和方式实施（边码 43 及以下数段）。 7

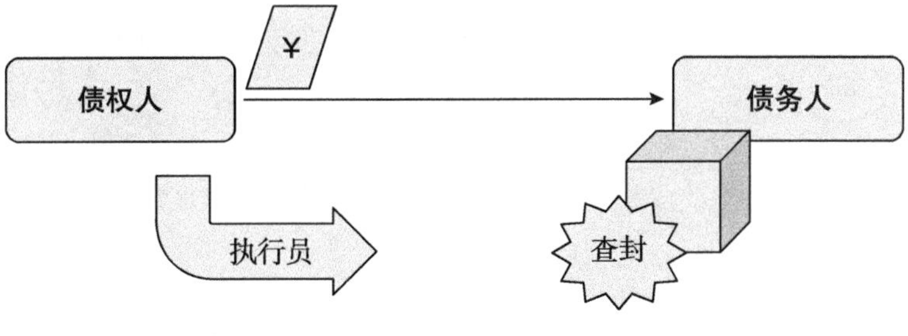

二、《民事诉讼法》第 808 条及以下数条的适用

8 首先，只有当涉及的是基于金钱债权的强制执行时，第 808 条及以下数条规定的查封才被允许（参见上文边码 1）。执行名义必须写明待支付的金钱总额。

这一笔钱可以从所有财产中取出，但也可以是从某一财产中获得。后一种情况是执行名义指明某一具体财产客体应容忍强制执行。从文义来看虽然并不清晰，但容忍强制执行除了满足债权人的金钱债权之外别无其他目的。[1]

不过，如果债务人负担的义务是免除债权人对第三人的债务时，则不存在支付执行名义。这样一个免除义务行为是一个可替代的行为，因此是根据第 887 条的规定基于免除义务请求权采取强制执行（第十八章边码 2）。

9 其次，《民事诉讼法》第 808 条及以下数条规定的查封只有当查封的客体是第 803 条及以下数条意义上的**动产**时，才被允许。这不同于依第 864 条及以下数条规定的不动产强制执行的客体（边码 10 及以下数段）。最后，这里的动产客体应是第 808 条及以下数条意义上的**有体物**，而不能是依第 828 条及以下数条被查封的债权或其他财产权利。

（一）与不动产强制执行客体的区分

10 根据《民事诉讼法》第 864 条第 1 款的规定，不动产、不动产的重要成分或者等同于不动产的物，适用根据第 864 条及以下数条的规定对不动产的强制执行程序。

▶《民事诉讼法》第 864 条

（1）对不动产的强制执行，除适用于土地外，适用于所有适用关于土地规定的权利……◀

因此，不能根据《民事诉讼法》第 803 条及以下数条的规定查封。第

---

[1] Dazu Jost, Duldung der Zwangsvollstreckung?, Jura 2001, 153 ff.

864条不仅规定了不动产强制执行的适用范围，同样也给出了范围限制，当不存在一个不动产强制执行时，则应适用第803条及以下条文的动产的强制执行程序。

从《民法典》第93条中可以得出《民事诉讼法》第864条中不动产 11
重要成分的范围。物及其重要成分只能归于同一法律命运。这一基本判断是为了防止无益的经济价值破坏。[1]《民法典》第93条也规定了重要成分的法律定义，比第94条和第96条中规定的不动产成分有所扩大，并受到第95条的限制。

▶《民法典》第93条：

非毁损物之一部或变更其本质不能分离者，为物之成分（重要成分）。物之成分不得为个别权利之目标。

《民法典》第94条：

（1）土地之定着物，特别是建筑物及土地之出产物，尚未分离者，属于土地之重要成分。种子于播种时，植物于栽植时，为土地之重要成分。

（2）为建造建筑物而附加之物，为建筑物之重要成分。

《民法典》第95条：

（1）仅为一时之目的而附着于土地之物，非土地之成分。权利人因行使在他人土地上之权利，而附着于土地之建筑物或其他工作物，亦同。

（2）仅为一时之目的而附加于建筑物之物，非建筑物之成分。◀

根据《民法典》第94条第1款，所谓的“尚未分离之果实”也属于 12
不动产的重要成分。根据《民事诉讼法》第810条的规定，它可以被排除在不动产强制执行程序之外，而根据该条的要件进行查封。

▶《民事诉讼法》第810条：

（1）尚未从土地分离的果实，如不以对不动产实施强制执行的方法查封时，即可查封……◀

---

[1] BGHZ 20, 154 = NJW 1956, 945.

13 紧接着，《民事诉讼法》第 803 条及以下数条的适用范围还会受到第 865 条第 2 款的限制。根据该条的规定，标的物属于抵押权的责任范围的，在以下两种情形应被排除在动产的强制执行程序之外：

- 当其属于动产的从物时，第 865 条第 2 款第 1 句
- 当其依第 864 条及以下数条可以作为其他标的物被查封时，第 865 条第 2 款第 2 句

▶《民事诉讼法》第 865 条：

（1）对不动产的强制执行，关于土地与权利的情形，包括抵押权所及的标的物；关于船舶与建造中船舶的情形，包括船舶抵押权所及的标的物。

（2）前款所述标的物是从物时，不得查封。在其他情形，如不能以对不动产实施强制执行的方式实施查封时，可对之实施对动产的强制执行。◀

14 对于该标的物是否属于抵押的责任范围这一问题，在该不动产上是否真正存在抵押，以及强制执行是否是为了实现该抵押，均不重要。责任范围只需根据权利客体的法律概念定义进行判断即可。标的物是否属于抵押的责任范围，可根据《民法典》第 1120 条至第 1131 条进行判断。[1]

15 关于从物有特殊的审查要件（《民法典》第 97、98 条）。

▶《民法典》第 97 条：

（1）非主物之成分，常助其经济上效用，且为达成此一目的而与主物发生相当空间关系之动产，为从物。交易上不认为从物者，非从物。

（2）为达成他物经济上之目的而暂时使用之物，不生从属关系。与主物暂时分离之从物，不失其从属关系。

《民法典》第 98 条：

下列之物，常助主物之经济效用：

1. 在供营业上之经营而永久建造之建筑物，特别是磨坊、冶炼厂、酿造所、工场与营业所用之机器及其他器具。

2. 在农地，农业上所用之工具及……◀

---

[1] Einzelheiten Schreiber, Der Hypothekenhaftungsverband, Jura 2006, 597ff.

根据《民法典》第1120条的规定，从物除非不属于债务人所有，否则均在抵押权的责任范围内。

▶《民法典》第1120条：

抵押权扩及与土地分离的出产物和其他成分，但以其不自分离时起依第954条至第957条归为土地的所有权人或者自主占有人之外的其他人所有为限，以及扩及除不归为土地的所有权人所有的从物之外的土地的从物。◀

从物在查封前被出让且被移离于土地的（《民法典》第1121条第1款），以及在查封前从物的从属性在通常经营范围内被消灭的（《民法典》第1122条第2款），不再属于抵押权的责任范围。

▶《民法典》第1121条：

（1）……以及从物在其为债权人的利益被查封前被出让，并且被移离于土地的，免除责任。

（2）出让在移离前进行的，受让人对债权人不得主张其对抵押权是善意的。受让人将物移离于土地的，在移离前所进行的查封，仅在其于移离时对查封非为善意时，始对其发生效力。

《民法典》第1122条：

（2）从物的从属性在通常经营的范围内于查封前被消灭的，从物不经出让而免除责任。◀

此外，在移离—查封—出让情形中，如果受让人在受让阶段对查封是善意的（此时根据《强制拍卖与强制管理法》第23条第1款第1句结合《民法典》第136条、第135条第2款、第936条的规定，查封对受让人不发生效力），则责任范围的从属消灭。在出让—查封—移离情形中，当受让人在移离阶段对查封是善意的（《民法典》第1121条第2款第2句；根据第1句的规定，查封前仅有出让行为是不够的），责任范围的从属同样消灭。在移离、出让（哪个在先都一样）后查封情形中，当受让人在移离和出让阶段对查封是善意的（必须同时满足《民法典》第136条、第135条第2款、第936条和第1121条第2款第2句），责任范围的从属也消灭。另外要注意的是，当受让符合通常经营的范围（《强制拍卖与强制管理法》第23条第1款第2句），为强制拍卖而进行的查封对受让人也不发生效力。[1] 根据《强制拍卖与强制管理法》第148条第1款第2句，这不适用于强制管理。最后，对于所有的免责要件需要注意的是，查封始终只是为了主张权利的债权人利益而阻碍免责。[2]

16 这表示：如果标的物属于抵押权责任范围内的**从物**（因为它们属于不动产所有权人的财产），只要没有从不动产上移离，就排除《民事诉讼法》第808条及以下数条的查封。《民事诉讼法》第865条第2款第1句的意义在于，尽量保持不动产及不动产从物的一致性，避免因对不动产从物进行强制执行而使不动产贬值。这与是否对不动产实际进行了强制执行无关。

17 对于抵押权**责任范围内的其他标的**，在不免责的情况下，单独的强制执行也并非一开始就被排除。根据《民事诉讼法》第865条第2款第2句，只有在对不动产实际实施了强制执行时，才会排除在这些标的上实施强制执行。这样处置是为了确保可以对责任范围内的不动产和其他标的物共同变价，并且不动产作为执行标的，通过和其他标的共同变价可以提升其价值。因此，《民事诉讼法》第865条第2款第2句规定，当标的物在不动产强制执行程序（也即根据《强制拍卖与强制管理法》第20条及以下数条、第146条、第148条）[3] 中被查封时，就排除了动产强制执行程序。

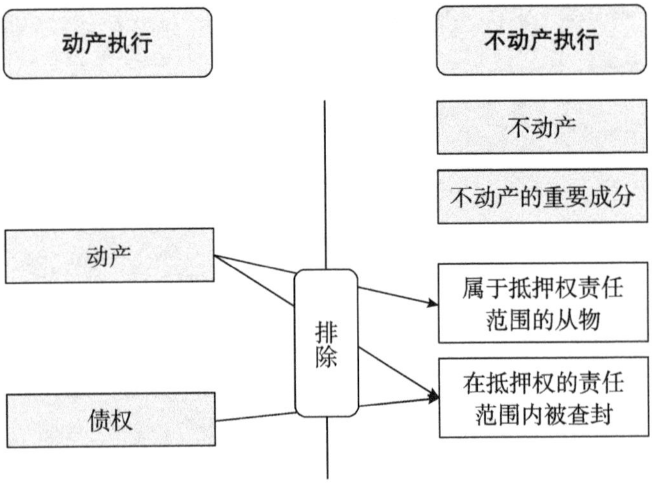

[1] Brox/Walker, Zwangsvollstreckungsrecht, 10. Aufl. 2014; Rn. 221.

[2] Palandt/Bassenge. BGB, 74. Aufl. 2015, § 1121 Rn. 4. Beispiel bei Hk-ZV/Sievers. 2. Aufl. 2013, § 23 ZVG Rn. 2f.

[3] Hk-ZPO/Kindl, 6. Aufl. 2015, § 865 Rn. 7.

（二）与债权和其他财产权利的区分

根据《民事诉讼法》第 808 条及以下数条查封的动产应当与债权和其他财产权利区分开。后者应根据第 828 条及以下数条规定查封。对动产享有的权利，例如共同所有的份额，也属于这一类。 18

如果强制执行的客体是债务人享有的在动产之上的**期待权**，根据主流观点，需要进行双重查封：通过权利查封途径查封期待权，通过物的查封途径查封动产。[1] 因此，只有通过查封该物，可能存在的买方才会知道在该财产标的上正在进行强制执行，而他也不会因为善意而取得无负担的所有权。但是，强制执行仅通过对物的查封方式进行，保留所有权的卖方在执行债务人（买方）提出异议后拒绝接受执行债权人支付的剩余价款时（《民法典》第 267 条），就可以通过第三人异议之诉（下文第二十一章边码 71）加以阻止。因此，在期待权中展现出来的保留所有权卖方的法律地位就必须成为强制执行的客体（权利查封），而这可以通过物的查封体现出来。 19

有价证券作为文书类的动产原则上可以根据《民事诉讼法》第 808 条及以下数条的规定查封。[2] 接下来第 821 条及以下数条包含变价的特殊规定，并以查封有价证券为要件。有价证券表征的权利也因查封而被包含在内，因此不必按照第 828 条及以下数条单独再进行查封。 20

有价证券是关于一个私法权利的文书，且持有该证券是主张这一权利的前提。有价证券分为无记名证券（Inhaberpapier）、指示证券（Orderpapier）和记名证券（Rektapapier）。无记名证券是持有人（不明确署名）为权利人（依证券享有的权利为证券所载权利，按照《民法典》第 929 条及以下数条可以转让）。无记名证券可以——并无异样——按照《民事诉讼法》第 808 条及以下数条规定查封。记名证券是明确署名的人为权利人（转让是通过让与载明的债权，证券上的权利根据《民法典》第 952 条的规定转让

---

[1] BGH NJW 1954, 1325; Einzelheiten Brox/Walker, Zwangsvollstreckungsrecht, 10. Aufl. 2014, Rn. 806ff.; Wolf/Lange, Der praktische Fall–Bürgerliches Recht: Pfändung von Anwartschaftsrechten; Jus 2003, 1180 ff.

[2] Zu Einzelheiten Lippross, Zwangsvollstreckungsrecht, 11. Aufl. 2014, Rn. 146 f.; Brox/Walker, Zwangsvollstreckungsrecht, 10. Aufl. 2014, Rn. 233; Gaul/Schilken/Becker-Eberhard, Zwangsvollstreckungsrecht, 12. Aufl. 2010, § 49 Rn. 37; Becker, Zwangsvollstreckung in Wertpapiere, Jus 2005, 232 ff.

给受让人)。记名证券原则上也可以根据《民事诉讼法》第 808 条及以下数条规定查封(但是有例外)。指示证券(载明人为权利人,或者通过指示确定权利人;它可以根据《民法典》第 929 条及以下数条在背书情况下转让)则不属于《民事诉讼法》第 808 条及以下数条意义上的证券,而是作为债权依第 831 条的规定查封。不过,查封的种类与方式却又和第 808 条及以下数条的规定一致。

抵押权证书、土地债务证书和定期土地债务证书同样不是按照《民事诉讼法》第 808 条及以下数条的规定查封:抵押债权、土地债权和定期土地债权是根据第 828 条及以下数条规定由执行法院进行查封,证书则是由执行员通过第 830 条第 1 款第 2 句、第 883 条及以下数条中所谓的协助查封取走。

最后,特别权益证明(例如储蓄存折)也不是根据《民事诉讼法》第 808 条及以下数条查封。尽管它们也表征了一项权利,但却并不像在其他无记名证券中那样是作为权利的化身。它们更多的是第 836 条第 3 款第 1 句意义上"证明债权存在的文书",因此在查封被表征的债权时,应当按照第 828 条及以下数条规定,该权益证明只是通过协助查封的方式取走(第 836 条第 3 款第 5 句、第 883 条及以下数条)。

21 此外,查封**计算机程序**时也要注意物的查封和权利查封的区分,因为我们必须把著作权人传播权的数据载体和软件分开。在针对著作权人的强制执行中是对他的变价权进行权利查封。在针对使用权人的执行中,则需要对标准版本以及单独开发版本的软件载体进行物的查封。[1] 著作权人的传播权在经过转让后原则上是用尽了(《著作权法》第 69c 条第 3 项第 2 句)。

三、查封的相对人

22 查封的相对人是指**持有**(Gewahrsam)被查封之物的主体。持有意味着某人对某物事实上进行支配,且基于环境可知其有持有的意思。其原则上符合《民法典》第 854 条中规定的直接占有。间接占有或者占有辅助并

---

[1] Musielak/Voit/Becker, ZPO, 12. Aufl. 2015, § 808 Rn. 24; Stein/Jonas-Münzberg, ZPO, 22. Aufl. 2002, § 808 Rn. 3. Umfassend Hk-ZV/Krone, 2. Aufl. 2013, Schwerpunktbeitrag „IT-Güterll", Rn.10 ff.

不构成持有。[1] 对物的支配应对外可识别。

继承人占有，只要是没有第三人持有，有时也被认为是持有。但根据不同的观点，继承人占有不构成持有。[2]

原则上，只有在债务人持有时才可以查封，因为执行名义只针对债务人（边码 25 及以下数段）。另外，在债权人持有时也可以查封，这是因为他可以决定是否交出物进行强制执行（边码 28）。最后，当第三人持有且已准备好交出时，也可以查封，这时不用对第三人使用强制手段（边码 29 及以下数段）。 23

重要的是持有关系，而不是所有关系。物的所有权人，不一定会成为查封的相对人。权利人如认为其对被查封物享有权利，则必须通过《民事诉讼法》第 771 条规定的第三人异议之诉主张自己的权利。除非是在所谓**明显属于第三人之物**的情形：尽管被查封之物上存在持有关系，但可以明显看出是第三人之物，则即便是符合第 808 条的要件，执行员也不能查封。[3] 24

（一）《民事诉讼法》第 808 条：在债务人处查封

查封原则上需要满足第 808 条第 1 款中规定的要件，即该物须由**债务人持有**，而使债务人成为查封的相对人。 25

▶《民事诉讼法》第 808 条：
（1）对债务人所持有的有体动产的查封，由执行员占有其物而实施。◀

这里必须是债务人**单独持有**。如果是债权人以及（或者）第三人（也）持有，查封的合法性则取决于第 809 条的规定。

原则上，当第三人的持有是债务人和第三人约定后从债务人处取得，以避免对该物进行强制执行时，也是如此。

[1] Hk-ZPO/Kemper, 6. Aufl. 2015, § 808 Rn. 6.
[2] Zum Streitstand Lippross, Zwangsvollstreckungsrecht, 11. Aufl. 2014, Rn. 160.
[3] Hk-ZV/Sternal, 2. Aufl. 2013, § 766 Rn. 10.

26 如果债务人已结婚，《民事诉讼法》第 739 条第 1 款为其单独持有规定了一个不可推翻的推定。

▶《民事诉讼法》第 739 条：

（1）依《民法典》第 1362 条为夫的债权人或妻的债权人的利益而推定动产的所有人是债务人时，在无损于第三人权利的情况下，实施强制执行时只将债务人视为保管人或占有人。

《民法典》第 1362 条：

（1）为夫的债权人和妻的债权人的利益，推定夫妻一方或者双方占有的动产，属于债务人。夫妻双方分居，并且物非为债务人的夫妻一方占有的，不适用此种推定。无记名证券和载有空白背书的指示证券，等同于动产。

（2）对于仅为夫妻一方个人使用的物，在夫妻双方相互之间和与债权人的关系上，推定其属于为其所用的夫妻一方。◀

《民事诉讼法》第 739 条第 1 款中规定的持有推定是不可推翻的。当《民法典》第 1362 条第 1 款中规定的所有权推定被推翻时，持有推定仍有效力，因为执行员只能审查推定的基础是否存在，而无法审查推定是否已被推翻。[1]《民事诉讼法》第 739 条第 1 款和《民法典》第 1362 条中的规则准用于《民事诉讼法》第 739 条第 2 款和《生活伴侣法》第 8 条第 1 款。《民事诉讼法》第 739 条的规定不适用于非配偶类的同居关系。[2]

27 如果债务人有法定代理，则由其法定代理人持有，在法人时为其机关持有。

（二）《民事诉讼法》第 809 条：在债权人处查封

28 和对债务人持有的物可以进行查封一样，对**执行债权人**持有的物，根据第 809 条情形 1 也可以进行查封。

[1] Brox/Walker, Zwangsvollstreckungsrecht, 10. Aufl. 2014, Rn. 239.

[2] BGHZ 170, 187 = BGH NJW 2007, 992. Zum Ganzen Kilian, Probleme der Vollstreckung gegen Ehegatten: §§ 1362 BGB, 739 ZPO, JurBüro 1996, 67ff.

▶《民事诉讼法》第 809 条：
对债权人所持有的物或……实施查封，准用前条的规定。◀

债权人始终可以决定是否要在该物上进行强制执行。多数时候，当涉及的是债务人所有的物时，对债权人持有的该物进行强制执行才有经济意义。如果是对自己所有的物进行强制执行，债权人无法获益，[1] 如果是对第三人的物进行强制执行，债权人对所有权人要承担损害赔偿义务。而且通常认为，执行员至少要对财产所有权的归属进行表面审查。[2] 执行债权人持有该物的原因以及合法与否，此时是不重要的。

（三）《民事诉讼法》第 809 条：在自愿交出物的第三人处查封

在物由**第三人**持有时，当其准备好交出物时，根据第 809 条情形 2，可以查封。 29

▶《民事诉讼法》第 809 条：
对……或第三人持有而能随时交出的物实施查封，准用前条的规定。◀

当第三人只持有物时，**准备交出状态**是查封的要件。准备交出状态意味着不仅可以查封物，而且可以为了变价而取走物。准备交出状态的声明是一个诉讼行为，因此在查封后原则上不能撤回，并受到约束。即便是第三人对债务人或债权人负有交付的实体法上的义务，也不意味着准备交出状态变得不重要，同样，债务人为了避免强制执行而将物交由第三人单独持有，也是如此。 30

反对的观点认为，对非为自己持有的物在没有执行名义和执行条款时，仍然可以采取强制执行。[3] 如果第三人没有准备返还，债权人必须执行债务人对第三人享有的返还请求权（参见下文第十三章边码 2 及以下数段）。 31

---

[1] Vgl. aber Rahak, Die Rücktrittsfiktion des § 508 II 5 BGB im Rahmen der Einzelzwangsvollstreckung, JA 2011, 101 ff.

[2] Musielak/Voit/Becker, ZPO, 12. Aufl. 2015, § 809 Rn. 6.

[3] Lippross, Zwangsvollstreckungsrecht, 11. Aufl. 2014, Rn. 166.

准备交出状态使第三人根据《民事诉讼法》第771条享有基于合法占有的受保护的阻止权（下文第二十一章边码55及以下数段，而且第三人如果错误交出自己的物时，还可以继续主张权利）。[1]

四、查封限制

参见文献：Brox/Walker, Zwangsvollstreckungsrecht, 10. Aufl. 2014, Rn. 276 ff.; Gaul/Schilken/Becker-Eberhard, Zwangsvollstreckungsrecht, 12. Aufl. 2010, § 52; Heiderhoff/Skamel, Zwangsvollstreckungsrecht, 2. Aufl. 2013, Rn. 318 ff.; Kornol/Wahlmann, Zwangsvollstreckungsrecht, 2012, Rn. 84f.; Lackmann, Zwangsvollstreckungsrecht, 10. Aufl. 2013, Rn. 30 ff.; Lippross, Zwangsvollstreckungsrecht, 11. Aufl. 2014, Rn. 174 ff.; Özen/Hein, Vollstreckungsverbote in der Zwangsvollstreckung, JuS 2011, 894 ff.

32 执行员查封动产的权限在以下两个方面受到限制：一方面受到执行目的的限制，另一方面受到债务人保护的限制。执行员基于职权应自行注意这些限制。

（一）超额及无益查封

33 不必要的超额查封（《民事诉讼法》第803条第1款第2句）以及无益查封（第803条第2款）是不合法的。

▶《民事诉讼法》第803条：

（1）对动产的强制执行……查封的范围不得超出清偿债权人与支付强制执行费用所必要的限度。

（2）应查封的标的物换价后，除偿付强制执行费用外无余额时，不得实施查封。◀

34 根据《民事诉讼法》第803条第1款第2句的规定，当对已经查封的标的物进行变价明显已经可以清偿执行总额时，仍然采取查封措施，便属

[1] BGH MDR 1978, 401.

于违法的超额查封。另外，如果将要查封的标的物价值显著超出执行总额，且存在其他未显著超出价值的可查封标的物时，也属于违法的超额查封。

如果只有一个标的物可供查封时，不违反禁止超额查封的规定。

根据《民事诉讼法》第 803 条第 2 款的规定，如果查封的标的物换价所得收益显然无法清偿执行费用时，便属于违法的无益查封。强制执行的目的是清偿债权人，而不是刁难债务人。[1] 35

查封也可以事后被认定为超额或无益查封，例如债务人负担的是部分支付义务，因为被查封的标的物意外获得了很高的变价（查封变成了违法的超额查封）或者因为标的物的价值事后消灭了（查封变得没有意义）。此时须撤销变成违法的查封措施。 36

（二）查封保护

基于债权人保护和法治国原则，还存在许多**查封禁止**规定。《民事诉讼法》第 811 条明确规定了对债务人的保护，其家庭特定物品不得查封。债务人及其家庭可以保留维持适当生活和为了职业工作所需的标的物。 37

▶《民事诉讼法》第 811 条：

（1）对下列各物，不得查封：

1. 供债务人个人使用或维持家庭生活所用之物，特别是衣服、床上物品、家具与炊事用具，但以债务人维持其适当的、中等的生活和家庭生活所必要为限；……

……

5. 债务人为从事体力劳动、脑力劳动或其他人身劳动的人时，为继续其营业所必需的物品；

……

8. 债务人如为取得第 850 条至第 850b 条所列的定期收入或者领取《社会法典·一》第 54 条第 3 款至第 5 款所列类型收入或者长期儿童抚养费的人，从查封日起到下次领取收入时的期间内，他的收入中不得查封的部分

---

[1] Hk-ZPO/Kemper, 6. Aufl. 2015, § 803 Rn. 15.

的款项；

……

（2）第1款第1项、第4项、第5项至第7项中的物，如果物的出卖人因保留所有权而担保的金钱债权，实施对物的执行时，可以予以查封。保留所有权的协议应以文书予以证明。◀

第811条的规定还因第811c条关于家畜以及第812条关于价值较小的家具（同样是因为第803条第2款规定的原因）的规定得到补充。

38 就查封保护而言，查封物是否属于债务人所有并不重要，因为《民事诉讼法》第811条保护的是债务人及其家庭的**使用可能**。原则上，如果标的物的所有权为债权人所有，也同样如此。[1]《民事诉讼法》第811条第2款只对所有权保留买卖作了例外规定：卖方基于所有权保留买卖中的价款债权对交付的标的物进行查封，即使该物属于第811条第1项、第4项、第5项至第7项中规定的查封保护范围。如果债务人对债权人负有实体法上的交付义务，有时也会作为其他例外来主张（例如，在债权人的让与担保所有权时）。交付之诉及其执行和第811条并不冲突。因此，在这些情形中，如果债务人对动产的强制执行主张第811条规定的权利，债务人有时会被认定为恶意。反对的观点认为第811条仍然适用，通过这一方式，债权人在结果上无法实现其交付请求。执行机关无法审查债务人是否负有实体法上的交付义务。通过第811条第2款也可以得出反对限制查封保护的结论：立法者只在所有权保留中取消了查封限制，在所有其他债权人有权的情形并没有取消。

39 根据第811a条的规定，基于债权人的申请可以进行**交换查封**：受第811条第1款第1项、第5项或第6项保护的标的物，在向债务人交付替代物或者必要购置款（垫付或从拍卖款中）时，仍然可以查封。

▶《民事诉讼法》第811a条：

（1）对于第811条第1项、第5项与第6项中不得查封的物，如债权人在取走该物之前，向债务人提交符合保护债务人使用的目的的替代物，或向债务人提交购置此项替代物所必要的款项时，仍可予以查封；如果及

[1] OLG Hamm, MDR 1984, 855.

时提交替代物对债权人是不可能的或不可指望的，就只能在执行时从卖得的价金中将购置替代物所必要的款项提交给债务人时，才能交换查封。◀

在满足《民事诉讼法》第811b条的要件下，可以在执行法院允许第811a条中的交换查封之前，采取一个暂时的交换查封。

预计某物在将来基于情势变化不再属于查封保护范围的，可以根据第811d条的规定**预先**查封。 40

▶《民事诉讼法》第811d条：

（1）预计某物在近期内可以查封时，可以将之查封，但应交给债务人保管。到该物可以查封时，再继续执行。

（2）前款的物在一年内尚不能查封时，依前款所为的查封应予撤销。◀

执行员在查封时应依职权遵守查封保护规定。如果在查封时存在查 41 封保护情形（且不满足预先查封的要件，上文边码40），则不允许查封。针对**违反查封保护规定**的情况，属于该保护规定范围内的债务人以及第三人可以通过《民事诉讼法》第766条第1款中的抗议主张自己的权利。如果在对抗议作出裁定时，不（再）存在查封保护情形，则抗议是无效的，这与执行员是否实际采取了正确的行为无关。此外，尽管在对抗议作出裁判时存在查封保护情形，但这一情形是查封后才出现的，抗议依然无效。这有可能是因债务人的操作而出现的。当在对抗议作出裁判时，就存在一个查封时应顾及的查封保护情形，以至于不应实施查封的，抗议有效。

《民事诉讼法》第811条及以下数条规定的对债务人（或第三人）的 42 保护不能被放弃，因为查封保护不仅是为了保护他们的利益，而是因为维持他们的最低生活标准中蕴含有公共利益（上文第一章边码9）。

五、查封的种类与方式

根据《民事诉讼法》第808条的规定，查封是通过执行员**占有**被查封 43 物来实施，不过，原则上也可以由债务人继续持有，并使查封明显地为人所知。

▶《民事诉讼法》第 808 条：

（1）对债务人所持有的有体动产的查封，通过执行员占有其物来实施。

（2）除金钱、贵重物品与有价证券外的有体动产，如不至于因此而使债权人有不能受偿的危险时，可以令债务人持有。此类有体动产由债务人持有时，用封印或其他方法使查封得以明显地为人所知时，查封即产生效力。◀

44 执行员占有被查封物属于**直接**（但他主）占有。金钱、贵重物品、有价证券以及其他不直接占有将危害到债权人受清偿的动产（第 808 条第 2 款反面推论），也是如此。债权人以及债务人或所有人则是间接占有（第一阶层和第二阶层）。

45 如因以下原因将动产留由债务人继续持有（第 808 条第 2 款第 1 句）：

- 该物不是金钱、贵重物品或者有价证券
- 且不会危害到债权人受清偿

则执行员将直接占有交还给了债务人。执行员属于第一阶层的间接占有，债权人是第二阶层的间接占有。第三阶层是所有权人作为自主占有人的间接占有。[1] 在这类情形中，依《民事诉讼法》第 808 条第 2 款第 2 句的规定，应使查封明显地为人所知，主要是通过封印或者其他方法。粘贴封条，是执行员对债权人和债务人负有的职务义务。如果查封没有明显地为他人所知，则是无效的。[2]

46 如果要查封多个同种类的动产，只要粘贴一个查封标志就可以。[3] 依第 808 条第 3 款的规定，债务人通过发送执行记录的方式获悉实施的查封内容；违反这一规定没有法律后果。

▶《民事诉讼法》第 808 条：

（3）执行员应使债务人知悉已实施的查封。◀

---

[1] Musielak/Voit/Becker, ZPO, 12. Aufl. 2015, § 808 Rn. 19; Lippross, Zwangsvollstreckungsrecht, 11. Aufl. 2014, Rn. 213.

[2] Kornol/Wahlmann, Zwangsvollstreckungsrecht, 2012, Rn. 92; Musielak/Voit/Becker, ZPO, 12. Aufl. 2015, § 808 Rn. 22; Lackmann, Zwangsvollstreckungsrecht, 10. Aufl. 2013, Rn. 57; a.A. Hk-ZPO/Kernper, 6. Aufl. 2015, § 808 Rn. 18: anfechtbar. 关于可撤销查封的法律后果参见 Brox/Walker, Zwangsvollstreckungsrecht, 10. Aufl. 2014, Rn. 363 f.

[3] Lackmann, Zwangsvollstreckungsrecht, 10. Aufl. 2013, Rn. 157.

如果动产不在债务人处，根据《民事诉讼法》第 809 条的规定， 47

▶《民事诉讼法》第 809 条：
对债权人持有的物或第三人持有而能随时交出的物实施查封，准用前条的规定。◀

可以对在**债权人**处或者在自愿交出的**第三人**处（上文边码 28 及以下数段）的动产以相应的种类和方式进行查封。执行员可以直接占有被查封物，也可以将物留由债权人或第三人继续持有。

如果持有人要求继续持有，在执行员不能订立一个保管合同时，应满足持有人的要求。[1] 执行员获得直接占有的物应当放在查封仓库中保管。金钱则应交付给债权人（下文第十一章边码 2）。

如果某一动产已经为一个债权人被查封了，并不排除为另外一个债权 48
人实施一个新的查封。根据《民事诉讼法》第 826 条的规定，法律允许执行员以**附带查封**（Anschlusspfändung）的简单形式实施一个新的查封，也就是说，执行员简单表示一下就可以了。

▶《民事诉讼法》第 826 条：
（1）对于已查封物再进行查封时，只需由执行员在记录中记载：他是为他的委任者而实施查封。◀

附带查封的条件是前一个查封是有效的，尽管它是可撤销的。根据不同的观点，在先查封表面上有效就可以。[2] 无论如何，后面再撤销在先的查封并不影响附带查封的效力。

---

[1] Musielak/Voit/Becker, ZPO, 12. Aufl. 2015, § 809, Rn. 7.

[2] Zum Streitstand Stein/Jonas-Münzberg, ZPO, 22. Aufl. 2002, § 826 Rn. 8 und Musielak/Voit/Becker, ZPO, 12. Aufl. 2015, § 826 Rn. 2.

六、束缚与查封质权

参考文献：Brox/Walker, Zwangsvollstreckungsrecht, 10. Aufl. 2014, Rn. 358 ff.; Gaul/Schilken/ Becker-Eberhard, Zwangsvollstreckungsrecht, 12. Aufl. 2010, § 50 Rn. 11 ff.; Heiderhoff/Skamel, Zwangsvollstreckungsrecht, 2. Aufl. 2013, Rn. 326 ff.; Kornol/Wahlmann, Zwangsvollstreckungsrecht, 2012, Rn. 94 ff.; Lackmann, Zwangsvollstreckungsrecht, 10. Aufl. 2013, Rn. 162 ff.; Lipp, Das Pfändungspfandrecht, JuS 1988, 119 ff.; Lippross, Zwangsvollstreckungsrecht, 11. Aufl. 2014, Rn. 222ff.; K. Schmidt, Pfandrechtsfragen bei erlaubtem und unerlaubtem Eingriff der Mobiliarvollstreckung in schuldnerfremde Rechte, JuS 1970, 545 ff.; Schreiber, Das Pfändungspfandrecht nach der ZPO, JA 2014, 689 ff.; Zwecker/Englert, Rangverhältnisse der Pfändungspfandrechte bei Anschlusspfändung in eine schuldnerfremde Sache, JA 2000, 933 ff.

49 生效的查封产生以下两个法律后果：（1）被查封的标的物受到束缚（边码 50 及以下数段）；（2）债权人在被查封物之上获得一个查封质权（边码 57 及以下数段）。

即便法定要件没有满足，查封也有可能发生效力；原则上，一个违法的查封只是可撤销，而非无效。只有在例外情况下才会发生无效，例如：

- 对非属于德国法院管辖权范围内的主体采取强制执行
- 执行员不享有职能管辖
- 不存在执行名义
- 根据《民事诉讼法》第 808 条第 1 款的查封没有取得占有，或者根据第 808 条第 2 款将物留由债务人持有时没有使查封为他人所明知。

（一）束缚

50 对标的物实施的生效的查封会在其上产生束缚。束缚是指标的物之上的国家**羁押**（Beschlagnahme），在被查封物上生成一个公法上的支配关系。国家基于对物的羁押取得占有的权利和变价权，也即它基于公权行为可以将物的所有权分配给其他人，而先前的所有权人则因此被取代。[1]

---

[1] Jauernig/Berger, Zwangsvollstreckungs- und Insolvenzrecht, 23. Aufl. 2010, § 16 Rn. 2 ff.; Hk-ZPO/Kemper, 6. Aufl. 2015, § 803. Rn. 8.

51 就被查封物而言，适用《民法典》第 135 条、第 136 条规定的**让与禁止**。之后的处分为相对无效，也即处分原则上对债权人而言是无效的。

▶《民法典》第 135 条：

（1）法律关于禁止让与之规定，仅以保护特定人为目的者，违反该规定之处分，仅对该特定人不生效力。因强制执行或假扣押所为之处分，与法律行为之处分有同一效力。

（2）有利于由无权利人取得权利者之规定，准用本条规定。

《民法典》第 136 条：

法院或其他机关于权限内所为之让与禁止，与第 135 条所定之法定让与禁止有同一效力。◀

52 根据《刑法典》第 136 条的规定，阻断束缚应受**刑事处罚**。

▶《刑法典》第 136 条：

（1）对公务上查封或羁押的物品加以毁弃、损坏、使其不能使用，或以其他方式使其全部或部分失去效用的，处 1 年以下自由刑或罚金刑。

（2）对羁押、查封或标明某物所加盖的公务印章予以损坏、去除或使其不能识别、使盖有印章的封条全部或部分失去效用的，处与第 1 款相同之刑罚。

（3）如查封、羁押或加盖封印不属于合法进行的职务行为，则不依第 1 款和第 2 款处罚。如行为人误认为该职务行为是合法的，亦同。

（4）比照适用第 113 条第 4 款的规定。◀

53 如果某物受束缚，而第三人取得该物持有时，执行员对其享有**追索权**（Verfolgungsrecht）（追捕，Nacheile）。将物从第三人处取走并不是对第三人采取的强制执行，也不是查封，因此不需要取得针对第三人的执行名义，也与第三人准备交出状态无关。但执行员不得对第三人实施《民事诉讼法》第 758 条规定的搜查措施或使用武力。[1]

---

[1] BGH NJW-RR 2004，352（353）；Lackmann，Zwangsvollstreckungsrecht，10. Aufl. 2013，Rn. 165.

54 束缚状态随着执行机关撤销查封而**消灭**。债权人的退还声明是不够的（不能准用《民事诉讼法》第 843 条的规定；因为查封是通过执行员获得占有的方式实施的，也只有通过他放弃占有才可以恢复）。[1] 根据《民法典》第 135 条第 2 款、第 136 条和第 936 条的规定，对被查封物无负担的善意取得是可能的，也即受让人在束缚终止后可以主张自己的权利，但在这之前，标的物仍然处于束缚状态中。[2] 如果债务人除去封印（参见《刑法典》第 136 条），束缚状态并不因此终止（即便是在债权人同意的情况下）。

55 对被查封物的束缚会延伸到变价收益上，也就是说，在变价收益上也存在公法上的支配关系（《民法典》第 1247 条第 2 句，下文第十一章边码 9）。如果收益支付给了债权人，其上的束缚也就终止了。

56 束缚的前提是有**生效的查封**。查封是否可撤销，不影响对物的束缚状态。如果对某物的查封因违法而被宣告为不合法（《民事诉讼法》第 775 条第 1 项），这对束缚状态并不发生直接影响，只有在执行机关根据《民事诉讼法》第 776 条的规定撤销查封后，束缚状态才终止，因为这时候才不存在生效的查封。

（二）《民事诉讼法》第 804 条：查封质权

57 对标的物的生效查封为债权人在其上创设了一项查封质权（第 804 条）。

▶《民事诉讼法》第 804 条：

（1）查封后，债权人在查封物上取得质权。

（2）在与其他债权人的关系上，查封质权使债权人得到与因契约取得动产质权时同样的权利；……◀

58 质权是在动产（或权利）之上产生的**实体法上**的一个限制物权。其结果是，该物为某一债权担保，也即债权人可以将该物变价，用收益来获得清偿

[1] BGHZ 177, 218 = BGH NJW 2008, 3067 (3068); Lippross, Zwangsvollstreckungsrecht, 11. Aufl. 2014, Rn. 235.

[2] Lippross, Zwangsvollstreckungsrecht, 11. Aufl. 2014, Rn. 237.

（《民法典》第 1204 条第 1 款）。债权人有权在被担保债权范围内取代物的所有权人进行变价。相比之下，查封质权的要件和法律后果还存有争议。

近来通常认为，查封质权并非一个简单的《民法典》第 1204 条及以下数条意义上的**私法上的质权**。所谓的“私法理论”曾采取这一观点，但今天已经不再是通说了。[1]

1. 公私法混合理论

根据主流观点“**公私法混合理论**”[2]，查封质权尽管是私法上的一个质权，但其要件和法律效果却受到公法（也即强制执行法）的修正。根据该说，查封质权的成立须有生效的束缚，并符合重要的强制执行要件以及《民法典》第 1204 条、第 1205 条、第 1252 条、第 1255 条、第 936 条规定的重要实体法要件。 59

对于尽管查封质权被视为一个私法上的质权却要符合重要的程序性规定这一问题，这一理论借助《民法典》第 125 条的规定解释认为：这一规范表明，如果违反重要的形式规定，会导致实体权利不成立的结果。[3]

首要的重要实体法要件是——基于质权的从属性——债权人**享有债权**。但这一要件受到公法的修正：就查封质权的成立而言，与债权人是否实际上对债务人享有一个实体法上的债权并无关联，而仅仅与债权人是否拥有一个针对债务人的生效执行名义有关。 60

但是，查封质权仍然是从属于待清偿的债权，也即债权人不能将其单独让与第三人。如果他将对债务人享有的债权让与了第三人，查封质权也

[1] Vgl. Kornol/Wahlmann, Zwangsvollstreckungsrecht, 2012, Rn. 97.

[2] BGHZ 119, 75 = BGH NJW 1992, 2570 (2573); MünchKommZPO/Gruber, 4. Aufl. 2012, § 804 Rn.11; Musielak/ Voit/Becker, ZPO, 12. Aufl. 2015, § 804 Rn. 4; Brox/Walker, Zwangsvollstreckungsrecht, 10. Aufl. 2014, Rn. 374 ff., 393; Thomas/Putze-Seiler, ZPO, 36. Aufl. 2015, § 804 Rn. 2.

[3] Lackmann, Zwangsvollstreckungsrecht, 10. Aufl. 2013, Rn. 170.

随之转让给第三人。[1]

61 其次，较为重要的要件是债权人具有**处分权**。在非属于债务人之物上不能成立查封质权。[2] 在这一点上，查封质权与法定质权一致：法定质权只能在债务人的财产上设立，也即债务人须为出质物的所有权人（《民法典》第 1207 条对法定质权不适用）。[3] 同样，查封质权只有在执行债务人为查封物的所有权人时才成立。

不过，《民法典》第 185 条第 2 款对查封质权可以适用。如果所有权人同意查封或者债务人受让该物，债权人在查封后可以在非属于债务人之物上取得一个查封质权。[4] 根据《民法典》第 1204 条及以下数条和第 1257 条的规定，第 185 条的规定对法定质权是不适用的，因为质权不是通过处分行为设立的。[5] 在债权人的物上既不能为债权人设立一个质权，也不能为其利益设立一个查封质权。

62 查封质权因以下原因**消灭**：

■ 因束缚终止，也即通过执行机关撤销查封，通过将变价收益交给债权人，以及因善意无负担地取得查封物（上文边码 54）

■ 因待清偿债权消灭（《民法典》第 1252 条）

■ 因债权人或经其同意而去除查封物上的封印（《民法典》第 1253 条）

■ 因债权人对债务人放弃该查封质权（《民法典》第 1255 条）

■ 因启动破产程序，除非在破产申请至少一个月或者三个月前已经实施了查封（《破产法》第 88 条）

有时也会认可在查封后出现执行障碍且债务人可以此要求撤销查封

[1] Vgl. Lippross, Zwangsvollstreckungsrecht, 11. Aufl. 2014, Rn. 479.

[2] BGHZ 119, 89 = NJW 1992, 2570 (2573); Jauernig/Berger, Zwangsvollstreckungs- und lnsolvenzrecht, 23. Aufl.2010, § 16 Rn. 28.

[3] BGHZ 34, 153 = NJW 1961, 502.

[4] Brox/Walker, Zwangsvollstreckungsrecht, 10. Aufl. 2014, Rn. 383.

[5] BGHZ 34, 122 (125 f.) = NJW 1961, 499 (500).

的，查封质权也消灭。[1]

在**法律结果**方面也有所修正。变价过程本身被视为属于公法，其基础不是查封质权，而是已经生效的束缚。这表明，变价的效力只取决于束缚的有效性，而和查封质权是否存在无关。查封质权的意义主要在于，通过它对变价收益进行实体法上的归属。这主要涉及的问题是，收益应否归债权人所有（而不是债务人或第三人）。此外，查封质权对债权人基于执行债权对查封物进行清偿时的顺序也很重要：在先成立的查封质权要优先于之后成立的（《民事诉讼法》第 804 条第 3 款；优先原则）。 63

▶《民事诉讼法》第 804 条：

（3）查封在先所产生的质权优先于查封在后所产生的质权。◀

因此，在有多个查封质权时则根据各自**成立时间**决定先后。此外，成立时间对于查封质权是否根据《破产法》第 88 条的规定消灭也很重要。

2. 公法理论

与“公私法混合理论”相对立的是“**公法理论**”[2]。该说认为，只要查封在强制执行法上生效了，查封质权就成立。这与符合强制执行要件及实体法要件无关。相反，其法律后果也被限制在强制执行法中：查封质权只是表明可以对查封物进行变价，债权人可以收取变价款。债权人是否可以保有变价收益的问题，则不属于查封质权的讨论范围。 64

不过，只有在**成立时间**上，采公私法混合理论和公法理论会有不同的结论。根据公私法混合理论，只有当执行行为的瑕疵得到补正后，查封质权才成立，而根据公法理论，尽管存在瑕疵，查封质权仍然即刻成立。 65

在查封非属于债务人之物的问题上，这两个理论的结论一致，即变 66

---

[1] Lippross, Zwangsvollstreckungsrecht, 11. Aufl. 2014, Rn. 239 m.w.N. zur Gegenansicht.

[2] Baumbach/Lauterbach/Albers/Hartmann, ZPO, 73, Aufl. 2015. Obers § 803 Rn. 8 f., § 804 Rn. 3; Hk-ZPO/ Kemper, 6. Aufl. 2015, § 804 Rn. 3; Zöller/Stöber, ZPO, 30. Aufl. 2014, § 804 Rn. 2; Stein/Jonas-Münzberg, ZPO, 22. Aufl. 2002, § 804 Rn. 1 ff. m.w.N.

价是有效的，但是根据《民法典》第 812 条第 1 款第 1 句情形 2，债权人应将收益返还给先前的所有权人。不过两个理论的论证理由是不同的：根据公私法混合理论，变价的基础是束缚；即便债权人没有取得查封质权，也不影响拍定人通过拍定基于公权行为取得所有权（下文第十一章边码 6）；《民法典》第 1244 条不能类推适用，因为这与债权人的变价权限无关，而是与执行员的变价权限有关，[1] 因此也与受让人的善意无关。公法理论是基于查封质权的有效性来论证受让的有效性，在非属于债务人所有之物上仍然成立查封质权；《民法典》第 1244 条可以适用，但事实上无法满足，因为存在一个质权。至于债权人应向先前的所有权人返还变价收益，根据公私法混合理论，是因为在《民法典》第 1247 条第 1 句意义上，债权人不应获得这笔收益，而这是因为他没有在物上取得查封质权。公法理论虽然赞同债权人取得了查封质权，也因此可以获得收益；但他无法保有收益，因为他通过其他方式在没有法律理由的情况下得到了利益。

67 公私法混合理论的论证值得赞同，因为公法理论无法在实体法上论证这些结论。[2]

章节测试

复习问题

68 ■ 何时可根据《民事诉讼法》第 808 条及以下数条实施查封？
■《民事诉讼法》第 864 条及以下条文规定的不动产强制执行包括哪些？
■ 期待权如何查封？
■ 什么是持有？
■ 什么时候要求第三人具备准备交出状态，什么是准备交出状态？
■ 为什么债权人的让与担保财产没有被排除在查封保护之外？

---

[1] Lackmann, Zwangsvonstreckungsrecht, 10. Aufl. 2013, Rn. 184.

[2] Kornol/Wahlmann, Zwangsvollstreckungsrecht, 2012, Rn. 100 a.E.; Lackmann, Zwangsvollstreckungsrecht, 10. Aufl. 2013, Rn.174 ff. 177; Jaunernig/Berger, Zwangsvollstreckungs- und Insolvenzrecht, 23. Aufl. 2010, § 16 Rn. 19; Brox/Walker, Zwangsvollstreckungsrecht, 10. Aufl. 2014, Rn. 392.

■ 执行员依《民事诉讼法》第 808 条第 2 款第 1 句实施查封，其占有关系如何？

■ 何为束缚？其效力是什么？

■ 束缚何时终止？

■ 查封质权的成立要件及其法律后果是什么？

■ 查封质权何时消灭？

基础案例

1. 执行员 Gewiss 基于一个可执行公文书要对债务人 Siegbert Silbermann 卧室的一个古董花瓶实施查封。债务人的妻子 Sarah 声称这个花瓶是她从她母亲那里继承来的，并要求停止查封。执行员可以根据《民事诉讼法》第 808 条的规定查封这个花瓶吗？ 69

2. 假设，Silbermann 把这个花瓶出借给了艺术爱好者 Dieter von Donat，此时对花瓶的查封还有可能吗？ 70

3.Sarah Silbermann 从事移动老年护理工作。基于未付业务款项，Gottlieb Goldberg 对她取得了一个执行命令，并申请了强制执行。执行员查封了债务人车龄 6 年的小汽车。债务人可以反对这个查封吗？ 71

4. Siegbert Silbermann 兼任马匹饲养员。执行员 Gewiss 在他那里查封了一匹纯血种马。他将封印贴在了门栏上。在 Gewiss 离开马厩后，Silbermann 取下了封印，并以 10000 欧元的价格把马卖给了不知有查封的马术旗手 Dieter von Donat。Gerold Gewiss 可以继续实施强制执行吗？ 72

5. Sarah Silbermann 是一位热衷于板材收藏的收藏家。她的藏品中有几种稀有物品，每种价值数百欧元。执行员 Gewiss 在 10 月 13 日基于债权人 Gottlieb Goldberg 享有的未付业务款项的执行名义查封了其中一些板材。在 10 月 16 日，提交了开启 Sarah Silbermann 财产的破产程序申请，并在 11 月 3 日开启破产程序。此时还存在为债权人利益的查封质权吗？ 73

第十一章　查封物的变价

参考文献：Brox/Walker, Zwangsvollstre · ckungsrecht, 10. Aufl. 2014, Rn. 394ff.; Eichdberger, Versteigerungennach BGB, ZPO und ZVG, Jura 2013, 82 ff.; Gaul/Schilken/Becker-Eberhard, Zwangsvollstreckungsrecht, 12. Aufl. 2010, § 53; Heiderhoff/Skamel, Zwangsvollstreckungsrecht, 2. Aufl. 2013, Rn. 340 ff.; Kornol/Wahlmann, Zwangsvollstreckungsrecht, 2012, Rn. 101 ff.; Lackmann, Zwangs.vollstreckungsrecht, 10. Aufl. 2013, Rn. 178 ff.; Lippross, Zwangsvollstreckungsrecht, 11. Aufl. 2014, Rn. 243 ff.

1　基于金钱债权对动产的强制执行是通过查封（《民事诉讼法》第 803 条第 1 款第 1 句）和变价完成的。变价是一个执行行为，通过这一措施，强制执行在查封后得以继续进行。对被查封物的变价是由执行员通过公开拍卖（《民事诉讼法》第 814 条及以下数条；下文边码 4 及以下数段）或其他方式（《民事诉讼法》第 825 条，下文边码 12 及以下数段）进行的。此外，对被查封的金钱、证券、金银物品以及未分离的果实存在特别规定。

2　如果查封的是金钱，再特别采取变价措施是没有意义的。金钱可以直接交付给债权人（《民事诉讼法》第 815 条第 1 款），也即通过公权行为使所有权转让给债权人。取走的过程是一个支付的拟制（《民事诉讼法》第 815 条第 3 款）。

▶《民事诉讼法》第 815 条：

（1）被查封的金钱应交给债权人。

（2）第三人向执行员说明，他对被查封的金钱有阻止让与的权利时，应将该项金钱提存。如从扣押日起在两周内不能提出主管法院依第 771 条第 1 款所为停止强制执行的裁判时，强制执行即继续进行。

（3）除依第 2 款或依第 720 条所规定的提存外，执行员取走金钱视为债务人已经清偿。◀

在执行员查封第三人的金钱时，《民事诉讼法》第 819 条的规定（参见下文边码 10）与第 3 款中规定的风险负担规则不符，因为此时债务人并无保护需求。在自愿履行时（如纯粹的债务人自愿履行，参见上文第三章边码 23），可以类推适用《民事诉讼法》第 815 条第 3 款的规定，尽管此时所有权的转移是根据《民法典》第 929 条及以下数条；但是，债务人在自愿履行时所处的地位不应比通过强制取走时所处的地位差。[1]

如果是根据《民事诉讼法》第 808 条及以下数条的规定查封的证券或未分离的果实，第 821 条至第 824 条规定了其变价的特殊规定。对于金银物品，第 817a 条第 3 款还进一步规定了一个拍卖价格保护。 3

一、通过公开拍卖的变价

通常来说，执行员是通过将物公开拍卖的方式进行变价的（《民事诉讼法》第 814 条）。 4

▶《民事诉讼法》第 814 条：

（1）被查封物应由执行员进行公开拍卖。贵重物品在公开拍卖前，应委托鉴定人进行评估。

（2）执行员可以决定以下列形式进行公开拍卖：

1. 现场拍卖；

2. 在公众可以访问的网络拍卖平台上进行拍卖。◀

执行员可以决定是采用现场拍卖的形式还是通过网络拍卖平台[2]的形式进行拍卖。拍卖时，应当给出拍卖物的通常卖价和最低拍定价（《民事

---

[1] Hk-ZPO/Kemper, 6. Aufl. 2015, § 815 Rn. 7 und 11. Zu§ 815 Abs. 3 ZPO BGHZ 179, 298 = NJW 2009, 1085.

[2] Dazu Remmert, Das Gesetz über die Internetversteigerung in der Zwangsvollstreckung, NJW 2009, 2572ff.; Schultes, Internetversteigerung durch den Gerichtsvollzieher, in: Wolf u.a., Zwangsvollstreckungsrecht aktuell, 2010, S.137 ff.; Viertelhausen, Verwertung durch Versteigerung im Internet?, DGVZ 2003, 2 ff.; Meller-Haninich, Der Gerichtsvollzieher bei, ebay & Co.-Rechtsfragen, Lösungsvorschfäge und Gesetzesvorhaben zur Verwertung gepfändeter Sachen im Internet, DGVZ 2009, 21 ff.

诉讼法》第 817a 条第 1 款第 2 句)。最低拍定价至少是通常卖价的一半(《民事诉讼法》第 817a 条第 1 款第 1 句)。拍卖的最终结果是由出价最高者拍得，而且出价应当达到最低拍定价（《民事诉讼法》第 817 条第 1 款、第 817a 条第 1 款第 1 句)。如果是现场拍卖，在拍定前应当至少有三次报价（“一次……二次……三次”;《民事诉讼法》第 817 条第 1 款第 1 句)。

▶《民事诉讼法》第 817 条：

（1）现场拍卖时，对最高价竞买人，应报价三次后，始得拍定……

《民事诉讼法》第 817a 条：

（1）拍卖时，只能在至少达到拍卖物通常卖价的半数的出价（最低拍定价）时才能拍定。此种通常卖价与最低拍定价，都应在拍卖布告中公告。◀

5 根据主流观点，出价和拍定是一个由执行员代表的国家与最高出价人之间的类似买卖的**公法契约**。[1]

关于这一契约，需要注意《民法典》第 450 条、第 451 条的规定。根据相反的观点，拍定是一个单方的国家公权力行为。[2] 另外要注意的是，根据这一契约不产生瑕疵担保请求权（《民事诉讼法》第 806 条）。

▶《民事诉讼法》第 806 条：

根据查封而将标的物转让时，取得人就权利上的瑕疵或转让物上的瑕疵没有担保请求权。◀

《民法典》第 119 条及以下数条的规定也因为拍卖程序的特殊性而不能适用（否则《民事诉讼法》第 806 条的规定就没有意义）。无行为能力人的出价无论是作为诉讼行为还是作为意思表示而言，都是无效的。一个有行为能力的出价人也会因为拍定会带来不利的法律后果而无法取得拍定的效果（如根据《民事诉讼法》第 817 条第 3 款第 2 句的**失效责任**，参见下文边码 7）。

---

[1] Thomas/Putzo-Seiler, ZPO, 36. Aufl. 2015, S 817, Rn. 2.

[2] Stein/Jonas-Münzlberg, ZPO, 22. Aufl. 2002, § 817 Rn. 20.

6 通过**将物交付**给拍定人，所有权通过有私法效力的公权行为转让给了拍定人。这一所有权的取得是原始取得，而非继受取得，也即它与交付前谁是所有权人无关，也与拍定人是否善意无关。唯一重要的是，该物仍处于束缚状态，并且符合拍卖的重要程序性规定。

7 影响所有权取得的重要程序规定包括拍卖是公开进行的，且符合《民事诉讼法》第817条第2款规定的价款支付（之前是要求现金支付）规定。

▶《民事诉讼法》第817条：

（2）拍定之物，只有在价款已经支付或正在支付时，才能交付买受人。◀

交付是基于最高价拍定人现金价款的同时履行，除非其事先已经通过转账、银行卡或信用卡完成了支付。支付同样是一个公法上的行为。[1]

如果没有支付，则需要对拍卖物重新进行拍卖；之前的最高价拍定人不能再参与拍卖，且负有支付后次拍卖价金少于前次拍卖价金差额的义务（《民事诉讼法》第817条第3款）。如果债权人是拍定人，对其而言，价款支付的规定受到限制。显然，要求债权人全部支付价款，然后再把拍卖物所得价款的大部分返还给他，是没有意义的。根据《民事诉讼法》第817条第4款的规定，债权人只用支付不属于受益额的部分，也即费用和超出应清偿债权额的价款（剩余变价款），除非债务人提供了担保，变价款应按照《民事诉讼法》第711条、第712条第1款第1句、第720条的规定提存。

▶《民事诉讼法》第817条：

（3）最高价拍定人未在拍卖条件中所定的时间内，如未规定这种时间，未在拍卖期日结束前支付卖得价金时，即不得要求交付拍卖物。此时应再次进行拍卖。再次拍卖时，前次拍定人不得再提出竞买要求；前次拍买人应负担后次拍卖价金少于前次拍卖价金的差额，但对超过金额无请求权。

（4）拍卖中向债权人拍定时，如未准许债务人提供担保或提存而免除执行，对于从卖得价金中扣除强制执行费用后的余额，在应当用于清偿债权人的限度内，债权人免除支付现金的义务。在债权人免除支付现金义务

[1] Hk-ZPO/Kemper, 6. Aufl. 2015, § 817 Rn. 11.

的限度内的金额，视为债务人已清偿债权人。◀

8 出价达到最低拍定价的规定并非可以影响拍定人所有权取得的重要程序规定，因为债务人已经通过职务责任请求权得到了保护。在拍定前需有三次报价的规定也不是重要程序规定。

9 将最高拍定价款支付给执行员的结果是通过**物上代位**变价款取代了拍卖物的地位（类推《民法典》第 1247 条第 2 句）。物的所有权人成了金钱的所有权人。在变价款之上继续存在束缚和查封质权。[1]

其结果是，根据《民事诉讼法》第 826 条的附带查封仍有可能进行（参见上文第十章边码 48）。如果第三人才是拍卖物的所有权人，他也可以根据《民事诉讼法》第 771 条的规定提起第三人异议之诉（参见下文第二十一章边码 55 及以下数段）。

10 与此同时，执行员收到金钱的效果是一个拟制清偿（《民事诉讼法》第 819 条）。

▶《民事诉讼法》第 819 条：
……执行员受领卖得价金，视为债务人所为的清偿。◀

这里面其实存在一个风险负担的规则：如果金钱丢失，债权人不能再次要求清偿。但是，受领价款并不绝对会带来待清偿债权消灭的结果（尤其是在非属债务人之物时，不会消灭），在满足《民法典》第 362 条规定的其他要件下，仅仅是通过执行员将金钱交到债权人处。

11 执行员从变价款中抽取出执行费用，并将剩余价款交付给债权人，只要其享有相应的权利，即在应清偿债权的额度内。这一**交付**同样是一个公法行为。债权人取得的是原始无负担的所有权。[2] 多余的价款则返还给债

[1] Gaul/Schilken/Becker-Eberhard, Zwangsvollstreckungsrecht, 12. Aufl. 2010, § 53 Rn. 28.

[2] Thomas/Putzo-Seiler, ZPO, 36. Aufl. 2015. § 819 Rn. 2f. mit Verweis auf§ 815 Rn. 3.

务人；这是一个占有的转移，而非所有权的转移。完成价款分配后，强制执行程序即告终止。

如果物受到多次查封，而变价款不能满足所有债权人时，则要么按照查封的顺序进行分配（如果是同时查封，则每个债权人按照债权比例平等分配），要么债权人约定分配方式。如果后顺位的债权人主张不同的分配方案，且未经其他债权人同意的，则应将价款提存（《民事诉讼法》第 827 条），并根据《民事诉讼法》第 872 条及以下数条的规定进行分配（参见下文第十三章后的附录）。

二、其他变价措施，《民事诉讼法》第 825 条

为了尽可能有利于强制执行的进行，《民事诉讼法》第 825 条规定可以不按照第 814 条及以下规定的执行员公开拍卖的方式变价，而允许采取其他变价方式。 12

▶《民事诉讼法》第 825 条：

（1）执行员依债权人或债务人的申请，可以用前面数条以外的方法或在另外的地点，对查封物进行变价。执行员应将拟定的变价方法通知申请人的相对方。未经申请人的相对方同意，执行员不得在通知送达后两周内将查封物变价。

（2）执行法院依债权人或债务人的申请，可以命令执行员以外的人对查封物进行拍卖。◀

《民事诉讼法》第 825 条第 1 款中取代第 814 条及以下规定的公开拍卖的变价措施主要有： 13

■ 自由出卖

■ 以支付特定价款为对价将物转让给特定的人（也包括债权人）；转让的效果是基于公权行为的原始所有权取得，因此转让债权人自己的物也是有可能的

■ 在其他地点进行变价

《民事诉讼法》第 825 条第 2 款中代替执行员进行变价的**其他人员**主 14

要是私人拍卖商。此时由执行法院作出裁定，因为执行员有可能会有偏见。

三、变价障碍

15 当有或只要有变价障碍存在，则不能进行变价。变价障碍主要有：[1]

■ 如果是一个提供担保的执行，在债权人提供担保之前实施（《民事诉讼法》第 720a 条第 1 款）

■ 在涉及假扣押执行时（《民事诉讼法》第 930 条及以下数条）

■ 存在一个相对让与禁止（《民法典》第 135、136 条）

■ 债权人申请中止强制执行

如果存在第 802b 条规定的延期执行，也不能进行变价。

章节测试

复习问题

16 ■ 在强制执行体系中，何时会对动产公开拍卖？在何时以何种方式将所有权转移给拍定人？

■ 出价和拍定在法律上是如何划分的？

■ 查封的金钱如何变价？

基础案例

17 1. 执行员 Gewiss 要对查封的债务人 Siegbert Silbermann 的物通过公开拍卖的方式变价。Edo Evers 拍定了一个花瓶，这个花瓶尽管之前是由 Silbermann 保管的，但实际上是 Dieter von Donat 所有，Evers 也知道这件事。在将花瓶交付给 Edo Evers 后，Dieter von Donat 会丧失对花瓶的所有权吗？

18 2. Edo Evers 获悉在 Siegbert Silbermann 处查封的硬币收藏将要变价，决定参与变价。不过，他绝不想出价超过 200 欧元。但由于太激动，在拍卖时他丢了一览表，最终给出了 300 欧元的出价并取得了拍定。Evers 想知道他能否根据《民法典》第 119 条第 1 款情形 2 撤销他的出价。

---

[1] Lippross, Zwangsvollstreckungsrecht, 11. Aufl. 2014, Rn. 243 f.

第四编

基于金钱债权对债权和其他财产权利的执行

基于金钱债权对债权和其他财产权利的执行，属于对动产的强制执行的子类型，但不同于对动产的强制执行。它适用《民事诉讼法》第 704 条至第 802 条规定的关于强制执行的一般规定，以及《民事诉讼法》第 802a 条及以下数条、第 803 条至第 807 条规定的一般规定。与动产的执行一样，强制执行需要通过查封和变价来完成。 1

基于金钱债权对债权和其他财产权利执行的特殊规定包括《民事诉讼法》第 828 条至第 863 条。主要有对金钱债权的执行，即债务人对第三人（第三债务人）享有的金钱债权的执行，这也是最为常见的类型（参见第十二章）。此外，也可以对债务人享有的非金钱债权实施强制执行（特别是如请求返还或交付物，《民事诉讼法》第 846 条及以下数条；参见第十三章边码 2 及以下数段）。最后，和债权一样，也可以对债务人的其他有财产价值的权利进行执行，《民事诉讼法》第 857 条及以下数条（第十三章边码 11 及以下数段）。 2

第十二章　金钱债权的查封和变价

参考文献：Brehm/Kleinheisterkamp, Die Bestimmtheit des Pfändungsbeschlusses bei der Forderungspfändung – OLG Karlsruhe, NJW 1998, 549, JuS 1998, 781 ff.; Brox/Walker, Zwangsvollstreckungsrecht, 10. Aufl. 2014, Rn. 500 ff.; Fischer, Aus der Praxis: Der lästige Pfändungs – und überweisungsbeschluss, JuS 2006, 416 ff.; Fischer, Aus der Praxis: Der findige Vollstreckungsgläubiger, JuS 2006, 707 ff.; Fischer, Aus der Praxis: Erwerb eines Grundstücks mit gepfändeter Pachtzinsforderung, JuS 2007, 732 ff.; Gaul/Schilken/Becker-Eberhard, Zwangsvollstreckungsrecht, 12. Aufl. 2010, § § 54 ff.; Geißler, Dogmatische Grundfragen bei der Zwangsvollstreckung in Geldforderungen, JuS 1986, 614 ff.; Heiderhoff/Skamel, Zwangsvollstreckungsrecht, 2. Aufl. 2013, Rn. 356ff.; Kornol/Wahlmann, Zwangsvollstreckungsrecht, 2012, Rn. 367ff.; Lackmann, Zwangsvollstreckungsrecht, 10. Aufl. 2013, Rn. 268 ff.; Lippross, Zwangsvollstreckungsrecht, 11. Aufl. 2014, Rn. 385 ff.; Lüke, Pfändung einer hypothekarisch gesicherten Forderung ohne Grundbucheintragung mit Folgen-BGH, NJW 1994, 3225, JuS 1995, 202 ff.; Schultheiß, Die Zwangsvollstreckung in das Kontokorrent am Beispiel des Girokontos, JuS 2014, 516 ff.; Smid, Probleme der Forderungspfändung, Jura 1988, 281 ff.

3 根据《民事诉讼法》第 828 条及以下数条、第 835 条及以下数条，金钱债权的执行程序中，对债务人对第三债务人享有的金钱债权的执行是通过查封和变价完成的。

一、金钱债权的查封

4 一个合法的查封的前提同样是强制执行是合法的（参见上文第二章边码 3 及以下数段），主要包括由享有职能管辖的执行机关实施——根据《民事诉讼法》第 828 条的规定，在债权查封时为执行法院，具体而言，根据《司法辅助官法》第 20 条第 17 项应为司法辅助官。地域管辖为债务人审判籍所在地的执行法院。

▶《民事诉讼法》第 828 条：

（1）以对债权及其他财产权的强制执行为目的的审判上的行为，由执行法院实施。

（2）债务人在国内有普通审判籍时，其普通审判籍所在地的初级法院为有管辖权的执行法院；否则，依第 23 条对债务人可以起诉的初级法院为有管辖权的执行法院。◀

提供法律救济途径（Rechtsmittelzug）的同样是抗告法院，例如反对驳回强制执行申请而提起的，或者对债权查封的职能管辖有异议的。[1]

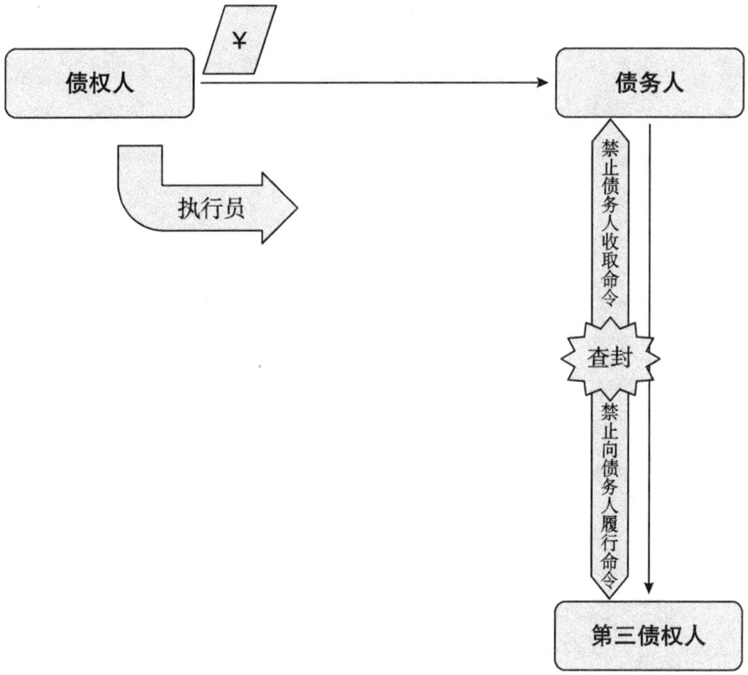

此外，还需要具备一个符合规定的强制执行申请（“查封申请”，Pfändungsgesuch），且存在权利保护需要（下文边码 6 及以下数段，边码 9 及

[1] Thomas/Putzo–Seiler, ZPO, 36. Aufl. 2015, § 828 Rn. 1.

以下）。根据《民事诉讼法》第 803 条及以下数条、第 828 条及以下数条的规定，查封只有在基于金钱债对一个金钱债权实施时才被允许（下文边码 11 及以下数段）。在对金钱债权实施强制执行时，同样要遵守查封限制的规定（下文边码 16 及以下数段）。查封首先发出查封裁定（下文边码 31 及以下数段），进而对债权产生束缚，并为债权人在债权上设立一个查封质权（下文边码 39 及以下数段）。

5　在实践中，查封裁定通常是和转付裁定一起作出的（即所谓的查封和转付裁定，PfÜB），前者涉及变价（下文边码 59 及以下数段），但从法律上而言应注意将两者区分为不同的执行措施。

（一）符合规定的查封申请

6　查封的前提是具备一个**符合规定的查封申请**，和执行员情形一样，执行法院同样是基于申请实施查封。和执行员不同的是，执行法院要求债权人必须足够明确地给出执行的标的。

因为从执行法院的角度来说，在查封裁定中债权人必须足够明确地给出执行的标的。只有债权人在查封申请中能够确定，执行法院才能作出裁定。执行法院并不能像执行员一样自己占有被查封物，也不能自己去确定执行行为的标的。这种差异可以通过法律术语恰当地表达：执行员在收到一个一般性的“执行申请”后实施查封，执行法院则是基于一个具体的“查封申请”后实施查封。

7　被查封的债权只有在债权人、债务人、债务标的和债务基础等方面加以描述，以理性人的角度，对申请进行解释后可以确定债权的，查封申请才是**足够明确**的。[1] 第三人必须能够将这一债权和其他债权确信无疑地区分开。[2]

举例：仅给出“基于交付享有的债权”的信息是不够明确的，甚至“退

[1] BGHZ 127, 336 = NJW 1995, 326.

[2] Thomas/Putzo–Seiler, ZPO, 36. Aufl. 2015, § 829 Rn. 7.

税债权”也不够明确。[1]

债权人在查封申请中**不必证明**债务人对第三债务人享有这一债权，因为查封并不取决于此（下文边码 38）。债务人事实上是否在查封额度内享有这一债权，要在收取诉讼中才进行审查（下文边码 74 及以下数段）。 8

因此，如果申请查封的是非属债务人的债权，正确的做法不是将其作为事实上不成立（unschlüssig）而加以拒绝，而是作为不予受理（unzulässig）加以拒绝。[2] 一个债权已经因为某一债权人被查封，并不排除可以因为其他债权人重新查封。

（二）权利保护需要

和所有执行行为一样，债权查封同样需要存在**权利保护需要**。对此需要注意的是，只要不会导致《民事诉讼法》第 803 条第 1 款第 2 句规定的超额查封，债权人就可以申请查封多个债权（参见《民事诉讼法》第 829 条第 1 款第 3 句，下文边码 35）。 9

债权人也可以申请查封债务人对债权人自己享有的债权（债权人同时也是第三债务人）。当债权人在主张对债务人的债权抵销过程中遇有诉讼上（如第 767 条第 2 款）或实体法上障碍时，如此是有意义的。债权人是否需要在查封申请中说明这些障碍，是有争议的。[3] 此外，债权人申请查封自己对第三人享有的（如通过债务人让与取得的）债权是否存在权利保护需要，也是有争议的。支持的观点认为，尽管在这一债权上没有发生束缚，也没有产生查封质权，但查封裁定对债权人而言产生一个类似于要求债务人返还证书执行名义的效力（《民事诉讼法》第 836 条第 3 款），而第

[1] Vgl. Lippross, Zwanssvollstreckungsrecht, 11. Aufl. 2014, Rn. 390.

[2] Thomas/Putzo-Seiler, ZPO, 36. Aufl. 2015, § 829 Rn. 9. Anders Lippross, Zwangsvollstreckunssrecht, 11. Aufl. 2014. Rn. 429.

[3] Lippross, Zwangsvollstreckungsrecht, 11. Aufl. 2014, Rn. 392.

三债务人根据《民事诉讼法》第 840 条的规定负有说明的义务。[1]

10 但相反，当债权人申请查封的债权，债务人不能根据任何合理的法律观点享有时，即不存在权利保护的需要。[2]

（三）《民事诉讼法》第 828 条及以下数条的适用

11 根据《民事诉讼法》第 828 条及以下数条的规定，查封同样需要**基于金钱债权**而实施（上文第十章边码 1 及第 10 章边码 8）。

12 其次，根据《民事诉讼法》第 828 条及以下数条规定的查封只有在查封的标的属于第 828 条及以下数条的适用范围时，才被允许。原则上，主要涉及的是金钱债权的查封。

即便金钱债权是附期限的（也即虽然已经成立，但尚未届期），仍然可以实施查封。未来的（也即尚未成立的）金钱债权也可以被查封。根据主流观点，相对于实体法中的债权的让与或担保情形，此时要适用一个更为严格的标准：在债务人和第三债务人之间必须已经存在一个法律关系，根据该法律关系可以引出债权的法律原因及具体的第三债务人。[3]

13 需要和《民事诉讼法》第 828 条及以下数条能被查封的金钱债权**区分**的是第 865 条第 2 款第 2 句不能被查封的债权，原因是它们属于抵押权的责任范围（第 1 款），且应通过不动产强制执行程序进行查封。

▶《民事诉讼法》第 865 条：

（1）对不动产的强制执行，关于土地与权利的情形，包括抵押权所及的标的物；关于船舶与建造中船舶的情形，包括船舶抵押权所及的标的物。

（2）前款所述标的物是从物时，不得查封。在其他情形，如不能以对不动产实施强制执行的方式实施扣押时，可对之实施对动产的强制执行。◀

---

[1] Hk-ZPO/Kemper, 6. Aufl. 2015, § 829 Rn. 9; Lippross, Zwangsvollstreckungsrecht, 11. Aufl. 2014, Rn. 393.

[2] BGHI NJW-RR 2008, 733（733）.

[3] BGH NJW 2003, 1457（1458）; abschwächend Gaul/Schilken/Becker-Eberhard, Zwangsvollstreckungsrecht, 12. Aufl. 2010, § 54 Rn. 9.

标的物是否属于抵押权的责任范围（参见上文第十章边码 14 及以下数段），应根据《民法典》第 1120 条至第 1131 条进行判断。主要涉及的是租赁债权、用益租赁债权以及担保债权。 14

▶《民法典》第 1123 条：

（1）土地已经以使用租赁方式出租或者以用益租赁方式出租的，抵押权扩及使用租赁或者用益租赁的租金债权。

《民法典》第 1127 条：

（1）受抵押权拘束之标的物为土地所有权人或者自主占有人的利益提交保险的，抵押权扩及对保险人的债权。◀

金钱债权如果是在有价证券中书面化了，便不能再按照《民事诉讼法》第 828 条及以下数条的规定查封。因为此时它们专门适用对动产的强制执行程序（上文第十章边码 20；除了《民事诉讼法》第 831 条中规定的情形）。 15

（四）查封限制

参考文献：Becker，Pfändungsschutz bei Arbeitseinkommen und anderen Forderungen–Wegweisende Beschlüsse des BGH，JuS 2004，780 ff.；Brox/Walker，Zwangsvollstreckungsrecht，10. Aufl. 2014 Rn. 521 ff.；Gaul/Schilken/Becker–Eberhard，Zwangsvollstreckungsrecht，12. Aufl. 2010，§ 54 Rn. 7ff.，§ 56；Heiderhoff/Skamel，Zwangsvollstreckungsrecht，2. Aufl. 2013，Rn. 361 ff.，369 ff.；Kornol/Wahlmann，Zwangsvol1streckungsrecht，2012，Rn. 377 ff.；Lackmann，Zwangsvollstreckungsrecht，10. Aufl. 2013，Rn. 279，354 ff.；Lippross，Zwangsvollstreckungsrecht，11. Aufl. 2014，Rn. 401 ff.，451 ff.；Özen/Hein，Vollstreckungsverbote in der Zwangsvollstreckung，Jus 2011，894 ff.

如果查封存在查封限制，则金钱债权不能按照《民事诉讼法》第 828 条及以下条文查封。 16

1. 超额查封与无益查封

首先需要注意的是禁止超额查封与禁止无益查封（《民事诉讼法》第 803 条）；这对于金钱债权的查封和动产的查封都是适用的（上文第十章边码 33 及以下数段）。不过，债权查封中通常不会涉及超额查封的问题，因 17

为金钱债权和物不同，可以在一定额度范围内查封。其余的额度并不会受到对金钱债权强制执行程序的影响（下文边码 49）。

2. 不可让与的债权

18 《民事诉讼法》第 851 条扩展了第 803 条规定的债权查封的禁止规定，根据该条规定，只有在债权可以让与时才能被查封。如果金钱债权不能让与，对其查封也就失去了意义。这是因为金钱债权的变价在经济上看正类似于一个让与，如果金钱债权根据实体法无法转让，也就无法进行变价。因此，根据《民事诉讼法》第 851 条的规定，原则上——第 2 款规定了一个重要的限制，下文边码 23——它们从一开始就不能被查封。

▶《民事诉讼法》第 851 条：

（1）没有特别规定时，债权以可以转让的为限，可以查封。

（2）依《民法典》第 399 条不得转让的债权，以债务标的物是可以扣押的为限，可以扣押并且可以为收取而转付。◀

因此，原则上，让与禁止同时也是查封禁止。

19 相反也是如此：《民事诉讼法》第 850 条及以下数条、第 851a 条及以下数条规定的查封保护原则上同时会构成《民法典》第 400 条规定的法定让与禁止，以及《民法典》第 394 条规定的抵销禁止（一个重要的例外参见下文边码 29）。

20 让与禁止可以是根据实体法中的法律特殊规定，也可以是因为负担给付的内容（《民法典》第 399 条情形 1），或者是因为合同中约定了让与禁止（《民法典》第 399 条情形 2）。

▶《民法典》第 399 条：

不变更给付的内容，即不能向原债权人之外的另外一人给付的，或者通过与债务人订立协议而排除让与的，不得让与债权。◀

21 关于金钱债权法定的让与禁止规定，如《民法典》第 717 条第 1 句民法上合伙人关于特殊利益请求权的规定。此外，还有《民法典》第 1378 条第 3 款第 1 句的规定：夫妻共同财产均分债权（Zugewinnausgleichsforderung）只有在夫妻共同财产制终结时才会成立，也只有在此时可以让与，此前尚属于未来债权时不可以。《社会法典·十二》第 17 条第 1 款第 2 句禁止转让社会救济债权。《娼妓法》第 2 条第 1 句也规定了一个法定让与禁止。让与禁止也可以是基于《民法典》第 134 条，如在让与人或受让人因转让会受到刑罚时。结合《民法典》第 134 条规定，转让酬金债权尽管会违反职业上（如医生）的保密义务；但这并不能改变酬金债权的可查封性。《民事诉讼法》第 851 条的规定应当进行目的性限缩。保密义务只有在面对债务人和第三债务人的说明义务时才有意义。[1]

根据《民法典》第 399 条情形 1，基于**负担给付的内容**存在的让与禁止主要是在该债权内含特定目的时，也即在这笔金钱是债务人为了向第三人支付时，或者这一债务只是基于信任才让债务人承担的。在这些情形中，根据《民事诉讼法》第 851 条第 1 款的规定，这些债权不能被查封。此外，这些债权的标的属于查封的范围时，也不能被查封：第 851 条第 2 款的例外规定不能适用于《民法典》第 399 条情形 1 中。[2] 只有在查封和变价不违反债权的特点目的时，才可以对该债权查封。 22

举例：[3] 因为是债务人向第三人支付的金钱而不能查封的，如出租人对租赁人的预支附属费用请求权。基于同样的理由不能被查封的还有公职人员对上级主管的社会补助金请求权［上级主管应当优先分配给公职人员的有因债权人（Anlassgläubiger），如医生、医院等；这些人可以对他进行查封］。[4] 资合公司的出资请求权原则上只有在公司收到全部价值的对待给付时才可以被查封。[5] 公开信用额度（offene Kreditlinie）也是无法查封的，否则只会导致强制地交换债权人。[6] 基于信托受托人债权让与原因不能查封

[1] BGHZ 162, 187 = NJW 2005, 1505 (1506 f.); Hk-ZPO/Kemper. 6. Aufl. 2015, § 851 Rn. 4; Musielak/Volt/Becker, ZPO, 12. Aufl. 2015, §, 851 Rn. 2.

[2] Teleologische Reduktion, vgl. BGH, Rpfleger 1978, 248.

[3] Hk-ZPO/Kemper, 6. Aufl. 2015, § 851 Rn. 7.

[4] BGH NJW-RR 2005, 720 (720 f.).

[5] BGH NJW 1992, 2229.

[6] Näher Lippross, Zwangsvollstreckungsrecht, 11. Aufl. 2014, Rn. 406f.; Bach, Pfändbarkeit von offenen Kreditlinien, Jura 2002, 833 ff.

的，如一个通过让与担保在债务人的财产上主张的债权。也即被担保人的债权人不能查封让与担保给自己的债权（担保人的债权人不能查封债权本身，因为担保人已经不再是债权的所有人——这一债权已经转让给了被担保人，但是可以查封担保人对被担保人的未来让与返还请求权）。

23 《民法典》第 399 条情形 2 中的合同约定的让与禁止，从实体法上主要可能会因为《商法典》第 354a 条的规定而失效。此外，根据《民事诉讼法》第 851 条第 2 款的规定，只要负担债务的标的可被查封，合同约定的让与禁止也会在强制执行法上被忽视，进而可以对债权查封。不过另一方面，除了《民事诉讼法》第 850a 条及以下数条的规定和第 857 条第 3 款的规定之外，第 811 条及以下数条的规定也很重要。债务人不能因与第三债务人之间的约定而提高查封保护的标准。[1] 但是，在这个情况下，不能以转付命令代替变价措施（下文第十二章边码 60）。

24 如果存在《民事诉讼法》第 851 条规定的要件，则**不能**采取查封措施。针对这一拒绝，可以根据《民事诉讼法》第 793 条、第 567 及以下数条结合《司法辅助官法》第 11 条第 1 款提起即时抗告。如果根据第 851 条不能被查封的债权被查封了，查封措施仍然有效，但可以根据第 766 条通过抗议撤销。

3. 查封保护

25 《民事诉讼法》第 811 条及以下数条规定的查封保护仅适用于查封动产时，金钱债权的查封保护规定在第 850 条及以下数条、第 851a 条及以下数条。需要区分的是根据第 850 条至第 850i 条规定的对劳动收入的查封保护，根据第 850k 条和第 850l 条规定的对保护账户的查封，以及第 851a 条至第 852 条规定的对其他债权的查封保护。

26 《民事诉讼法》第 850 条对劳动收入进行了法律定义。债务人对其雇主或主管机关享有的债权受到不同级别的查封保护：第 850a 条规定了一些绝对不能查封的收入债权，另外有一些收入债权原则上也不能查封，但是通过执行法院的裁定可以被查封（第 850b 条）。绝大部分的收入债权在一定数额内是不能被查封的，这一标准原则上由法律所规定（第 850c 条、第 850d 条、第 850e 条），但在具体情形中可以通过执行法院的裁定进行变更

[1] Hk-ZPO/Kemper, 6. Aufl. 2015, § 851 Rn. 8.

（第 850f 条）。如果情事发生了重大变化，查封裁定依申请也要事后进行变更（第 850g 条）。对于其他收入报酬，通过执行法院的裁定也可以提供类似的查封保护（第 850i 条）。

《民事诉讼法》第 850h 条并不属于这一体系。这条规范允许对**隐藏的收入**进行查封，也即债权人可以查封不属于债务人而属于第三人的债权（第 1 款），以及在第 2 款中拟制出的债权。不过，在查封这些债权时仍然要遵守收入的查封保护规定。 27

▶《民事诉讼法》第 850h 条：

（1）受领债务人所给付的劳动或劳务的人（受领人），对第三人负有给付义务，如依具体情况，该项给付的全部或部分可以被认为是对债务人给付报酬时，第三权利人的请求权，在该项请求权属于债务人的限度内，可以根据对债务人的债务名义，予以扣押。对债务人的报酬请求权当然包括第三权利人的请求权。扣押裁定应向债务人送达，同样也应向第三权利人送达。◀

在《民事诉讼法》第 850 条至第 850i 条关于债务人收入债权查封保护规定之后的是对债务人对银行的账户债权的查封保护。根据《民事诉讼法》第 850k 条、第 850l 条的规定，在债务人的账户债权上也存在查封保护。其前提条件是债务人将其账户设置为了查封保护账户（P-Konto）。[1] 每人只允许保留唯一一个查封保护账户。查封保护账户上的存款每个月均存在第 850c 条、第 850d 条规定的查封保护。至于存款是什么时候存入的并不重要。这一查封保护的范围要大于对劳动收入的保护，它还包括对一次性收入的保护。一个月中查封保护的额度没有花费掉的，可以转入下个月的额度，因此每次最多可以存在双倍的查封保护额度。这一基本保护可以通过执行法院的裁定扩张或限缩（《民事诉讼法》第 850k 条第 6 款）。 28

《民事诉讼法》第 850k 条、第 850l 条的查封保护的效力是使存款不 29

---

[1] 具体参见 Ahrens, Das neue Pfändungsschutzkonto, NJW 2010, 2001 ff.; Grothe, Die Reform der Kontopfändungdas neue „P-Konto", in: Wolf u.a., Zwangsvollstreckungsrecht aktuell, 2010, S. 21 ff.; im überbllik Brox/Walker, Zwangsvollstreckungsrecht. 10. Aufl. 2014, Rn. 595 ff.

受查封效力所及，但没有产生存款不能被查封的效果，并进而根据《民法典》第 394 条、第 400 条产生抵销禁止和让与禁止的结果。

30 《民事诉讼法》第 852 条规定了对特定继承请求权和家事法上请求权的查封保护。

▶《民事诉讼法》第 852 条：

（1）特留份请求权，非经以契约承认后或已有诉讼系属后，不得扣押。

（2）赠与人依《民法典》第 528 条所有的赠与物返还请求权，以及配偶一方在平衡夫妻共同财产时的请求权，亦同。◀

受到保护的是特留份请求权（《民法典》第 2303 条）、经济状况恶化的赠与人的返还请求权（《民法典》第 528 条）以及夫妻共同财产平衡请求权（《民法典》第 1378 条）。这些请求权不能违反债务人的意思向第三债务人主张，以避免干扰债务人的社会紧密关系。司法判例因此通过对《民事诉讼法》第 852 条进行目的性限缩允许进行查封，但是只有在具备第 852 条规定的要件时才能进行变价。[1]

（五）方式与方法

31 根据《民事诉讼法》第 829 条规定，查封是通过发出**查封裁定**完成的。

▶《民事诉讼法》第 829 条：

（1）法院在查封金钱债权时，应禁止第三债务人向债务人支付。法院应同时向债务人发出命令，禁止其对债权作出任何处分，特别是不得收取债权。对不同的第三债务人的多数金钱债权的查封，如果为执行的目的，必要时，并且对第三债务人的应保护利益没有妨碍时，依债权人的申请应以一个裁定统一宣示。

（2）债权人应将法院的裁定送达第三债务人。执行员应将裁定连同送达证书的副本即时送达债务人，但应进行公示送达时不在此限。……

[1] BGH NJW-RR 2009, 997; Einzelheiten str.

（3）裁定送达第三债务人时，扣押视为生效。……◀

32 查封裁定必须明确当事人、债权人的执行债权以及第三债务人才能生效。此外，被查封的债权（有时是被查封的债权的部分）必须足够明确（上文边码6及以下）。如果查封裁定中给出的债权无法确定，则查封是无效的。[1]

33 查封裁定须包含禁止第三债务人向债务人支付的命令（arrestatorium，禁止向债务人履行命令，《民事诉讼法》第 829 条第 1 款第 1 句）。

在共同债务中，这一禁止只对载明的第三债务人有效，对其他第三债务人则无效。[2]

34 此外，查封裁定中还包含禁止债务人处分债权的命令（inhibitorium，禁止债务人收取命令，《民事诉讼法》第 829 条第 1 款第 2 句），不过查封的效力并不取决于此。[3]

35 根据《民事诉讼法》第 829 条第 1 款第 3 句的规定，在不违反第三债务人的（数据保护）利益时，可以在一个裁定中对多个债权进行查封。

36 查封保护需向第三债务人和债务人送达。根据《民事诉讼法》第 829 条第 2 款第 1 句，向第三债务人的送达可以由债权人根据第 166 条及以下数条、第 191 条及以下数条的规定实施，并发生查封的效力（第 829 条第 3 款）。如果查封裁定没有送达第三债务人，则查封不产生效力。因此，债权人可以自己决定是否以及何时让查封产生效力。除了要对第三债务人送达之外，根据第 829 条第 2 款第 2 句，执行员还需依职权按照第 166 条及以下数条的规定对债务人进行送达。

37 原则上，债务人在收到查封裁定前是没有法定听审权的（《民事诉讼法》第 834 条），因为这可能会导致债务人进行债权让与，以阻止执行措施。

▶《民事诉讼法》第 834 条：

在查封前，关于扣押申请，不询问债务人。◀

---

[1] Lackmann, Zwangsvollstreckungsrecht, 10. Aufl. 2013, Rn. 272 a.E.

[2] RGZ 140, 340（342）.

[3] Heiderhoff/Skamel, Zwangsvollstreckungsrecht, 2. Aufl. 2013, Rn. 376.

38 在发布查封裁定前，无须审查债务人是否实际上享有这一债权。被查封的是“**给定的债权**”。至于债务人是否在被查封的额度内事实上享有债权，则要在债权人和第三债务人之间的收取诉讼中进行审查（下文边码 74 及以下数段）。但是，由于是债务人的债权被指定为查封的标的，如果债务人实际上却不享有这一债权，则查封就失去意义（也即是无效的），因为执行的标的在法律意义上根本就不存在。[1] 就此而言，无论是否对第三债务人享有这一债权，还是这一债权的债权人不是债务人而是其他人，都不重要。

这和查封动产时有一个重要的**不同**：查封动产时，查封措施是施加到物本身的，和所有权状况无关。因此，即便物根本不属于债务人的责任财产，而是属于第三人的，查封也仍然是有效的。只不过债权人没有取得查封质权（上文第十章边码 61）。

即便债务人**事后取得**了债权，也不可以；《民法典》第 185 条第 2 款不能适用。[2] 对于债务人为担保而让与给第三人的债权，给债权人的建议是不要查封让与担保的债权，而是查封债务人的期待权（下文第十三章边码 11 及以下数段；附解除条件的担保让与）或者债务人未来的让与返回请求权（上文边码 12）。不过，尽管查封没有实体法上效力，但仍有其他法律效果：第三债务人根据《民事诉讼法》第 840 条的规定因为形式有效的查封裁定负有第三债务人说明义务，即便是在债务人对第三债务人根本不享有债权时也是如此（下文边码 45）。

二、查封的法律效果

参考文献：Brox/Walker，Zwangsvollstreckungsrecht，10. Aufl. 2014，Rn. 613 ff.；Gauli/Schilken/Becker-Eberhard，Zwangsvollstreckungsrecht，12. Aufl. 2010，§ 55 Rn. 8 ff.；Heiderhoff/Skamel，ZwangsvoUstreckungsrecht，2. Aufl. 2013，Rn. 373 ff.；Kornol/Wahlmann，Zwangsvollstreckungsrecht，2012，Rn. 390；Lackmann，Zwangsvollstreckungsrecht，10. Aufl. 2013，Rn. 301 ff.；Lippross，

[1] BGH NJW 2002，755（757）.

[2] BGH NJW 2002，755（757）；str.，vgl. Brox/Walker，Zwangsvollstreckungsrecht. 10. Aufl. 2014，Rn. 615.

Zwangsvollstreckungsrecht, 11. Aufl. 2014, Rn. 435 ff.

和查封动产时一样，有效的查封会：（1）对被查封的债权产生束缚，以及（2）债权人在被查封的债权上取得一个查封质权（上文第十章边码57及以下数段）。 39

此时仍然会存在公私法混合说理论和公法说理论的差异。按照公私法混合说的观点，只有在债权上存在有效的束缚，以及符合强制执行的重要要件时，查封质权才产生。在债权查封时，需要满足实体法上的重要要件的要求几乎没有意义，因为查封非属于债务人的债权是没有结果的，也即不会产生查封非属于债务人之物的问题。 40

（一）束缚与查封质权

对债务人而言，束缚意味着存在一个《民法典》第135条、第136条上的让与禁止（禁止债务人处分命令，《民事诉讼法》第829条第1款第2句）。之后的处分是相对无效的，也即它们对于执行债权人而言不发生效力（如收取、抵销、免除）。不过，债务人仍然有权在不影响债权人法律地位的条件下采取广泛的行动（但不是负有义务）。 41

举例：债务人可以继续起诉要求（第三债务人）向债权人履行；他可以对第三债务人实施强制执行，不过不能是为了自己的利益而变价第三债务人的财产。[1] 让与被查封的债权并不必然影响债权人利益。[2] 债权之上的束缚在广泛意义上对债务人和第三债务人之间的债权债务关系是没有影响的。例如，即便基于租赁合同产生的债权已经被查封，债务人仍然可以终止租赁合同。[3]

对第三债务人而言，束缚意味着他不能再向债务人履行（禁止向债务 42

[1] Lackmainn, Zwangsvollstreckungsreccht. 10. Aufl. 2013, Rn. 304.

[2] Stein/Jonas–Brehm, ZPO, 22. Aufl. 2004, § 829 Rn. 90.

[3] Lippross, Zwangsvollstreckungsrecht, 11. Aufl. 2014, Rn. 456.

人履行命令，《民事诉讼法》第 829 条第 1 款第 2 句）。他必须向债权人和债务人共同履行，或者按照《民法典》第 372 条及以下数条的规定为两者的利益而提存。仅向债务人履行并不能使第三债务人免除债务，因为债务人根据《民法典》第 135 条、第 136 条的规定，不再享有这一债权的受领权限。因不知有查封而进行的给付，根据《民法典》第 1275 条、第 407 条、第 408 条的规定，可以使第三债务人免除债务。[1]

▶《民法典》第 1275 条：

以其可以请求给付的权利为质权之标的的，质权人与义务人之间的法律关系，相应地适用在权利转移时受让人与义务人之间的法律关系的规定，在依第 1217 条第 1 款进行的法院命令的情形，相应地适用第 1070 条第 2 款的规定。

《民法典》第 407 条：

（1）债务人在让与之后向原债权人履行给付的，以及在让与之后，在债务人与原债权人之间就债权实施任何法律行为的，对于此种给付，以及对于此种法律行为，新债权人必须予以承受，但债务人在给付或者实施法律行为时明知让与的，不在此限。

《民法典》第 408 条：

（1）原债权人将一项已经让与的债权又让与给一个第三人的，在债务人向该第三人给付时，或者在债务人与该第三人之间实施法律行为，或发生诉讼系属时，为债务人的利益，对于前受让人，相应地适用第 407 条的规定。

（2）已经让与的债权，经法院裁定被移交给一个第三人的，或者原债权人向该第三人承认，已经让与的债权依法移转于该第三人的，适用相同规定。◀

43　根据这些规范，第三债务人只有在他因查封存在瑕疵而不知受领权限时，才会受到保护。如果第三债务人因为错误地认为受让人的权利取得在时间上较早，而在明知有查封的情况下仍向受让人给付的，第三债务人也

[1] Musielak/Voit/Becker, ZPO, 12. Aufl. 2015, § 829 Rn. 20.

得不到任何保护。[1]

判断是否知情的重要时点是在给付行为时；这和第三债务人能否成功阻止给付结果无关。[2]

只有在查封前已经通知第三债务人债权让与，第三债务人因此认为查封是无效的，他才能因明知有查封事实仍提供给付而获得清偿（《民法典》第409条）。[3] 此外，第三债务人也有权对被查封的债权进行抵销，除非其债权是在查封之后才取得，或者其债权在查封后始届清偿期且清偿期后于被查封债权的清偿期（《民法典》第392条）。《民法典》第392条中所说的查封是指由执行债权人推动的对第三债务人的债权进行的查封。第392条中的债务人是指第三债务人，债权人是指执行债务人。《民法典》第406条、第407条（类推或结合第412条）对第392条没有影响，第392条是一个特殊规定。[4]

▶《民法典》第409条：

（1）债权人将债权让与通知债务人的，即使未让与或让与不产生效力，债务人仍得以该通知之让与对抗债权人。债权人出具让与证书于该证书上所记载之新债权人，且新债权人将其提示于债务人者，与通知有同一效力。

（2）前项通知，非经其所记载之新债权人之同意，不得撤回。

《民法典》第392条：

债权经查封者，仅于债务人在查封后始取得其债权，或其债权在查封后始届清偿期且清偿期后于所查封之债权之清偿期时，债务人始不得就债权人之债权，主张抵销。◀

债权人基于其查封质权，有权采取保全措施（参见《民法典》第1227 44
条），[5] 如针对第三债务人提起确认之诉、申请假扣押、为变价做准备。他

---

[1] BGHZ 100，36（47）= NJW 1987，1703（1706）；Hk–ZV/Bendtsen，2. Aufl. 2013，§ 829 Rn. 109.

[2] BGHZ105，358（361）= NJW 1989，905（906）；Brox/Walke，Zwangsvollstreckungsrecht，10. Aufl. 2014，Rn. 620.

[3] Hk–ZV/Bendtsen，2. Aufl. 2013，§ 829 Rn. 108 f.；vgl. MünchKommBGB/Roth，6. Aufl. 2012，§ 409 Rn.15.

[4] Kornol/Wahlmann，Zwangsvollstreckungsrecht，2012，Rn. 431.

[5] Beschränkt anwendbar auf Pfandrecht an Rechten，Palandt/Bassenge，BGB. 74. Aufl.. 2015，§ 1273 Rn. 4.

可以根据《民法典》第 1281 条主张，就届期的债权向自己和债务人共同提供给付，或者为两者根据《民法典》第 372 条及以下数条规定提存。变价，尤其是收取，只有在债权人取得转让裁定之后才可以进行（下文边码 59 及以下数段）。

（二）第三债务人的说明

45 根据《民事诉讼法》第 840 条的规定，第三债务人另外负有一个**说明义务**。

▶《民事诉讼法》第 840 条：

（1）第三债务人依债权人的要求，自送达查封裁定起两周内，应向债权人说明下列各项：

1. 第三债务人是否认为债权有理由而认诺，以及在何种限度内认诺，并且是否准备清偿；

2. 关于该项债权，他人有无请求，有何种请求；

3. 债权曾否为其他债权人查封，因何种请求而查封；

4. 在过去 12 个月内，是否有裁定说明被查封存款所属的账户属于依据第 850l 条不得被查封的范围；

5. 被查封存款所属账户是否属于依据第 850k 条第 7 款不得被查封的范围。

（2）……第三债务人就不履行其义务而产生的损害应向债权人负赔偿责任。◀

这一义务在送达形式有效的查封裁定时产生，因此，即便因为债务人对第三债务人根本不享有债权，查封因此没有结果时，这一义务仍然存在（上文边码 38）。[1]

46 如果第三债务人没有作出说明、没有及时作出说明或者说明不准确，根据第 840 条第 2 款第 2 句，他要负担**损害赔偿义务**。

举例：第三债务人如果先说明了债权具体在什么额度内存在，债权人

[1] OLG Schleswig, NJW-RR 1990, 448.

因此会丧失采取其他执行措施的机会，如果事后第三债务人成功主张这个债权并不存在，则其必须要补偿债权人损失的这一部分。

损害赔偿请求权是第三债务人和债权人之间法定债之关系的结果，因此，根据一般原则，其前提要件是第三债务人没有根据《民法典》第 280 条第 1 款第 2 句免责。《民法典》第 254 条、第 278 条也是可以适用的。根据主流观点，债权人对第三债务人的说明本身不享有可以起诉的请求权。[1] 由第三债务人作出的说明是一个知情说明（Wissenserklärung），并非债务承认。它不会导致排除异议，而只会扭转举证责任。[2]

（三）法律效果的范围和终止

查封的法律后果涉及整个被查封的债权的范围（完全查封）。 47

即便债权有时是在被查封后才届期（如《民事诉讼法》第 832 条所述），以及劳动、雇佣收入在查封后如因升职提高的部分（如第 833 条第 1 款所述），也是如此。对于账户债权，第 833a 条明确规定对存款的查封包括送达当日的存款债权以及查封后未来产生的日结存。因此，对于未来的存款债权不必再单独进行查封。

被查封的债权还包括《民法典》第 401 条让与情形中涉及的从权利[3]， 48
但不包括独立的担保权，如基于担保让与（Sicherungsabtretung）获得的权利、让与担保（Sicherungsübereignung）、保留所有权。[4]

如果法律效果只发生在债权的一部分之上，也即只涉及一定的额度 49
（例如，因为被查封的债权额度高于债权人对债务人的债权额度，债权人只能“基于且在其债权的额度内”申请查封），则属于**部分查封**。在查封裁定中必须明确说明查封的法律效果只发生在债权的一部分之上。

束缚在以下情形**终止**： 50

---

[1] BGH NJW-RR 2006, 1566; zur Gegenansicht Nachweise bei Lippross, Zwangsvollstreckungsrecht. 11. Aufl. 2014, Rn. 459.

[2] BGHZ 69, 328 = NJW 1978, 44.

[3] BGH NJW-RR 2003, 1555（1556）.

[4] Musielak/Voit/Beclcer, ZPO, 12. Aufl. 2015, § 829 Rn. 21.

■ 通过执行法院撤销了查封裁定

■ 债权人依《民事诉讼法》第 843 条规定放弃通过查封获得的权利

■ 因被查封的债权消灭 [1]

■ 第三债务人依《民法典》第 1275 条、第 407 条对债务人提供给付发生了免除效果 [2]

51 **查封质权**在以下情形消灭：

■ 因束缚终止（上述）

■ 因待清偿债权消灭（《民法典》第 1252 条）

■ 因破产程序开启，除非查封早于破产申请一个或三个月（《破产法》第 88 条；上文第十章边码 62）

52 债权人根据《民事诉讼法》第 843 条的弃权声明即可以终止束缚，不必再通过执行法院（或上诉法院）的撤销。

▶《民事诉讼法》第 843 条：

债权人可以舍弃其因查封和为收取而转付所产生的权利，而不妨害其请求权。舍弃应向债务人表示，并应送达债务人。此项表示也应送达第三债务人。◀

债权人非依《民事诉讼法》第 843 条第 2 句和第 3 句形式作出的弃权声明也并非无效，因为送达的目的是权利安定。基于这一弃权声明，可以申请明确撤销查封裁定。[3] 所以，这一弃权声明不仅仅会根据《民法典》第 1255 条导致查封质权的消灭。[4]

三、查封的特殊情形

（一）查封的特殊种类

53 《民事诉讼法》第 830 条及以下数条包含有**特定债权**的查封种类和方

---

[1] Musielak/Voit/Becker, ZPO, 12. Aufl. 2015, § 829 Rn. 22.

[2] Musielak/Voit/Becker, ZPO, 12. Aufl. 2015, § 803 Rn.11 a.E.

[3] BGH NJW 2002, 1788 (1789).

[4] A.A. Hk-ZPO/Kemper, 6. Aufl. 2015, § 843 Rn. 3.

式的特别条款。

如果被查封的债权有**抵押**担保，根据《民事诉讼法》第 830 条的规定，除查封裁定外，应交付抵押证书（证券式抵押权）或者将查封登记在不动产登记簿上（登记簿式抵押权）。指示证券（Orderpapier）上的债权不通过查封裁定的方式查封，而是依第 831 条的规定由执行员占有。就占有而言，应当注意第 808 条和第 809 条，另外也可以根据第 826 条进行附带查封。

（二）预查封，《民事诉讼法》第 845 条

参考文献：Brox/Walker, Zwangsvollstreckungsrecht, 10. Aufl. 2014, Rn. 627f.; Gaull/Schilken/Becker-Eberhard, Zwangsvollstreckungsrecht, 12. Aufl. 2010, § 54 Rn. 69 ff.; Heiderhoff/Skamel, Zwangsvollstreckungsrecht, 2. Aufl. 2013, Rn. 378; Kornol/Wahlmann, Zwangsvollstreckungsrecht, 2012, Rn. 437; Lackmann, Zwangsvollstreckungsrecht, 10. Aufl. 2013, Rn. 284 ff.; Lippross, Zwangsvollstreckungsrecht, 11. Aufl. 2014, Rn. 515 ff.

即便债权人拥有一个可执行的名义，可能仍然需要一段时间才能满足强制执行的其他要件（尤其是执行条款、送达、提供担保）以及《民事诉讼法》第 828 条及以下数条规定的作成查封裁定的其他要件。如果在这段时间，债务人对第三债务人的债权消灭，则原来预期的查封就没有意义了。在这类情形中，根据《民事诉讼法》第 845 条的规定，为了**保全债权人**，法律规定了预查封。预查封可被称为“债权人的私人强制执行措施”[1]，因为它是通过债权人的书面声明完成的。 54

▶《民事诉讼法》第 845 条：

（1）债权人在查封前，可以根据有执行力的债务名义使执行员将即将实施查封的通知送达第三债务人与债务人，同时通知第三债务人不得向债务人支付，并通知债务人不得处分债权，尤其不得收取债权……

（2）如在一个月内对债权完成查封，对第三债务人的通知即有假扣押

[1] Hk-ZPO/Kemper, 6. Aufl. 2015, § 845 Rn. 1.

（第 930 条）的效力。此项期限自送达通知日起算。◀

这一措施和假扣押的区别在于，此时债权人已经拥有一个可执行的名义。假扣押时，必须先通过假扣押命令设立一个执行名义（下文第十二章）。不过，它们的法律效果是一样的，参见下文。

55 **预查封声明**（Vorpfändungserklärung）应当载明执行名义、待执行的债权以及将被查封的债权，并包含对第三债务人和债务人的要求。[1] 就这一执行措施而言，无须执行条款，也不必送达执行名义（《民事诉讼法》第 802a 条第 2 款第 1 句第 5 项），同样也没有提供担保（《民事诉讼法》第 751 条第 2 款）和等待期（《民事诉讼法》第 720a 条、第 750 条第 3 款、第 798 条）。不过，应当满足其他的强制执行要件。

56 根据《民事诉讼法》第 845 条第 2 款的规定，预查封有假扣押的**效力**。第 930 条第 1 款第 2 句规定了这一效力。

▶《民事诉讼法》第 930 条：

（1）对动产的假扣押，以查封的方法实施。此种查封，依与其他各种查封相同的原则实施，并且发生具有第 804 条所规定的效力的质权。查封债权时，假扣押法院系有管辖权的执行法院。◀

假扣押查封的效力是产生一个国家羁押意义上的束缚，根据《民事诉讼法》第 930 条第 1 款第 2 句后半句，并为债权人设立一个第 804 条所规定的查封质权（上文第十章边码 49 及以下数段）。

和第 803 条及以下数条规定的一般查封产生的束缚不同，假扣押查封产生的束缚没有变价债权的权限。在预查封情形中，根据第 845 条第 2 款，假扣押查封的效力附有解除条件，也就是说，如果没有在一个月内完成第 828 条及以下数条的查封，效力自动终止（注意无须再撤销查封）。

四、金钱债权的变价

参考文献：Brox/Walker, Zwangsvollstreckungsrecht, 10. Aufl. 2014, Rn. 633 ff.;

[1] Hk-ZPO/Kemper, 6. Aufl. 2015, § 845 Rn. 12.

Gaul/Schilken/Becker–Eberhard, Zwangsvollstreckungsrecht, 12. Aufl. 2010, § 55 Rn. 32 ff.; Heiderhoff/Skamd, Zwangsvollstreckungsrecht, 2. Aufl. 2013, Rn. 379 ff.; Hein, Aus der Praxis: Die Einziehungsklage, JuS 2015, 35 f.; Kornol/Wahlmann, Zwangsvollstreckungsrecht, 2012, Rn. 391 ff.; Lackmann, Zwangsvollstreckungsrecht, 10. Aufl. 2013, Rn. 306 ff.; Lippross, Zwangsvollstreckungsrecht, 11. Aufl. 2014, Rn. 468 ff.

原则上，被查封金钱债权的变价通过转付给债权人方式完成，要么由其收取，要么代替清偿（《民事诉讼法》第 835 条及以下数条）。 57

如果这一金钱债权被多个债权人查封，也可以按照《民事诉讼法》第 835 条及以下数条规定转付给他们。[1]

在例外情况下，也会采取其他的变价方式（第 844 条）。这主要涉及的是被查封的债权需要其他条件才能实现的情形。可以采取的变价方式有通过自由出卖、以估值（而非票面值）转付代替清偿、根据第 814 条及以下数条拍卖。 58

（一）转付裁定

转付是通过执行法院作出**转付裁定**完成的（《民事诉讼法》第 828 条第 1 款）。转付的前提是存在有效的查封。查封可以是事前已经完成，也可以是和转付一同发生。转付只有基于债权人的申请才能作出，不能依职权作出。原则上，债权人可以选择通过转付收取债权，还是以转付代替清偿（《民事诉讼法》第 835 条第 1 款）。 59

▶《民事诉讼法》第 835 条：

（1）被查封的金钱债权，转付于债权人，任其自择，或由其收取，或按票面价额代替清偿。◀

然而，当债务人可以通过提供担保或提存阻止强制执行时，以转付代 60

[1] Musielak/Voit/Becker, ZPO, 12. Aufl. 2015, § 835 Rn. 16.

替清偿是被排除的；此时只有通过转付收取债权的问题。而且，在这个情形下，这一措施也只有有限的效力：第三债务人不能向债权人提供清偿，而是必须要提存（第 839 条）。

▶《民事诉讼法》第 839 条：

依第 711 条第 1 句、第 712 条第 1 款第 1 句准许债务人提供担保或提存而免于执行时，对已查封的金钱债权的转付，只能为收取而转付，并且只能发生使第三债务人将债款提存的效力。◀

此外，当债权只能基于《民事诉讼法》第 851 条第 2 款被查封时，转付代替清偿也是被排除的。

61 较为常见的是一同申请查封和转付，两者也是同时作出。如果债权先被查封，之后才作出转付裁定，则应当注意《民事诉讼法》第 834 条的规定不适用，因此，可以询问债务人。[1] 并非每个转付裁定都需要一个通过查封裁定作出的查封为前提：指示证券上的债权根据第 835 条的规定转付。不过根据第 831 条规定，这一债权不是通过查封裁定进行查封，而是根据第 808 条及以下数条进行查封的。

62 根据《民事诉讼法》第 829 条第 2 款和第 3 款、第 835 条第 3 款第 1 句，债权人作为当事人一方将转付裁定**送达**第三债务人，其效力是转付生效，并促使机构负责将转付裁定送达给债务人。

▶《民事诉讼法》第 835 条：

（3）第 829 条第 2 款、第 3 款的规定准用于债权的转付……◀

在转付通过抵押权担保的债权时适用特殊**形式规定**（《民事诉讼法》第 837 条）。转付裁定在将裁定交付给债权人时就生效（第 837 条第 1 款第 1 句）；将证书交付给债权人或者将查封载入不动产登记簿上，根据第 830 条的规定，已经是查封生效的要件。在证券式抵押权情形，在为代替清偿进行的转付时需要额外将转付登记在不动产登记簿上（第 837 条第 1 款第 2 句）。

---

[1] Kornol/Wahlmann, Zwangsvollstreckungsrecht, 2012, Rn. 397.

（二）转付的法律后果

63 转付的主要法律后果——无论是为了收取还是代替清偿——存在于通过公权行为产生的债权人的**受领权限**（Empfangszuständigkeit），只要该债权是为其被查封的。根据实体法的规定，债务人需要作出的表示由转付按照相应的形式替代作出（第 836 条第 1 款）。

▶《民事诉讼法》第 836 条：

（1）依民法的规定，行使收取债权的权利需要由债务人作出一定方式的表示时，此种表示由转付代替。◀

64 就此而言，为收取而进行的转付的效力类似于一个实体法上的收取授权。债权人获得收取被查封的权限，并由此获得清偿。相反，为代替清偿而进行的转付的效力类似于一个让与，也即将被查封的债权转让给债权人。这是因为，在转付代替清偿时，只要被查封的债权存在，债权人就获得了清偿（《民事诉讼法》第 835 条第 2 款），他承担了信用风险（类似于真正的保理一样）。

▶《民事诉讼法》第 835 条：

（1）被查封的金钱债权，转付于债权人，任其自择，或由其收取，或按票面价额代替清偿。

（2）在后一情形，债权移转于债权人，发生如下的效力：只要债权存在，视为债权人在债务人处的债权已受清偿。◀

就此而言，通常来说对债权人没有任何益处，因此在实践中代替清偿的转付是非常少的。不过，为收取而进行的转付也有一个特殊问题，即债权人负有收取债权的义务，在怠于收取时，对债务人负有《民事诉讼法》第 842 条规定的损害赔偿义务。

▶《民事诉讼法》第 842 条：

为收取而转付于债权人的债权，债权人怠于收取时，债权人对因此而产生的损害应向债务人负赔偿责任。◀

和《民事诉讼法》第 840 条第 2 款第 2 句规定的损害赔偿请求权一样，根据一般原则，这里的损害赔偿请求权同样包含债权人没有依《民法典》第 280 条第 1 款第 2 句免责这一要件。《民法典》第 254 条、第 278 条同样可以适用。

65 由于债权人在转付后享有受领权限，第三债务人只有向债权人给付才能免除债务，其对债权人负有给付的义务。此外，根据《民法典》第 1257 条、第 407 条、第 408 条、第 409 条，债务人不向有受领权的债权人给付，而向其他人提供给付也能免除债务。另外，第三债务人也可以在《民法典》第 392 条的范围内抵销（上文边码 42 及以下）。在向债权人提供清偿时，第三债务人对于在此之前已经从债务人处受让被查封和转付债权的受让人而言（强制执行没有意义），受到《民法典》第 407 条、第 408 条第 2 款的保护。[1]

66 不过，转付后债权人取得受领权限的原则在《民事诉讼法》第 835 条第 3 款第 2 句、第 4 款和第 5 款中受到了时间限制：在账户查封或其第 850i 条意义上的其他收入查封中，第三债务人在转付裁定送达后不必立即向债权人给付（或提存），而是要在四周后，在对查封保护账户中未来的存款进行查封时，则要在记入存款后一个月。通过这一方式，债务人才有机会成功主张第 850 条及以下数条中规定的查封保护。

67 当转付裁定被撤销时，债权人的受领权限即消灭。不过，第三债务人受到信赖**转付裁定仍然存在**的保护：如果他在不知裁定被撤销的情况下向债权人清偿，尽管裁定已经被撤销，他仍可以向债务人主张清偿有效（《民事诉讼法》第 836 条第 2 款）。

▶《民事诉讼法》第 836 条：

（2）转付裁定的发出虽不合法，在转付裁定被撤销并为第三债务人知悉之前，为第三债务人的利益，转付裁定对债务人仍属有效。◀

通过这一方式，第三债务人得到了《民法典》第 407 条、第 409 条中

[1] MünchKommZPO/Smid, 4, Aufl. 2012, § 836 Rn. 4.

相应的保护。

《民事诉讼法》第 836 条第 2 款是关于转付裁定的持续存在状态的规定。如果这个裁定在一开始就是无效的，根据判例的观点，信赖保护取决于第三债务人是否应该有理由对裁定的效力产生**急切的**（aufdrängenden）怀疑；盲目的信赖是不受保护的。[1] 如果瑕疵并不十分明显，直到第三债务人知悉无效的理由前，他受到保护。[2] 如果债权受到多次转付，第 836 条第 2 款可以类推适用。[3] 在第三债务人知道债权人的受领权限消灭之前，他一直可以向其清偿。

在转付后，债务人负有说明义务和交付证书的义务（第 836 条第 3 款）。说明和交付证书可以通过强制执行的方式完成。转付裁定本身即是执行名义。[4] 68

▶《民事诉讼法》第 836 条：

（3）债务人有义务将主张债权所必要的事项告知债权人，并将关于债权所有的证明文件交给债权人。……债权人可用强制执行的方法使此种文件得以交付。◀

只要查封是为债权人进行，转付便赋予其受领权限，但多个债权人之间的顺序是按照他们的查封质权来确定的（不是按照债权转付的顺序）。[5] 第三债务人不必承担错误判断先后顺序的风险，他可以根据《民事诉讼法》第 853 条的规定将债务额提存。在债权转付的债权人中的一个要求提存时，第三债务人负有提存的义务。如果提存的数额满足所有的债权人，则进行清偿；否则应按照第 872 条及以下数条的规定进行分配（参见下文第十三章后的附录）。

---

[1] BGHZ 121，104 = NJW 1993，735（737f.）.

[2] BGHZ 140，253 = NJW 1999，953.

[3] BGHZ 82，28（31）= NJW 1982，173（174）.

[4] Hk–ZPO/Kemper，6. Aufl. 2015，§ 836 Rn. 14；a.A. Lippross，Zwangsvollstreckungsrecht，11. Aufl. 2014，Rn. 481 f.；Vollstreckungstitel i.V.m. Pfändungs–und Überweisungsbeschluss.

[5] Musielalk/Voit/Becker，ZPO，12. Aufl. 2015，§ 835 Rn. 16.

（三）被查封债权的收取

1. 债权人的收取权

69 如果被查封的债权是为了收取而转付给债权人，则债务人仍然是第三债务人的债权人。债权仍然是债务人财产的部分。但是，债权人享有收取权：他为了促使给付可以采取所有的法律措施。

举例：他能终止尚未到期的债权、督促、约定替代清偿的给付、抵销。但是，会阻止或延迟给付的处分行为，如免除或延期对债务人是无效的。

70 由于债权仍属于债务人的财产，债务人仍然可以采取所有不影响收取权的行为，也即确认债权的存在或者起诉要求向债权人履行。如果债权只是部分被查封，在满足查封债权人后，他可以起诉要求向自己支付。[1]

71 作为收取权的效力，债权人可以以自己的名义将债权视为自己的权利对第三债务人提起诉讼（所谓的**收取之诉**）。

债权人并非作为债务人的诉讼担当人，因为他不是在以自己的名义主张别人的权利，而是以自己的名义在主张《民事诉讼法》第 836 条第 1 款中规定的自己的收取权。[2] 因此，债权是否被有效查封以及是否转付给了债权人，不是诉的可受理性的问题，而是收取之诉的理由。[3]

72 如果债权是以代替清偿方式转付给债权人，则按照《民事诉讼法》第 835 条第 2 款的规定，债权转让给了他，债权人成了第三债务人的新的债权人。他是作为新的债权人收取债权的。债权人以自己的名义主张债权成了自己财产的一部分。

73 和查封债权（上文第十章边码 60）一样，基于转付而产生的收取权也

---

[1] BGHZ 147, 225 = BGH NJW 2001, 2178.

[2] BGHZ 102, 296 = NJW1988, 1210; Thomas/Putzo–Seiler, ZPO, 36. Aufl. 2015, § 836 Rn. 3.

[3] Zöller/Vollkommer, ZPO, 30. Aufl. 2014, vor § 50 Rn. 29; MünchKommZPO/Lindacher, 4. Aufl. 2013, vor § 50 Rn. 49.

是附属于待清偿的债权的，也即如果待清偿的债权为第三人利益被查封并转付给他，那么查封债权和收取权也转移给了第三人。收取权不能独立地被查封，也即不能独立于待清偿的债权被查封。[1]

2. 收取之诉

在第三债务人不愿自动履行，而债务人自己对第三债务人又尚未取得执行名义时，**收取之诉**是很有必要的。这也是因为转付裁定本身不能作为针对第三债务人关于转付债权的执行名义。 74

如果债务人对第三债务人已经取得了一个执行名义，债权人只需要根据《民事诉讼法》第 727 条的规定（直接地，或者为收取转付时类推）取得一个名义改写条款，以实现基于这一执行名义对第三债务人采取措施的目的。此时债权人对收取之诉缺少权利保护需要。如果债务人已经亲自对第三债务人提起了诉讼，他必须将诉讼请求依《民事诉讼法》第 265 条规定（或者类推）调整为向债权人清偿［否则这一诉讼没有理由；所谓的关联理论（Relevanztheorie）］。在这种情况下，债权人自己的收取诉讼会因为另外的诉讼未决而不被受理。经债务人同意，债权人可以作为原告继续诉讼程序（第 265 条第 2 款第 2 句）。 75

债权人对第三债务人的收取之诉是一个常见的给付之诉。只有少许因强制执行法的背景而产生的特殊性需要注意。 76

债权人必须依《民事诉讼法》第 74 条规定告知债务人这一诉讼（《民事诉讼法》第 841 条）。如果他疏忽了这一诉讼告知，最终可能要承担损害赔偿义务。不过，这对于收取之诉的可受理性和具备理由没有影响。 77

就管辖而言，适用一般规定（《民事诉讼法》第 12 条及以下数条，《法院组织法》第 23 条、第 71 条），而且按照债务人与第三债务人之间的关系来适用。对于债务人应受约束的专属管辖，债权人必须同样遵守。因为适用的是一般管辖权规定，而非《民事诉讼法》第 704 条及以下数条的特殊规定，所以第 802 条的规定对于收取之诉也不适用。 78

---

[1] Lippross, Zwangsvollstreckungsrecht, 11. Aufl. 2014, Rn. 479.

79 收取之诉的理由主要取决于债权人的收取权。如果债权人无权收取，则这一诉讼没有理由。债权人有收取权的前提是查封和转付是有效的。如果查封以及（或者）转付无效，则债权人没有收取权。[1]

需要注意的是，如果无效是因为债权人在和债务人的关系上存在实体权利瑕疵，如执行名义效力存在瑕疵，则第三债务人不能助长这一无效：只有执行名义在债权人和债务人的关系上经法律确认无效后，第三债务人才能基于此主张。[2] 查封或者转付裁定可撤销原则上是不重要的（除非它们是基于实体法上不能被查封的债权）。[3] 但是，在转付后强制执行不能被命令暂停或者终止，否则债权人的收取权会存在障碍。[4] 第三债务人也可以抗辩，他必须要优先向顺序在前的债权人清偿。[5]

80 其次，收取之诉具备理由取决于债务人被查封的债权对第三债务人事实上存在。

如果不是如此，则根本不存在债权人的收取权，因为在这个情况下查封和转付裁定是“没有意义的”，而且也是无效的（上文边码 38、边码 59）；尽管如此，常见的对收取之诉是否具备理由的审查分为两个步骤：（1）债权人是否有收取权；（2）是否对第三债务人享有债权。[6] 一般的说明责任规则和举证责任规则可以适用。如果第三债务人在依《民事诉讼法》第 840 条的第三债务人说明中指出债权在一定额度内存在，而他现在反对的话，则由其承担举证责任。

81 第三债务人在查封时对债务人已经存在的抗辩，也可以根据《民法典》第 1275 条、第 404 条对债权人主张。查封后存在的抗辩，只能在《民法典》第 1275 条、第 407 条、第 408 条、第 409 条、第 392 条的范围内主张。

[1] Hk-ZV/Bendtsen, 2. Aufl. 2013, § 835 Rn. 15.
[2] Lackmann, Zwangsvollstreckungsrecht, 10. Aufl. 2013, Rn. 346a.
[3] Brox/Walker, Zwangsvollstredcungsecht, 10. Aufl. 2014, Rn. 653.
[4] Lippross, Zwangsvollstreckungsrecht, 11. Aufl. 2014, Rn. 492.
[5] Musielak/Voit/Hecker, ZPO, 12. Aufl. 2015, § 835 Rn. 16.
[6] Lackmann, Zwangsvollstreckungsrecht. 10. Aufl. 2013, Rn. 346.

债务人对债权人存在的关于待清偿债权的抗辩，债权人在此情况下仍然开启了强制执行程序，所以第三债务人不能主张。[1] 82

这是因为，第三债务人必须清偿自己的债务，而不仅仅是为了债务人而负担债务，如担保人（参见《民法典》第768条、第770条）。

第三人可以不受限制地主张自己对债权人的抗辩，尤其是以自己对债权人享有的债权，针对被查封的债权依《民法典》第387条及以下数条规定抵销。

当被查封的债权只是为了收取而转付给债权人时，同样允许进行抵销，虽然严格来说此时在主动债权和被动债权之间缺少相互性。

总结来说，对第三债务人的保护主要有： 83

- 第三债务人可以对债权人主张不存在收取权，此外根据《民法典》第1275条，可以主张在查封时已经对债务人存在的抗辩（《民法典》第404条），以及在不知有查封（《民法典》第407条、第408条）或者因让与通知而信赖查封无效（《民法典》第409条）时进行的事后清偿；另外，除了《民法典》第392条规定的情形之外，事后的抵销；最后，所有对债权人的一般抗辩
- 在第三债务人不知的情况下，债务人将被查封和转付的债权转让给受让人，第三债务人可以根据《民法典》第407条、第408条第2款，就向债权人清偿向受让人主张抗辩
- 根据《民事诉讼法》第836条第2款，第三债务人可以因不知转付裁定被撤销而向债务人主张已经被撤销的转付裁定；相应地，在不知转付裁定无效时也是如此（类推；有争议）

（四）变价障碍

对被查封的金钱债权进行变价时，也可能会存在一些障碍。这些变价障碍（参见上文第十一章边码15）主要有： 84

- 在提供担保的执行时，债权人在提供担保之前（《民事诉讼法》第720a条第1款）

---

[1] BGH NJW 1983, 383.

- 在假扣押执行时(《民事诉讼法》第 930 条及以下数条)
- 债权人申请暂停强制执行

章节测试

复习问题

85 ■ 符合规定的债权查封申请需要满足哪些要件?

■ 何时可以采取《民事诉讼法》第 828 条及以下数条规定的查封措施?

■ 在采取《民事诉讼法》第 828 条及以下数条规定的查封措施时需要注意哪些查封限制?

■ 查封裁定中应当包含哪些内容?

■ 查封裁定的效力是什么?

■ 第三债务人说明的意义是什么?

■ 为收取而进行的转付和代替清偿的转付,两者如何区分?

基础案例

86 1. Gottlieb Goldberg 受让了 Siegbert Silbermann 对 Dieter von Donat 出卖花瓶后获得的买卖价款债权。现在他想要查封自己这一债权。他有权利保护需要吗?

87 2. 债权人 Goldberg 对他的债务人 Silbermann 有一个数额 1000 欧元的支付名义。由于 Silbermann 不支付,Goldberg 决定查封 Silbermann 因大面积的粉刷工作而对 Dieter von Donat 的工资债权,在 3 月 26 日,对 Donat 送达了查封裁定。在知情的情况下,Donat 在 3 月 31 日将工资支付给了 Silbermann。Goldberg 可以要求 Donat 重新支付吗?

88 3. 债权人 Goldberg 对债务人 Silbermann 实施了强制执行,并将 Silbermann 对 Dieter von Donat 因出租盛装舞步马获得的租金债权,为收取而进行了有效转付。Donat 主张,由于存在缺陷,他有权减少租金。Goldberg 可以怎么做?

89 4. 上例中,如果 Donat 事先根据《民事诉讼法》第 840 条作出的第三债务人声明中确认,确实存在一个特定按月租金额度的债权,会有什么不同吗?

90 5. 债权人 Goldberg 想要执行 Silbermann 因大面积的粉刷工作而对 Dieter von Donat 享有的工资债权。不过,Silbermann 在查封和转付前已经把这个债权转让给了 Edo Evers（为了清偿 Evers 因提供颜料而享有的债权），而且告知了 Donat。在查封和转付裁定送达后，Donat 向 Goldberg 进行了清偿，因为他认为，法院的查封裁定要优先于“私人”的让与。Edo Evers 还可以要求支付吗？

6. 债务人 Silbermann 把自己的硬币收藏卖给了 Dieter von Donat。双方 91
约定，买卖价款请求权不能转让。尽管如此，Silbermann 的债权人 Goldberg 在考虑查封 Silbermann 对 Donat 的债权。可以向他提供什么建议？

第十三章　其他债权和财产权利的查封与变价

1 债权人基于金钱债权不仅可以执行债务人的金钱债权，还可以执行其他债权和财产权利。从体系上来说，可以分为以返还或交付有体物为标的的债权（《民事诉讼法》第 846 条及以下数条）和其他财产权利（《民事诉讼法》第 857 条及以下数条）。强制执行仍是通过查封和变价来完成的。

一、关于物的请求权的查封与变价

参考文献：Brox/Walker，Zwangsvollstreckungsrecht，10. Aufl. 2014，Rn. 700 ff.；GauVSchilken/Becker–Eberhard，Zwangsvollstreckungsrecht，12. Aufl. 2010，§ 57；Heiderhoff/Skamel，Zwangsvollstreckungsrecht，2. Aufl. 2013，Rn. 403 ff.；Kornol/Wahlmann，Zwangsvollstreckungsrecht，2012，Rn. 404 ff.；Lackmann，Zwangsvollstreckungsrecht，10. Aufl. 2013，Rn. 290 ff.；Lippross，Zwangsvollstreckungsrecht，11. Aufl. 2014，Rn. 526 ff.

2 根据《民事诉讼法》第 828 条及以下数条结合第 846 条及以下数条，债务人对第三债务人的返还或交付物的请求权可以基于债权人的金钱债权而被查封和变价。

▶《民事诉讼法》第 846 条：

以有体物的返还或交付为标的请求权的强制执行，除依照下列各条外，依第 829 条至第 845 条的规定实施。◀

需要与此严格区分的是基于债权人的交付请求权而实施的强制执行，后者适用第 883 条及以下数条（下文第十七章）。前者不是基于一个交付请求权采取的强制执行，而是基于一个金钱债权去执行一个交付请求权。

查封是通过查封裁定来完成的，**变价**是通过《民事诉讼法》第 835 条及以下数条规定的转付或者其他方式（第 844 条）来完成的。需要注意的是，待清偿的债权（金钱）与被查封的债权（物的返还或交付）并不同质。因此，《民事诉讼法》第 847 条和第 848 条对查封和变价作出了特殊规定，并在第 849 条排除了以转付代替清偿。 3

▶《民事诉讼法》第 849 条：
对于第 846 条规定的请求权，不得以转付代替清偿命令。◀

第 847 条规定了查封和变价关于**动产**返还或交付请求权的特殊规定， 4

▶《民事诉讼法》第 847 条：
（1）查封关于有体动产的请求权时，应将物交付于债权人所委托的执行员。
（2）物的换价，适用关于扣押物的换价的规定。◀

而关于不动产返还或交付请求权的查封和变价规定在第 848 条。

▶《民事诉讼法》第 848 条：
（1）查封关于不动产的请求权时，应将物交付于不动产所在地的初级法院依债权人的申请所选任的保管人。
（2）请求权是以所有权的移转为目的时，移转的合意由作为债务人的代理人的保管人表示。所有权移转于债务人时，债权人就其债权取得保全抵押权。保管人应同意将保全抵押权予以登记。
（3）对交付的不动产的强制执行，依照适用于对不动产的强制执行的规定而实施。◀

这两条的第 1 款均规定了**查封裁定**中必须包含有交付命令，而且是交付给执行员（《民事诉讼法》第 847 条第 1 款）或者保管人（《民事诉讼法》第 848 条第 1 款）。执行员是受债权人的委任，保管人是基于债权人的申请由物所在地的初级法院选任。两者都是作为债务人的特殊管理人行使职权。 5

6 查封的效力是在被查封的请求权上产生束缚和查封质权，并不是在物之上。

7 不过，动产在交付后取代了被查封请求权的地位，也即通过物上代位的途径（《民事诉讼法》第 848 条第 2 款第 2 句）在动产上产生束缚和查封质权。其结果是，债务人不应被查封的请求交付物的请求权，此时已经无法再被查封。只有在物属于债务人时（例如，债务人只是将物出租），才成立查封质权。如果是非属于债务人的物，交付只发生束缚的效果，但并不成立查封质权。如果被查封的是一个所有权转移请求权，通过交付给执行员即完成了《民法典》第 929 条规定的向债务人移转所有权的合意，由执行员代替债务人作出（相应的《民事诉讼法》第 848 条第 2 款第 1 句）。债务人取得所有权后，同样为债权人利益设立了查封质权。

8 同样，在不动产时，查封请求权的效力是在请求权上产生束缚和查封质权。不过，将不动产交付给保管人后执行程序就终止了，既不会在不动产上产生束缚，也没有设立查封质权。[1] 因此，仅仅查封交付请求权的意义是微乎其微的。如果被查封的请求权是一个所有权移转请求权，则根据《民法典》第 873 条、第 925 条将所有权移转给债务人的合意由保管人代为作出（《民事诉讼法》第 848 条第 2 款第 1 句）。债务人取得所有权后，也为债权人的债权设立了一个保全抵押权（《民事诉讼法》第 848 条第 2 款第 2 句），这与动产时设立的查封质权相对应。

9 如果第三债务人不愿自动交付或者让与所有权，则债权人必须**起诉**要求其向债务人（由执行员或者保管人代替）交付或者让与所有权；对此，债权人是否必须通过转付裁定宣告自己有权利，或者是否查封裁定就够了，两者的判决是不同的。[2] 债权人获得的胜诉判决必须按照《民事诉讼法》第 883 条及以下数条、第 894 条及以下数条规定执行。

10 动产的变价由执行员按照《民事诉讼法》第 814 条及以下数条的规定进行（第 847 条第 2 款）。束缚和查封质权在变价款上继续存在；债权人如同对动产的强制执行一样（上文第十一章）获得清偿。不动产则通过强制

---

[1] Hk-ZPO/Kemper, 6. Aufl. 2015, § 848 Rn. 11.

[2] 具体参见 Lippross, Zwangsvollstreckungsrecht, 11. Aufl. 2014, Rn. 527.

拍卖或强制管理进行变价（第 848 条第 3 款）。债权人如同对不动产的强制执行一样（下文第十五章和第十六章）获得清偿。

如果请求权被多次查封，第三债务人有权（以及受转付债权人之一的请求，根据《民事诉讼法》第 856 条规定这一请求是可以起诉的义务）将应履行的动产交付给执行员（《民事诉讼法》第 854 条），将应履行的不动产交付给保管人（《民事诉讼法》第 855 条）。

二、其他财产权的查封与变价

参考文献：Brox/Walker, Zwangsvollstreckungsrecht, 10. Aufl. 2014, Rn. 716 ff.; Gaul/Schilken/Becker–Eberhard, Zwangsvollstreckungsrecht, 12. Aufl. 2010, § 58; Heiderhoff/Skamel, Zwangsvollstreckungsrecht, 2. Aufl. 2013, Rn. 412 ff.; Kornol/Wahlmann, Zwangsvollstreckungsrecht, 2012, Rn. 407; Lackmann, Zwangsvollstreckungsrecht, 10. Aufl. 2013, Rn. 293 ff.; Lippross, Zwangsvollstreckungsrecht, 11. Aufl. 2014, Rn. 531 ff.; Smid, Probleme der Pfändung von Anteilenan Personengesellschaften (§ 859 I ZPO), JuS 1988, 613 ff.; Tempel, Zwangsvollstreckung inGrundpfandrechte, JuS 1967, 75 ff., 117 ff., 167 ff., 215 ff., 268 ff.; Berger, Zwangsvollstreckungin „Internet–Domains", Rpfleger 2002, 181 ff.

根据《民事诉讼法》第 857 条及以下数条规定，基于债权人的金钱债 11
权，可以对债务人的其他财产权利准用第 828 条及以下数条规定进行查封和变价。

▶《民事诉讼法》第 857 条：

（1）除以不动产为强制执行的标的者外，对其他财产权的强制执行，准用以上的规定。

（2）没有第三债务人时，禁止债务人对权利作出任何处分的命令送达于债务人，视为扣押已生效力。

（3）无特别规定时，不得让与的权利，在可以由他人行使的限度内可以查封。

（4）在对可以由他人行使的不得让与的权利强制执行时，法院可以发出特别命令。特别是在对收益强制执行时，可以命令实施管理；此种情形，如查封没有提前在送达裁定时生效，即在将应收益之物交付于管理人时生效。

（5）权利本身是准许让与的，法院可以命令让与该项权利。◀

（一）《民事诉讼法》第 857 条及以下数条的适用范围

12 根据《民事诉讼法》第 857 条及以下数条进行的查封和变价的前提是，它们涉及的是财产权利，而非第 864 条及以下数条规定的不动产强制执行的范围。

13 需要和权利区分的是事实上或经济上的状态以及法律上不受保护的机会（如继承的希望），它们不能成为强制执行的标的。如果存在足够的基础，也可以适用于未来的权利。

14 它们必须是财产权利，也即那些为了清偿债权人的金钱债权能够进行抵押变价的具有财产价值的权利。[1] 人格权（姓名权、非营业协会的成员权）不属于财产权利。附随（从）权利不能和主权利分开查封，既不能转让（《民事诉讼法》第 851 条、第 857 条第 1 款）也不能由他人使用的权利（《民事诉讼法》第 857 条第 3 款），也不属于这里的财产权利。

举例：企业是不能（和经营业务分开）转让的。在破产程序中，对企业享有的权利包含家族姓氏，在违反姓氏族人的意思时不能和经营业务一起转让或由他人使用。[2] 不能转让，但可以由他人使用的权利，如当信托不是基于个人信任关系建立时基于信托关系产生的请求权。[3] 因此，查封是否被允许的问题已经转移到遵守查封限制的问题上。

（二）查封裁定和变价

15 财产权利是通过**查封裁定**被查封的（《民事诉讼法》第 828 条结合第 857 条第 1 款），原则上将裁定送达第三债务人时发生效力（《民事诉讼法》

---

[1] BGH NJW-RR 2007，1219，（1220）.

[2] BGHZ 32，1103 = NJW 1960，1008.

[3] BGH NJW 2010，2346（2347）.

第 829 条第 3 款、第 857 条第 1 款）。不过，并非所有的财产权利都存在一个第三人：如果不存在第三债务人，则查封裁定在送达债务人时生效（《民事诉讼法》第 857 条第 2 款）。

变价是通过《民事诉讼法》第 835 条及以下数条、第 857 条第 1 款的转付或者其他方式（第 844 条，第 857 条第 1 款、第 4 款及第 5 款）完成的。只有在债权人可以取代债务人的地位行使被查封的财产权利时，转付才有可能。 16

章节测试

复习问题

■ 在查封和转付债务人对第三人享有的所有权转移请求权后，为什么债权人不能取得物的所有权？ 17

■ 债权人如何从这些请求权中获得清偿？

■ 什么时候强制执行债务人对第三人享有的交付请求权才有意义？

■ 哪些财产权利可以成为《民事诉讼法》第 857 条及以下数条规定的强制执行的标的？

基础案例

1. 债权人 Goldberg 对债务人 Silbermann 取得了一个支付名义。Silbermann 借给了 Dieter von Donat 一个花瓶在他的美术馆中展示。现在 Goldberg 想要在他的支付名义的强制执行程序中查封这个花瓶。如果 Donat 拒绝返还，需要注意些什么？ 18

2. 债权人 Goldberg 对债务人 Silbermann 享有一个待清偿的支付请求权。他得知，Silbermann 和 Dieter von Donat 签订了一个关于有两年车龄的旧汽车的买卖合同，而且 Silbermann 已经支付了买卖价款。在完成最后一次检修后就要进行所有权的移转。可以建议 Goldberg 采取什么措施？ 19

3. 在所有权人 Edo Evers 和债务人 Silbermann 之间存在一个已经公证的关于 Evers 向 Silbermann 出卖自己不动产的买卖合同。债权人 Goldberg 想要查封 Silbermann 的这一所有权移转请求权。这一查封应如何实施？ 20

附录：多次查封与分配程序

参考文献：Brox/Walker, Zwangsvollstreckungsrecht, 10. Aufl. 2014, Rn. 344f., 476 ff., 642, 707, 714; Gaul/Schilken/Becker–Eberhard, Zwangsvollstreckungsrecht, 12. Aufl. 2010, § 51 Rn. 43 ff., § 54 Rn. 63 ff., § 59; Heiderhoff/Skamel, Zwangsvollstreckungsrecht, 2. Aufl. 2013, Rn. 324 ff., 352 f., 368; Lackmann, Zwangsvollstreckungsrecht, 10. Aufl. 2013, Rn. 159, 373 ff.; Lippross, ZwangsvoHstreckungsrecht, 11. Aufl. 2014, Rn. 220 f., 276 ff., 508; Zwecker/Englert, Rangverhältnisseder Pfändungspfandrechte bei Anschlusspfändung in eine schuldnerfremde Sache, JA2000, 9 33 ff.

1 动产、债权或其他财产权利可以被多次查封，也即一个有效的查封并不排除后来的为其他债权人而进行的查封（第十章边码 48，第十二章边码 8，第十三章边码 10）。多次查封的效果是在执行标的上存在多次束缚，以及多个债权人享有查封质权。查封质权的顺序根据《民事诉讼法》第 804 条第 3 款的规定，按照其成立的时间顺序来确定（优先原则），也即先成立的查封质权顺序要优先。

▶《民事诉讼法》第 804 条：
（3）查封在先所产生的质权优先于查封在后所产生的质权。◀

同时成立的查封质权顺位相同。

一、通过执行员的变价款分配或提存

2 如果**动产**被多次查封并变价，查封质权继续存在于变价款上。如果变价款不能满足所有债权人，则优先满足顺序在前的债权人。清偿在先债权人后剩余的价款用来清偿后顺位查封的债权人，查封质权顺位相同的债权人则按照其债权额的比例受偿。[1] 如果当事人就分配无法达成一致意见，

[1] Musielak/Voit/Becker, ZPO, 12. Aufl. 2015, § 827 Rn. 5.

则由执行员按照这一基本规则进行分配。后顺位的债权人未经其他参与债权人的同意而要求不依查封顺序进行分配时，执行员应将变价金提存（《民事诉讼法》第 827 条第 2 款、第 3 款）。

▶《民事诉讼法》第 827 条：

（2）卖得的价金不足以清偿全部债权时，并且为其利益而实施第二次或以后各次扣押的债权人，未经其他参与债权人的同意而要求不依查封顺序进行分配时，执行员应在卖得价金提存后将情况报告给执行法院。……

（3）为多数债权人同时实施查封时，依同样的程序办理。◀

如果是关于动产请求权被多次查封，也是如此（《民事诉讼法》第 854 条第 2 款和第 3 款）。

关于不动产请求权的查封后进行的变价是通过强制拍卖和强制管理进行的；执行员不参与。

二、通过第三债务人的清偿或提存

如果金钱债权被数次查封，而金钱债权不能满足所有执行债权时，第 3
三债务人可以按照债权人查封质权的顺序向其清偿。[1] 第三债务人如果错误判断了清偿顺序，就要承担向顺位更优先的权利人重新清偿的风险。因此，第三债务人也有权将债务额提存，当经受转付的债权人之一如此要求时，他也有义务进行提存（《民事诉讼法》第 853 条）。

▶《民事诉讼法》第 853 条：

金钱债权为多数债权人而查封时，第三债务人有权将送达他的裁定交付于最先送达裁定给他的初级法院，……，而将债务额提存，如经受债权的转付的债权人要求时，第三债务人有义务为上述行为。◀

---

[1] Stöber, Forderungspfändung, 16. Aufl. 2013, Rn. 784.

三、分配程序

4 如果由执行员或第三债务人提存的从被查封和变价的动产或相关债权中得到的变价款不能清偿所有债权人，而债权人之间关于如何分配变价款有争议时，则需要在《民事诉讼法》第 872 条及以下数条规定的**分配程序**中确定，谁应得到变价款。

▶《民事诉讼法》第 872 条：

在动产强制执行中，提存的金额不足以清偿有关债权人时，应进行分配。◀

5 《强制拍卖与强制管理法》中就不动产强制执行程序规定了单独的分配程序：《强制拍卖与强制管理法》第 105 条及以下数条、第 156 条及以下数条的规定对于《民事诉讼法》第 872 条及以下数条的规定来说是特殊规定。对根据《民法典》第 372 条及以下数条提存的标的的争议，也不属于《民事诉讼法》第 872 条及以下数条的适用范围；这一问题是通过《民法典》第 812 条第 1 款第 1 句情形中的给付之诉来解决的。[1]

6 对于变价款没有查封质权，而是根据《民事诉讼法》第 805 条、第 771 条主张享有实体权利的债权人没有参与分配程序，例如主张被查封的债权已经转让给他的债权人。他通过让与在债权上获得的权利通过物上代位继续存在于变价款上（类推《民法典》第 1247 条第 2 句）。[2]

7 分配法院（也即根据《民事诉讼法》第 827 条、第 853 条、第 854 条主管的法院，根据《司法辅助官法》第 20 条第 17 项第 1 句，由司法辅助官实施）要求所有参与的债权人登记其债权（《民事诉讼法》第 873 条），并按照查封质权的顺序制作分配方案（《民事诉讼法》第 874 条）。

8 在分配期内，所有债权人都可以对分配方案提出异议。如果没有异议，则按照方案实施（《民事诉讼法》第 876 条第 1 句）。如果债权人有异议，但并非所有参与债权人均承认其合理性，则这一债权人需要通过《民事诉讼法》第 878 条及以下数条规定的异议之诉对所有参与债权人主张（关于分配方案的诉讼上形成之诉）。当原告对变价款比被告享有更有优的权利

[1] Brox/Walker, Zwangsvollstreckungsrecht, 10. Aufl. 2014, Rn. 478.

[2] Kornol/Wahlmann, Zwangsvollstreckungsrecht, 2012, Rn. 480.

时，例如因为被告根本没有查封质权，或者原告的查封质权被错误后置，又或者因为对被告待清偿债权可以通过执行异议之诉主张实体法上的抗辩。[1] 针对竞争债权人的有瑕疵的查封，不能再提起《民事诉讼法》第 766 条中规定的抗议。不过，具体从什么时点开始，分配程序中的法律救济有优先地位，尚有争议。[2] 不是对分配方案，而是对分配程序本身的抗辩可以根据一般规定通过提起抗议（《民事诉讼法》第 766 条）或者即时抗告（《民事诉讼法》第 793 条、第 567 条及以下数条）主张。

[1] Brox/Walker, Zwangsvollstreckungsrecht, 10. Aufl. 2014, Rn. 493 ff.

[2] Vgl. MünchKommZPO/K. Schmidt/Brinkmann, 4. Aufl. 2012, § 766 Rn. 9.

第五编

基于金钱债权对不动产的强制执行

参考文献：Brox/Walker, Zwangsvollstreckungsrecht, 10. Aufl. 2014, Rn. 851 ff.; Dorn, Bestandteile undZubehör in der Zwangsversteigerung, Rpfleger 1987, 143 ff.; Eichelberger, Versteigerungen nach BGB, ZPO und ZVG, Jura 2013, 82 ff.; Fischer, Aus der Praxis: Der findige Vollstreckungsschuldner, JuS 2006, 707 ff.; Gaul/Schilken/Becker–Eberhard, Zwangsvollstreckungsrecht, 12. Aufl. 2010, § § 61 ff.; Geißler, Die Verwertung der Sicherungsgrundschuld in der Zwangsversteigerung, Jus 1990, 284 ff.; Gerhardt, Grundzüge und Probleme der Zwangsversteigerung, JA 1981, 12 ff.; Heiderhoff/Skamel, Zwangsvollstreckungsrecht, 2. Aufl. 2013, Rn. 430 ff.; Herr, Aus der Praxis: Die überraschende Zwangshypothek, JuS 2002, 1010 ff.; Kornol/Wahlmann, Zwangsvollstreckungsrecht, 2012, Rn. 565 ff; Lackmann, Zwangsvollstreckungsrecht, 10. Aufl. 2013, Rn. 434ff.; Lippross, Zwangsvollstreckungsrecht, 11. Aufl. 2014, Rn. 556ff.; Löhnig/Schärtl. Einreden aus dem Sicherungsvertrag gegen die Duldung der Zwangsvollstreckung–BGH, NJW 2003, 2673, JuS 2004, 375 ff.; Meier, Die Zwangsvollstreckung in Immobilien, JuS 1992, 650ff.; Piekenbrock/Schmidt–Volkmar, Die übernahme nicht voll valutierender Grundpfandrechte in der Zwangsversteigerung, Jura 2009, 641 ff.; Reiner, „Vollstreckung aus einer Grundschuld", JA 2004, 617 ff.; Schreiber, Der Eigentumsetwerb an Grundstücksbestandteilen, Jura 2006, 113 ff.; Schreiber, Die Zwangsvollstreckung in das unbewegliche Vermögen, Jura 2013, 792 ff.; Zeising, Zwangshypothek, Arresthypothek und Bauwerksicherungshypothek–Vom Bauunternehmer zum Grundpfandgläubiger, Jura 2008, 763 ff.

基于金钱债权进行的强制执行不仅可以对动产实施，同样也可以对不动产实施。适用的特殊规范包括《民事诉讼法》第 864 条至第 871 条，以及《强制拍卖与强制管理法》第 1 条至第 171n 条。根据《民事诉讼法》第 864 条及以下数条对不动产实施的合法的强制执行的前提是强制执行本身是合法的（参见上文第二章边码 3 及以下数段）。 1

只有在这个程序是基于金钱债权，且是对《民事诉讼法》第 864 条、第 865 条第 1 款意义上的不动产实施时，才可以开启。 2

▶《民事诉讼法》第 864 条：

（1）对不动产的强制执行，除适用于土地外，适用于所有适用关于土地规定的……。

（2）对于土地的一部分、第 1 款规定的权利、……，只在该部分是共有人的份额时，……，方可强制执行。

《民事诉讼法》第 865 条：

（1）对不动产的强制执行，关于土地与权利的情形，包括抵押权所及的标的物……。◀

根据上述规定，对不动产的强制执行程序的客体包括：

■《民事诉讼法》第 864 条第 1 款规定的不动产及不动产性质的权利（如住宅所有权、建筑权）

■《民事诉讼法》第 864 条第 2 款规定的按份共有不动产及不动产性质的权利的份额

■ 抵押权所及的标的物（《民事诉讼法》第 865 条第 1 款、《民法典》第 1120 条及以下数条；参见上文第十章边码 14 及以下数段）

对债务人所有的不动产的强制执行不同于对债务人在土地上享有的土地质权的强制执行（参见《民事诉讼法》第 830 条、第 837 条、第 857 条）。根据《强制拍卖与强制管理法》第 180 条至第 185 条，为终止对土地的共 3

有关系而进行的分配拍卖（Teilungsversteigerung）并非强制执行程序。分配拍卖是为了实现终止按份共有或共同共有的实体请求权。

4 法律规定了三种对不动产的强制执行措施：

■ 为债权人设立保全抵押权而设立的强制抵押权（相对于动产之上设立的查封质权）

■ 强制拍卖，以使债权人从土地价值中获得清偿

■ 强制管理，以使债权人中土地的收益中获得清偿

5 债权人根据《民事诉讼法》第866条第2款有权在这些执行措施中进行**选择**。

▶《民事诉讼法》第866条：

（1）对土地强制执行，以登记债权上的保全抵押权、强制拍卖与强制管理的方式实施。

（2）债权人可以要求，只实施前款所述措施之一，或者并用几种措施。◀

不过，设立强制抵押权的前提是债权人实施强制执行的债权额应超过750欧元（也即至少应为750.01欧元）(《民事诉讼法》第866条第3款)，这样可以避免因大量的小额抵押权造成不动产登记簿的混乱，而不动产所有权也不会因小额执行债权承担不成比例的负担。[1] 在强制拍卖和强制管理时，只能在《强制拍卖与强制管理法》第30a条及以下数条和《民事诉讼法》第765a条的框架内进行合比例性考虑。《民事诉讼法》第803条第2款不适用。[2]

如果债权人已经得到物上担保，则选择就只有强制拍卖与强制管理了，因为再获得一个强制抵押权并不能再改善他的权利地位。[3]

---

[1] Jauernig/Berger, Zwangsvo · =llstreckungs–und Insolvenzrecht, 23. Aufl. 2010, § 23 Rn. 5；但是，因为不成比例的小额债权而使土地免受强制执行应为偶然的。

[2] BGHZ 151, 384 = NJW 2002, 3178；Lippross, Zwangsvollstreckungsrecht, 11. Aufl. 2014, Rn. 562.

[3] Musilak/Voit/Becker, ZPO, 12. Aufl. 2015, § 867 Rn. 2.

第十四章 强制抵押权

强制抵押权是一个**保全抵押权**（Sicherungshypothek）。其法律效果是对待清偿的债权产生一个物上担保：负担保全抵押权的不动产承担了清偿债权人债权的责任。债权人基于保全抵押权可以随时作为物上债权人（《民法典》第 1147 条）通过强制拍卖和强制管理实施强制执行。债权人因此具备了一个强有力的强制手段。不动产之上后来的负担不能再影响债权人（参见《民法典》第 879 条）。 6

保全抵押权通过在不动产登记簿上**登记**而设立（《民事诉讼法》第 867 条第 1 款第 2 句）。 7

▶《民事诉讼法》第 867 条：

（1）保全抵押权，依债权人的申请，登记于土地登记簿；此项登记应将有执行力的名义明确记载。抵押权经登记而成立。……◀

根据通说，登记同时是执行行为和不动产登记簿行为。因此，必须同时满足《民事诉讼法》第 704 条及以下数条、第 864 条及以下数条规定的强制执行要件，以及《土地登记簿法》中的登记要件。此外，还必须具备债权人的执行申请（《民事诉讼法》第 867 条第 1 款第 1 句、《土地登记簿法》第 13 条）。这一执行行为只有在待清偿的债权超过 750 欧元时，才可以实施（《民事诉讼法》第 866 条第 3 款；上文第十四章前边码 5）。债务人必须是作为不动产的所有权人被登记的（《土地登记簿法》第 39 条）。

如果在先登记中有错误（而且根据《土地登记簿法》第 40 条规定它并非可省略的），则债权人必须首先进行不动产登记簿更正。在这方面，他有权根据《土地登记簿法》第 14 条进行申请。如果他没有依给定的形式（《土地登记簿法》第 22 条、第 29 条）证明错误之处，可以查封债务 8

人的更正请求权，并申请为收取目的而转付。根据《土地登记簿法》第 19 条，当事人在不动产登记簿登记同意是不必要的，也即，在违反债务人意思时也强制抵押权仍然设立。因为保全抵押权的目的只是物上担保，并不是要清偿债权人，所有在提供担保的执行程序（《民事诉讼法》第 720a 条）或者假扣押程序（《民事诉讼法》第 932 条）中都可以申请。

9 职能管辖属于作为不动产登记机关的地方法院（上文第三章边码 50）。

10 自债权人角度而言，强制抵押权的法律效果相当于根据《民法典》第 1184 条及以下数条通过法律行为设立的保全抵押权：这一抵押权具有很强的附属性，也即，对债权存在的善意不能得到保护。

如果债权不存在，则产生一个所有权人土地债务（《民法典》第 1163 条第 1 款第 1 句、第 1177 条第 1 款第 1 句）。如果债权消灭，则抵押权转变为所有权人土地债务（《民法典》第 1163 条第 1 款第 2 句、第 1177 条第 1 款第 1 句）。[1] 不过，债务人只能在《民事诉讼法》第 767 条第 2 款、第 796 条第 2 款的范围内主张上述权利。[2] 如果不动产不属于债务人所有，则不成立任何抵押权，《民法典》第 892 条的规定只适用于法律行为上的处分。[3] 如果强制执行是不合法的，则自始也不存在抵押权（不动产登记簿因为登记而变得有误了）。[4] 不过，根据不同的观点，抵押权在没有被消灭前，仍然存在。[5]

债权人基于强制抵押权可以不必根据《民法典》第 1147 条提起一个容忍之诉（《民事诉讼法》第 867 条第 3 款），而是直接作为物上债权人实施强制执行，也即，基于通过强制抵押权取得的物上权利的顺位实施。

---

[1] Helderhoff/Skamel, Zwangsvollstreckungsrecht, 2. Aufl. 2013, Rn. 437.

[2] BGH NJW 1988, 828（829）; Thomas/Putzo–Seiler; ZPO, 36. Aufl. 2015, § 867 Rn. 11.

[3] Lippross, Zwangsvollstreckungsrecht, 11. Aufl. 2014_Rn. 636; a.A. Dümig, Fehler bei der Eintragung von Zwangshypotheken, Rpfleger 2004, 1（15）.

[4] BGH WM 1963, 219（220 f.）; Musielak/Voit/Becker, ZPO, 12. Aufl. 2015, § 867 Rn. 7; Thomas/Putzo–Seiler, ZPO. 36. Aufl. 2015, § 867 Rn. 10.

[5] 查封质权公法说：Dümig, Fehler bei der Eintragung von Zwangshypotheken, Rpfleger 2004, 1（7 f.）.

《土地登记簿法》第71条规定的土地登记抗告为债权人和债务人就拒绝登记或同意登记强制抵押权提供了法律救济。[1] 11

▶《土地登记簿法》第71条：

（1）针对土地登记机关的决定的法律救济途径为抗告。

（2）禁止针对登记提出抗告。但在抗告程序中可以提出要求，命令土地登记机关依据本法第53条的规定而登记异议或进行涂销。◀

如果债务人要反对登记，则需要注意，他原则上只能获得登记机关依据职权进行异议（Amtswiderspruch）的登记结果，而不能涂销抵押权，因为有可能善意人会继受取得。[2] 只有在登记内容不合法时，才会进行涂销，否则只是登记机关依据职权进行异议登记，为登记簿更正做准备。土地登记簿的更正必须基于实体法进行（《民事诉讼法》第767条、第771条结合第868条，《民法典》第894条）。[3] 抗告法院可以根据《土地登记簿法》发布一个暂停命令。

---

[1] Thomas/Putzo-Seller, ZPO, 36. Aufl. 2015, § 867 Rn. 19; Heiderhoff /Skamel, Zwangsvollstreckungsrecht, 2. Aufl. 2013, Rn. 524 ff.; a.A. Baumbaclh/Lauterbach/Albers/Hartmann, ZPO, 73. Aufl. 2015, § 867 Rn. 24.f.

[2] 具体参见 Lippross, Zwangsvollstreckungsrecht, 11. Aufl. 2014, Rn. 640.

[3] 具体参见 Musielak/Volt/Becker, ZPO, 12. Aufl. 2015, § 867 Rn.12 und § 868 Rn. 6.

第十五章　强制拍卖

1　对不动产的强制执行可以另外通过**强制拍卖**的方式实施。根据《民事诉讼法》第 869 条的规定，应适用《强制拍卖与强制管理法》中的规定。

▶《民事诉讼法》第 869 条：
强制拍卖与强制管理，另以法律规定。◀

2　强制拍卖是通过裁定开启的，在裁定中命令进行强制拍卖，并为债权人利益而产生束缚（《强制拍卖与强制管理法》第 20 条第 1 款；边码 7 及以下数段）。不动产的变价是通过公开拍卖的方式进行的，并由法院就拍定作出裁定（《强制拍卖与强制管理法》第 74 条及以下数条）以及对变价款进行分配（《强制拍卖与强制管理法》第 105 条及以下数条；边码 12 及以下数段）。

3　职能**管辖**权属于作为执行法院的地方法院，地域管辖权则由被拍卖不动产所属地的地方法院享有（《强制拍卖与强制管理法》第 1 条）。根据《司法辅助官法》第 3 条第 1 项第 i 小项，执行法院是通过司法辅助官进行裁判的。

4　根据《民事诉讼法》第 704 条及以下数条，强制拍卖是强制执行程序的一部分（《民事诉讼法》第 869 条）。因此，它必须满足强制执行的一般和特殊要件。

5　另外，在强制拍卖程序中还需要特别注意《强制拍卖与强制管理法》第 28 条及以下数条规定的特别执行障碍。在法律救济方面也有**特别规定**：《民事诉讼法》第 766 条、第 793 条可以适用，但是《强制拍卖与强制管理法》第 95 条限制了在拍定裁定作出前的裁定的可撤销性。另外也有关于拍定裁定撤销的特殊规定（《强制拍卖与强制管理法》第 96 条至第 104 条）。只有在特定原因下，拍定裁定才能被撤销。如果不存在反对司法辅助官裁定的法律救济（Rechtsmittel），则可以根据《司法辅助官法》第 11 条第 2 款提起司法辅助官抗议。

特别要求是，须具备债权人的执行申请（拍卖申请，《强制拍卖与强制管理法》第 15 条及以下），申请中应包含不动产、不动产所有权人、待清偿的债权以及执行名义。债务人必须是不动产登记簿上登记的不动产所有权人，或者是登记所有权人的继承人（《强制拍卖与强制管理法》第 17 条第 1 款）。 6

▶《强制拍卖与强制管理法》第 15 条：

土地的强制拍卖，由执行法院依申请进行。

《强制拍卖与强制管理法》第 17 条：

（1）只有债务人作为土地所有权人或者继受人被登记入册的，方可启动强制拍卖。◀

除债务人和推动执行的（也即，提出申请的或者根据《强制拍卖与强制管理法》第 27 条加入已经开始的程序中的）债权人之外，在土地登记簿中通过登记享有权利的人以及在执行法院申报过享有特殊权利的人，也属于参与人（《强制拍卖与强制管理法》第 9 条）。

▶《强制拍卖与强制管理法》第 9 条：

除债权人和债务人外，下列人员在拍卖程序中视为参与人：

1. 登记拍卖预告登记时，在土地登记簿中已经登记其权利或者已经通过登记担保其权利的人。

2. 在执行法院已经申报并应法院或者某参与人的要求证明以下权利的权利人：……◀

一、强制拍卖的命令

强制拍卖是通过**裁定**作出命令的（《强制拍卖与强制管理法》第 15 条、第 22 条第 1 款）。执行法院向土地登记机关请求将拍卖命令登记在土地登记簿中（拍卖预告登记，《强制拍卖与强制管理法》第 19 条第 1 款）。 7

▶《强制拍卖与强制管理法》第 19 条：

（1）法院在启动强制拍卖的同时，须请求土地登记部门将该拍卖程序的启动登记在土地登记簿中。◀

8 裁定的法律效果是，为执行债权人的利益对土地（以及其他财产客体，下文边码 10）进行了**查封**（Beschlagnahme）。

▶《强制拍卖与强制管理法》第 20 条：

（1）基于有利于债权人的考虑，启动强制拍卖程序的裁定视为对土地的查封。◀

查封自裁定送达债务人时生效（《强制拍卖与强制管理法》第 22 条第 1 款第 1 句），或者，在登记请求到达登记部门，并据此完成了登记后，查封同样开始生效（《强制拍卖与强制管理法》第 22 条第 1 款第 2 句）。第三债务人在知悉查封后或者禁止支付送达后，查封才对其生效（《强制拍卖与强制管理法》第 22 条第 2 款第 2 句）。

▶《强制拍卖与强制管理法》第 22 条：

（1）对土地的查封，自启动强制拍卖的裁定送达债务人时生效。在请求登入拍卖预告登记的申请送达土地登记部门并据此申请完成登记后，该查封亦开始生效。

（2）查封涉及债权的，法院须依据债权人的申请禁止第三债务人向债务人进行支付。只有在查封为第三债务人所知悉或者禁止支付令送达第三债务人时，该查封才对第三债务人生效。在此准用《民事诉讼法》第 845 条的相关规定。◀

9 查封为执行债权人的利益产生《民法典》第 135 条及以下意义上的相对让与禁止的效力（《强制拍卖与强制管理法》第 23 条第 1 款第 1 句）。

▶《强制拍卖与强制管理法》第 23 条：

（1）查封具有禁止让与的效力……◀

通过查封，每个执行债权人均在债务人被查封的财产上获得了（而非动产执行中的质权）受偿权（Befriedigungsrecht）。基于物上权利实施强制执行的债权人，其之前存在的权利更新为从被查封的不动产中进行受偿的权利。[1] 如果在不动产登记簿上的物上权利顺位优先的，其同样也享有较优的不动产顺位（《强制拍卖与强制管理法》第 11 条第 1 款）。

不享有物上权利的债权人，在查封后才获得受偿权。[2] 基于不动产簿上的物上权利获得的受偿权（《强制拍卖与强制管理法》第 10 条第 1 款第 4 项、第 5 项）以及较早采取查封措施而获得的受偿权（《强制拍卖与强制管理法》第 11 条第 2 款）要优先于不享有物上权利的债权人。在查封之后才登记的物上权利，对于执行债权人而言是相对无效的（《强制拍卖与强制管理法》第 23 条），因此顺位要靠后（《强制拍卖与强制管理法》第 10 条第 1 款第 6 项）。

▶《强制拍卖与强制管理法》第 10 条：

（1）从土地中受偿的权利按下列顺位确定，同一顺位中按金额的比例受偿：

……

4. 不因查封而对债权人无效的基于对土地的权利而享有的请求权，……

5. 未在之前的顺位中受偿的债权人的债权；

6. 第四顺位中因查封而对债权人无效的债权；

……

《强制拍卖与强制管理法》第 11 条：

（1）基于各种不同权利而享有的请求权依第十条第四项、第六项或者第八项的规定而在同一顺位中受偿的，按照诸权利中的位次关系进一步确定受偿顺序。

（2）在第五顺位的诸债权中，按照采取查封措施的先后顺序受偿。◀

查封的范围确定了拍卖的客体（《强制拍卖与强制管理法》第 55 条第 1 款），并由此确定拍定人的所有权取得（《强制拍卖与强制管理法》第 90 条） 10

[1] RGZ 142, 85(93); Böttcher, ZVG, 5. Aufl. 2010, §§ 20, 21 Rn. 4.

[2] Böttcher, ZVG, 5. Aufl. 2010, §§ 20, 21 Rn. 4.

以及有可能出现依《民法典》第 1121 条及以下规定的免责。查封的范围包括土地（《强制拍卖与强制管理法》第 20 条第 1 款）以及抵押权的责任范围（《强制拍卖与强制管理法》第 20 条第 2 款）。根据《强制拍卖与强制管理法》第 21 条规定，出产物和收益被排除在外：它们应当留给债务人。

▶《强制拍卖与强制管理法》第 20 条：

（2）查封的效力同样及于在土地上设定抵押所涉及的标的物。

《强制拍卖与强制管理法》第 21 条：

（1）只有在土地的农林出产物与土地相连或者作为土地的附着物的，查封的效力才及于该土地的出产物以及基于该出产物保险而产生的债权。

（2）查封的效力不及于使用租赁债权和用益租赁债权及由于与土地所有权相关联的对定期给付的权利而产生的债权。◀

与区分动产强制执行和不动产强制执行时不同（维持经济效用，参见上文第十章边码 14 及以下数段），与查封的效力范围这一问题相关的是，债权人是基于土地上的抵押权实施强制执行，还是对债务人的财产主张债务人的个人责任。在第一种情形，具体抵押权的责任范围就很重要，也就是说，这一问题的实质是哪些标的物因这一具体抵押权负有物上负担。在第二种情形（当债权人因债务人的个人责任而对其财产实施强制执行时），查封的范围只是取决于一个想象的抵押权的责任范围。[1]

二、程序的撤销或中止

11 当强制拍卖程序被撤销或命令中止时，就不会开启不动产的变价。可以消灭查封的**撤销**（《强制拍卖与强制管理法》第 28 条及以下）包括：

- 当存在对强制拍卖而言不可修正的土地登记簿障碍时（《强制拍卖与强制管理法》第 28 条）
- 当债权人撤回其拍卖申请时（《强制拍卖与强制管理法》第 29 条）
- 当在第二次拍卖期日仍然流拍时（《强制拍卖与强制管理法》第 77 条第 2 款）

[1] Näher Lippross, Zwangsvollstreckungsrecht, 11. Aufl. 2014, Rn. 568.

可以命令暂时中止强制拍卖程序的有：

■ 当存在对强制拍卖而言可修正的土地登记簿障碍时（《强制拍卖与强制管理法》第 28 条）

■ 当债权人同意中止时（《强制拍卖与强制管理法》第 30 条）

■ 当对债务人存在执行保护时（《强制拍卖与强制管理法》第 30a 条及以下数条，第 765a 条）

■ 在拍卖期日时债权人的请求权已经通过债务人或者在拍卖程序期间已经获得清偿的，或者相反拍卖流拍的（《强制拍卖与强制管理法》第 75 条及以下数条）。

三、拍卖

土地是通过公开拍卖进行变价的。执行法院确定一个**拍卖期日**（Versteigerungstermin）。《强制拍卖与强制管理法》第 66 条规定了拍卖期日的始末：它开始于确定和公告保留价（geringste Gebot）和拍卖条件（第 66 条第 1 款）。 12

在**保留价**（《强制拍卖与强制管理法》第 44 条第 1 款）中应包含优先于债权人债权的权利（这一权利不应因拍卖而受到影响），以及程序费用。保留价必须能满足这些金额（满足原则），要么通过认诺的方式（例如，一个顺位优先的抵押权；认诺原则），要么通过支付的方式（如程序费用）。 13

▶《强制拍卖与强制管理法》第 44 条：

（1）在拍卖中仅允许作出使优先于债权人债权的权利及自拍卖价款中提取的用于拍卖程序的费用得以满足的应价（保留价）。◀

因此，优先于债权人债权的权利不会通通消灭，一部分会由土地的将来拍定人继续负担；它们必须按照各自适用的约定进行履行（《强制拍卖与强制管理法》第 52 条第 1 款第 1 句情形 1）。[1]

▶《强制拍卖与强制管理法》第 52 条：

（1）某项权利在确定保留价时已被考虑到但未通过偿付得以清偿的，该权利始终存在。除此之外，其他的权利均消灭。◀

[1] Böttcher, ZVG, 5. Aufl. 2010, § 52 Rn. 1.5 Vgl. etwa BGH NJW 2012, 3376（Rn. 15）.

14 接着是应价时间（《强制拍卖与强制管理法》第 66 条第 2 款、第 73 条第 1 款第 1 句）。

低于保留价的应价，根据《强制拍卖与强制管理法》第 44 条第 1 款的规定，是不被接受的。当一个更高的应价没有异议而被接受时，前一个报价即作废（《强制拍卖与强制管理法》第 72 条第 1 款第 2 句），除非应当提供的担保没有及时提供（《强制拍卖与强制管理法》第 72 条第 4 款）。关于报价是否应被接受可以立即作出裁定：对无效的应价应当驳回（《强制拍卖与强制管理法》第 71 条第 1 款）[1]，并在没有异议时作废（《强制拍卖与强制管理法》第 72 条第 2 款），一个更高的应价如果没有被立即驳回，即视为采纳（《强制拍卖与强制管理法》第 72 条第 1 款第 2 句）。

15 拍卖结束后须关于**拍定**听询参与人（《强制拍卖与强制管理法》第 74 条）。如果不存在任何程序瑕疵以及拒绝原因（《强制拍卖与强制管理法》第 74a 条、第 83 条及以下数条），则最高出价人拍卖成交（《强制拍卖与强制管理法》第 81 条第 1 款），而且是通过裁定方式作出（《强制拍卖与强制管理法》第 82 条）。获得拍卖成交的人，即为买受人。

最高出价人可以将基于最高出价获得的权利让与第三人；如果第三人同意承担最高出价中的义务，则拍卖成交向其作出（《强制拍卖与强制管理法》第 81 条第 2 款）。也可以作为他人的代理人进行出价；在符合《强制拍卖与强制管理法》第 81 条第 3 款规定的额外要件下，该他人拍卖成交。根据《强制拍卖与强制管理法》第 81 条第 4 款的规定，最高出价人和买受人负担共同债务。

16 可以想象的拒绝理由是未达到**最低出价**（Mindestgebot）。这是为了保护土地免于遭受低价抛售。

应当区分的是绝对的最低出价和相对的最低出价：绝对的最低出价是指土地的一般价值（《强制拍卖与强制管理法》第 85a 条第 1 款），如果达

---

[1] Vgl. etwa BGH NJW 2012, 3376 (Rn. 15).

不到这个价值，则应拒绝作出拍定。此时应重新确定一个拍卖期日，这时则不再适用《强制拍卖与强制管理法》第 85a 条的规定。相对的最低出价是指土地价值的 70%（《强制拍卖与强制管理法》第 74a 条第 1 款第 1 句）。如果达不到这个价值，则可以申请拒绝作出拍定。此外，债务人可以根据《民事诉讼法》第 765a 条提出申请。为了确定最低出价，执行法院为拍卖期日准备时可以征求关于市场价值的鉴定意见，基于这一鉴定意见得出的市场价值通过裁定确定（《强制拍卖与强制管理法》第 74a 条第 5 款）。

四、拍定的法律后果

通过拍定，买受人基于国家公权力成为土地（《强制拍卖与强制管理法》第 90 条第 1 款）以及拍卖所涉及标的物（《强制拍卖与强制管理法》第 90 条第 2 款）的**所有权人**。这些标的物包括《强制拍卖与强制管理法》第 55 条第 1 款规定的被查封的标的（《强制拍卖与强制管理法》第 20 条及以下），以及《强制拍卖与强制管理法》第 55 条第 2 款规定的可能的其他未被查封的从物。 17

▶《强制拍卖与强制管理法》第 55 条：

（1）土地拍卖的效力及于所有被依旧有效查封的物品。

（2）拍卖也可能涉及第三人所有，但由债务人或者新成为的所有权人占有的从物，除非该第三人依据第 37 条第 5 项的规定主张其权利。

《强制拍卖与强制管理法》第 90 条：

（1）只要是并非在抗告过程中废止拍卖成交裁定的法律效力，买受人就因拍卖成交而成为土地所有权人。

（2）随着土地，买受人同时也获得拍卖所涉及标的物的所有权。◀

买受人根据《强制拍卖与强制管理法》第 90 条第 2 款、第 55 条第 1 款、第 20 条第 2 款结合《民法典》第 1121 条及以下、第 97 条和《强制拍卖与强制管理法》第 23 条第 1 款第 2 句的规定，取得债务人所有的从物。非属于债务人所有的从物，买受人则根据《强制拍卖与强制管理法》第 90 条第 2 款、第 55 条第 2 款、第 37 条第 5 项结合《民法典》第 97 条取得所有权。

买受人根据拍卖条件、拍定裁定的内容（《强制拍卖与强制管理法》 18

第82条）**原始**取得所有权，不取决于其善意或恶意。依据拍卖条件，原来存在的不再保留的权利（也即，不属于保留价中的部分）随着拍卖成交而消灭（除非有特别约定；《强制拍卖与强制管理法》第91条）。消灭的权利由从变价款中的价值请求权所取代（《强制拍卖与强制管理法》第92条；双重代位）。[1]

19 根据《强制拍卖与强制管理法》第93条，拍定裁定是针对土地及共同拍卖物占有人的搬出和返还名义。如果要基于这一执行名义实施强制执行，需要一个执行条款并送达。

▶《强制拍卖与强制管理法》第93条：

基于拍卖成交的裁定可对土地或者某项共同拍卖的标的物的占有人实施搬出和交出占有物的强制措施。……◀

20 拍卖变价款应首先满足费用，剩余的部分用于分配给需通过变价款受偿的权利（《强制拍卖与强制管理法》第109条）。

▶《强制拍卖与强制管理法》第109条：

（1）除因程序的启动或者债权人的加入或者因拍卖成交或者事后的分配商议而产生的费用外，其他程序费用均可从拍卖价款中优先受偿。

（2）剩余部分用于分配给需通过价款支付受偿的权利。◀

[1] Böttcher, ZVG, 5. Aufl. 2010, § 92 Rn. 1.

第十六章　强制管理

最后，对于不动产的强制执行还可以采用强制管理的方式实施，债权人从土地的收入（Erträgen des Grundstücks）中获得清偿。当债权人因为已经存在较高的物上负担而不能获得较好的强制拍卖结果时，采用这一措施是有意义的。根据《民事诉讼法》第 869 条的规定，强制管理同样适用《强制拍卖与强制管理法》。 1

除了《强制拍卖与强制管理法》第 147 条及以下数条规定的例外，强制管理的程序框架与强制拍卖（《强制拍卖与强制管理法》第 146 条第 1 款）基本一致。债务人因查封而被剥夺了土地的管理和使用权限（《强制拍卖与强制管理法》第 148 条第 2 款）。管理权限只由管理人享有，管理人由法院选任，其属于职务上的当事人，并管理债务人的特定财产。强制管理人没有变价土地的任务（债权人必须通过强制拍卖的方式），而是要从土地中获得收入。[1] 2

支出和费用需要从这些取得的收入中扣除；剩余的部分则分配给参与的债权人（《强制拍卖与强制管理法》第 155 条）。强制管理因终止裁定而终止，尤其是在清偿参与债权人后，或者在强制拍卖中拍卖成交时（《强制拍卖与强制管理法》第 161 条）。 3

章节测试

复习问题

- 强制抵押权成立的要件有哪些？ 4
- 强制拍卖命令有哪些效力？何时生效？

[1] 具体参见 Drasdo, Rechte und Pflichten des Zwangsverwalters, NJW 2011, 1782 ff., und 2012, 1922 ff.

■ 拍定裁定对于真正第三权利人有什么效力？
■ 从债权人角度而言，强制管理在什么时候有意义？

基础案例

5 1. 债权人 Goldberg 对债务人 Siegbert Silbermann 实施了强制执行。Goldberg 在 Silbermann 的一块土地上取得了强制抵押权。之后才发现，执行名义根本不是针对 Siegbert Silbermann 作出的，而是针对他的弟弟 Siegfried 的。Siegbert Silbermann 可以做什么？

2. 债权人 Goldberg 作为人身债权人对 Siegbert Silbermann 取得了一个支付名义。现在他想对 Silbermann 的一块土地通过强制拍卖实施执行。如果在这块土地上已经为 Dieter von Donat 利益负担了一个抵押权，Goldberg 必须考虑些什么？

第六编

基于物的交付或基于行为的强制执行

对于非基于金钱债权的强制执行程序，应当注意强制执行程序的一般规定（《民事诉讼法》第 704 条至第 802 条），以及以下特别规定： 1

- 第 883 条至第 886 条关于交付请求权的强制执行，也即关于交付某物的请求权（参见第十七章）
- 第 887 条至第 892 条关于行为的强制执行，也即关于作为的请求权、不作为或容忍行为的请求权（下文第十八章）
- 第 894 条至第 898 条关于判决作出意思表示（下文第十九章）

《民事诉讼法》**第 893 条**既可以适用于交付的强制执行，也可以适用于 2
行为的强制执行。

▶《民事诉讼法》第 893 条：

（1）债权人请求给付利益的权利不因本章规定而受影响。

（2）债权人应以诉讼的方式向第一审受诉法院主张其给付利益的请求权。◀

这一规定有两个功能。（1）根据该条，债权人在以下情形中仍能够起诉主张损害赔偿（“利益”）：第一，尽管就主要义务已经存在了一个生效判决；第二，在债权人根本没有尝试交付的强制执行或行为的强制执行时。[1]（2）对于该损害赔偿之诉在具体的第一审受诉法院有一个专有的（《民事诉讼法》第 802 条）审判籍，该法院作出了起初的执行名义。

[1] Thomas/Putzo-Seiler, ZPO, 36. Aufl. 2015, § 893 Rn. 3.

第十七章　交付的强制执行

参考文献：Brox/Walker，Zwangsvollsueckungsrecht，10. Aufl. 2014，Rn. 1046 ff.；Gau/Schilken/Becker-Eberhard，Zwangsvollstreckungsrecht，12. Aufl. 2010，§ 70；Heiderhoff/Skamel，Zwangsvollstreckungsrecht，2. Aufl. 2013，Rn. 651 ff.；Hein，Die Zwangsvollstreckung zur Herausgabevon Sachen，JuS 2012，902 ff.；Lackmann，Zwangsvollstreckungsrecht，10. Aufl. 2013，Rn. 384 ff.；Lippross，Zwangsvollstreckungsrecht，11. Aufl. 2014，Rn. 291 ff.

3 《民事诉讼法》第 883 条至第 886 条规定的是基于物的交付的强制执行程序：执行债权人想要实现的执行名义不是金钱的交付，而是要交付某物。就此可以区分，这一执行名义是否是：

■ 关于债务人持有（Gewahrsam）的动产（第 883 条、第 884 条；边码 4 及以下数段）

■ 关于债务人持有的不动产（第 885 条；边码 9 及以下数段）

■ 关于第三人持有的物（第 886 条；边码 13 及以下数段）

在前两种情形，执行员是享有职能管辖的执行机关。在最后一种情形，强制执行程序需要通过查封和转付对第三人的交付请求权来完成，享有职能管辖的是作为执行法院的地方法院。

一、交付债务人持有的动产

4 强制执行是基于动产的交付而实施的，当执行名义的内容是：

■ 交付一个特定的动产（特定之债），《民事诉讼法》第 883 条第 1 款情形 1

■ 从库存中交付一定数量的特定动产或者一定数量的动产，《民事诉讼法》第 883 条第 1 款情形 2

■ 给付特定数量的可替代物或者有价证券（种类之债），《民事诉讼法》

第 884 条

▶《民事诉讼法》第 883 条：

（1）债务人应交付动产或一定数量的特定动产时，由执行员将物从债务人处取走并交与债权人。

《民事诉讼法》第 884 条：

债务人应给付一定数量的代替物或有价证券时，准用第 883 条第 1 款的规定。◀

此外，交付给第三人的执行名义、动产的提存、寄送或者提出等执行名义也是按照交付的执行名义执行的。也即，在所有这些情形中，都是关于债务人必须交出其对动产的占有。有争议的是，请求债务人交付尚未制造或者尚未取得的物应当如何执行。根据主流观点，当涉及的是特定之债时，可以根据《民事诉讼法》第 887 条、第 888 条实施强制执行（对第 887 条第 3 款进行目的性限缩）。[1]

如果债务人被判决要求交付并让与动产的所有权，则交付请求权按照《民事诉讼法》第 883 条及以下，而请求作出物上合意表示则按照第 894 条及以下数条执行。在债务人处取走时，即视为将物交付给了债权人（第 897 条第 1 款）。 5

执行员享有职能管辖。他将待交付的物从债务人处取走，并交付给债权人（《民事诉讼法》第 883 条第 1 款）。 6

如果执行员找不到该物，或者债务人负担的是一个特定物之债或库存之债，依债权人申请，债务人应作出代替宣誓的保证，以保证"他没有占有物，也不知道物之所在"（《民事诉讼法》第 883 条第 2 款），如果情况有变，债权人可以申请改变代宣誓保证的内容（《民事诉讼法》第 883 条第 3 款）。债务人必须提供他能记住的所有看法和信息，以及告知为澄清物之下落而对他进行的任何询问。在种类之债时，则不适用上述规定（《民事诉讼法》第 884 条仅指引了第 1 款），因为债权人可以通过其他方式获

[1] 具体参见 Lippross, Zwangsvollstreckungsrecht, 11. Aufl. 2014, Rn. 293 ff.

得同等满足，并可以根据《民事诉讼法》第 893 条规定提起诉讼。

7 《民事诉讼法》第 811 条及以下规定的查封保护不适用于物的交付的强制执行程序，因为这些规定仅涉及基于金钱债权的强制执行程序中对财产的干预。而限制的目的是维持债务人的生存基础（上文第十章边码 37 及以下数段）。但是，在物的交付的强制执行程序中，涉及的仅是对债务人财产中特定标的的干预（无论这个物对他是否是唯一有价值的）。

8 执行员只能从债务人处取走应交付的物。因此，这一强制执行程序的前提要件包括**债务人的持有**。如果是第三人（共同）持有，则只有在第三人准备交付时，才能取走（类推《民事诉讼法》第 809 条）。否则，应按照《民事诉讼法》第 886 条的规定实施强制执行。

二、交付债务人持有的不动产

9 当**执行名义**的内容是交付、让与或者迁出土地或土地的部分时，强制执行是基于不动产的交付而实施的（《民事诉讼法》第 885 条第 1 款）。[1]

▶《民事诉讼法》第 885 条：

（1）债务人应交付、让与、迁出不动产或……，执行员应解除债务人的占有，并使债权人取得占有。……◀

10 此时仍由**执行员**享有职能管辖。他应解除债务人的占有，并使债权人取得占有（《民事诉讼法》第 885 条第 1 款）。即便是住宅，也不需要依第 758a 条规定取得法官搜查命令，因为在强制执行时并没有采取搜查（第 758a 条第 2 款）。

11 另外，同样需要满足应交付的物由**债务人持有**这一要件。如果第三人（共同）持有，而他不愿意交付时，则不能按照《民事诉讼法》第 885 条规定开启强制执行程序。

但是，如《民法典》第 855 条意义上的占有辅助人**不属于（共同）持**

---

[1] 具体参见 Schuschke, Sechs Stolpersteine auf dem Wege zur Zwangsräumung einer Mietwohnung, Jus 2008, 977 ff.

有人。根据主流观点，债务人应返还承租房屋时，他未成年的孩子也不属于持有人。因此，对于未成年的孩子，不需要单独的执行名义。根据通说，配偶、生活伴侣、非婚同伴或者其他共同居住人则相反：通常需要一个执行名义。不同的观点则认为，对于不属于租赁合同当事人的，可以基于只针对承租人的执行名义实施强制执行。

另外，根据《民事诉讼法》第 885 条的强制执行须满足依第 721 条、第 794a 条为债务人设定迁出期限届满的要件。[1] 执行员应将动产从土地上搬离，并根据《民事诉讼法》第 885 条第 2 款至第 5 款的规定处理。 12

三、交付第三人持有的物

如果第三人（共同）持有应交付的物，而他又不愿交付，执行员便无法按照《民事诉讼法》第 883 条及以下、第 885 条的规定为债权人取得占有，因为他没有对第三人采取执行措施的权限，除非对该第三人存在一个执行名义。债权人为了取得这样一个执行名义，需要取得债务人对第三人享有的交付请求权的收取权。为了获得收取权，他可以查封债务人对第三人的这一交付请求权，并将其转付给自己（第 886 条结合第 828 条及以下数条）。 13

▶《民事诉讼法》第 886 条：

应交付的物由第三人保管时，依债权人的申请，按照关于金钱债权的查封与转付的规定，将债务人的物的交付请求权转付于债权人。◀

这一规定有两个功能：（1）它使得在基于物的交付的强制执行程序中可以适用《民事诉讼法》第 828 条及以下数条的规定，尽管在第 828 条及以下数条的适用范围内查封和转付债务人对第三人的债权的前提是基于金钱债权实施强制执行程序。（2）它使得对债务人物的交付请求权的执行像执行金钱债权一样实施。不过，和《民事诉讼法》第 846 条及以下数条的规定不同，这里债权人是要取得物的占有，所以不再需要对物进行变价。

---

[1] Musielak/Voit/Lackmann, ZPO, 12. Aufl. 2015, § 885 Rn. 4.

14 和对所有债务人对第三债务人享有债权的强制执行程序一样，地方法院作为**执行法院**享有职能管辖。它对交付请求权的查封和转付，依《民事诉讼法》第 828 条及以下数条的规定作出裁定。

15 如果第三人不愿将物交付债权人，和所有其他对债务人对第三债务人债权的强制执行程序一样，债权人需要对第三债务人实施一个收取诉讼，通过这个方式对第三债务人取得一个执行名义，然后债权人基于这一执行名义根据《民事诉讼法》第 883 条及以下、第 885 条的规定实施强制执行。

第十八章　行为的强制执行

参考文献：Brox/Walker, Zwangsvollstreckungsrecht, 10. Aufl. 2014, Rn. 1064 ff.; Gaul/Schilken/Becker-Eberhard, Zwangsvollstreckungsrecht, 12. Aufl. 2010, § § 71, 73; Guntau, Fälle zum Vollstreckungsrecht nach § § 887-890 ZPO, JuS 1983, 687ff., 782ff., 939 ff.; Heiderhoff/Skamel, Zwangsvollstreckungsrecht, 2. Aufl. 2013, Rn. 674 ff.; Huber, Aus der Praxis: „Billiger“ Erfüllungseinwandin der Handlungsvollstreckung, JuS 2005, 511 ff.; Kornol/Wahlmann, Zwangsvollstreckungsrecht, 2012, Rn. 509 ff.; Lackmann, Zwangsvollstreckungsrecht, 10. Aufl. 2013, Rn. 395 ff.; Lippross, Zwangsvollstreckungsrecht, 11. Aufl. 2014, Rn. 641 ff.

《民事诉讼法》第 887 条至第 892 条规定了基于作为、不作为或容忍某种行为的强制执行程序。根据行为义务的种类可以分为： 1

- 关于可替代行为的，可以以债务人的费用通过替代行为作出，第 887 条（边码 7 及以下数段）
- 关于不可替代行为的，可以通过惩罚措施强制债务人作出行为，第 888 条（边码 10 及以下数段）
- 关于不作为或容忍某种作为的，可以通过对债务人违反义务的行为判令违警罚款（Ordungsgeld）或违警拘留（Ordnungshaft），第 890 条（边码 13 及以下数条）

如果一个行为可以由第三人作出，且从债权人角度看，能达到和债务人亲自作出一样的法律及经济效果，则是可替代的。在有疑问时多认为该行为具有可替代性，因为根据《民事诉讼法》第 887 条实施的强制执行程序相对于第 888 条而言，是较轻的干涉。 2

从法律关系中解脱的请求权应按照《民事诉讼法》第 887 条的规定执

行。这是因为，一方面，对于债务人来说，可以自由选择各种方式解脱（清偿、债务承担、抵销）。另一方面，又不只是债务人能够带来这种效果。撤回和回复（Gegendarstellung）是不可替代的行为。如果债务人没有被判决要求作出意思表示（因此不能根据《民事诉讼法》第 894 条规定通过拟制作出意思表示），而是在诉讼和解中约定了这样一个义务，则作出意思表示的请求权也要根据《民事诉讼法》第 888 条的规定执行。[1] 相反，如果判决中的意思表示不够明确的话，《民事诉讼法》第 888 条也不能适用。[2] 如果执行名义中规定的是债务人的继续性义务，可以根据《民事诉讼法》第 887 条、第 888 条达到符合义务的状态。如果债务人阻碍这一状态，为了重回这一状态，必须重新就不作为获得一个执行名义，并根据《民事诉讼法》第 890 条的规定强制执行。仅根据继续性义务，不能适用第 890 条的规定。

3 职能管辖始终由第一审受诉法院享有。如果是州法院，则必须由律师提出执行申请。[3] 法院通过裁定作出裁判（根据《民事诉讼法》第 128 条第 4 款可以不经言词辩论作出），但应当保障债务人的法定听审权（《民事诉讼法》第 891 条）。

▶《民事诉讼法》第 891 条：

依第 887 条至第 890 条所作的裁判可以不经言词辩论作出。在裁判前应询问债务人。……◀

4 债务人可以提出抗辩称，负担的行为已经作出了。这一**履行抗辩**应在执行异议之诉中进行审查。[4] 其他实体法上的抗辩可以在执行异议之诉中主张。[5]

5 根据《民事诉讼法》第 892 条的规定，执行员可以排除采取替代行为

---

[1] So MünchKommZPO/Gruber, 4 Aufl. 2012, § 888 Rn. 6ff.; 不过，债权人之后通过新的诉讼要求作出意思表示也能直接达到目的。

[2] BGHZ 190, 1 = NJW 2011, 3161.

[3] Thomas/Putzo-Seiler, ZPO. 36. Aufl. 2015, § 891 Rn. 3.

[4] BGHZ 161, 67 = NJW 2005, 367 (369) m.w.N. auch zur Gegenansicht; Thomas/Putzo-Seiler, ZPO, 36. Aufl. 2015, § 887 Rn. 4, § 888, Rn. 7; Lackmann, Zwangsvollstreckungsrecht, 10. Aufl. 2013, Rn. 409.

[5] Lippross., Zwangsvollstreckungsrecht, 11. Aufl. 2014, Rn. 648 a.E.

时的抵抗或者对依第 890 条应当容忍行为的抵抗。

法律救济（Rechtsmittel）是根据《民事诉讼法》第 793 条提起即时抗告， 6
因为这涉及在强制执行程序中不经言词辩论作出的裁判。

一、可替代行为的强制执行

根据《民事诉讼法》第 887 条第 1 款的规定，可替代行为是通过债权 7
人向第一审受诉法院提交申请以获得授权，以债务人的费用作出。同时可以判令债务人预先支付费用（第 887 条第 2 款）。

▶《民事诉讼法》第 887 条：

（1）债务人不履行某种行为，而此项作为是第三人可以实行的，第一审受诉法院依申请授权债权人，以债务人的费用实行。

（2）债权人可以同时申请，判令债务人预付实施该项作为的费用，如实行该项作为支出超额费用时，有权再次请求。◀

在执行申请中，债权人必须明确描述希望获得法院授权作出的行为。[1] 8
债权人至少应当主张债务人没有或没有按照约定履行负担的行为。[2]

允许裁定使得债务人负有容忍必要行为的义务。如果裁定要求债务人 9
支付预付款，则裁定本身也是一个执行名义（《民事诉讼法》第 794 条第 1 款第 3 项），基于这一执行名义可以按照《民事诉讼法》第 803 条及以下数条强制执行。[3] 预付款不能覆盖的实施费用，可以根据《民事诉讼法》第 788 条第 1 款主张，或者根据第 788 条第 2 款在一个专门的费用确定裁定中获得执行名义，根据第 794 条第 1 款第 2 项，基于这一执行名义可以按照第 803 条及以下数条规定实施强制执行。[4] 如果该行为需要第三人的协助，则只有在第三人同意或者对第三人存在一个容忍执行名义时，才能

---

[1] OLG Bamberg., NJW-RR 2000, 358；反对的观点参见 Lippross, Zwangsvollstreckungsrecht, 11. Aufl. 2014, Rn. 645.

[2] Thomas/Putzo-Seiler, ZPO, 36. Aufl. 2015, § 887 Rn. 4.

[3] Thomas/Putzo-Seiler, ZPO, 36. Aufl. 2015, § 887 Rn. 9.

[4] Hk-ZPO/Pukall, 6. Aufl. 2015, § 887 Rn. 14.

根据《民事诉讼法》第 887 条实施强制执行。[1]

二、不可替代行为的强制执行

10 根据《民事诉讼法》第 888 条第 1 款，不可替代行为的强制执行要通过强制惩罚（Beugezwang）来实施：基于债权人的申请，可以对债务人采取惩罚措施（强制罚款或强制拘留）以强制其作出行为。但根据《民事诉讼法》第 888 条第 2 款，不能事前进行威吓。强制罚款金额最少为 5 欧元（《刑法实施法》），最高为 25000 欧元（《民事诉讼法》第 888 条第 1 款第 2 句）。如果不支付强制罚款，则采取代替性强制拘留。除了强制罚款，也可以实施强制拘留，其持续时间不必提前确定。最少为一天（《刑法实施法》第 6 条第 2 款第 1 句），最高为六个月（《民事诉讼法》第 888 条第 1 款第 3 句、第 802j 条第 1 款）。

▶《民事诉讼法》第 888 条：

（1）一种作为不能由第三人实行，而且是完全取决于债务人的意思时，第一审受诉法院依申请可以宣告，债务人如不实行该项作为时，将处以强制罚款；如仍不支付罚款，则处以强制拘留，或者直接处以强制拘留。一次罚款的数额不得超过 25000 欧元。……

（2）不得以强制手段威吓。

（3）本条规定不适用于根据雇佣契约判令给付劳务的情形。◀

11 强制惩罚的前提是，负担的给付完全取决于债务人的意思。因此，如果行为（客观不能或者对债务人而言）履行不能时，或者当债务人不再具备资金或者必要的艺术、学识能力时，不能实施强制执行。[2] 对于高人身附属性的劳务，也不能实施强制执行（《民事诉讼法》第 888 条第 3 款；通过对该条目的性限缩，可替代的劳务可以按照第 887 条执行）。法院根据比例原则进行选择。如果债务人不作出行为，可以多次实施强制手段。

---

[1] OLG Zweibrücken, NJW-RR 1998, 1767.

[2] Lippross, Zwaingsvollstreckungsirecht, 11. Aufl. 2014, Rn. 653. 但是接受贷款的义务参见 Thomas/Putzo-Seiler, ZPO, 36. Aufl. 2015, § 888 Rn. 3.

如果需要第三人的协助，只有在以债务人的力量可以做到这一点时，才能对债务人依《民事诉讼法》第 888 条施加强制。[1]

为了执行这一命令裁定，需要一个专门的债权人申请。[2] 强制措施按照《民事诉讼法》第 803 条及以下数条（强制罚款）、第 802g 条及以下数条（强制拘留）的规定实施。收取的强制罚款存入国库，而非给债权人。如果债务人作出了负担的行为，已经作出的裁定也不必再执行了，因为强制手段的目的已经实现了。[3] 12

三、不作为或者容忍某行为的强制执行

不作为或容忍义务的强制执行根据《民事诉讼法》第 890 条规定，通过处罚违反义务的行为来实现。 13

▶《民事诉讼法》第 890 条：

（1）债务人违反其不作为或容忍某种作为的义务时，第一审受诉法院应依债权人的申请因每一次违反行为对债务人处以违警罚款（Ordnungsgeld），如不履行罚款，则处以违警拘留（Ordnungshaft）；或处以六个月以下的违警拘留（Ordnungshaft）。一次违警罚款的数额不得超过 25000 欧元，违警拘留不得超过两年。

（2）在宣告义务的判决中如未对被告进行警诫时，第一审受诉法院应依申请在判处之前，预先进行相应的警诫。◀

《民事诉讼法》第 890 条意义上的不作为是指不影响特定因果关系的克制行为。它可能表现为债务人对现存的状况不施加自己的影响，不过也可以表现为在因果关系中为实现变化或阻止变化而作出的积极行为。容忍是不作为的子类。[4] 14

是否存在违反待清偿的义务，取决于执行名义的内容，因此其内容必 15

---

[1] Hk-ZPO/Pukall, 6. Aufl. 2015, § 888 Rn. 6.

[2] BGH NJW 1983, 1859 (1859 f.).

[3] Lackmann, Zwangsvollstreckungsrecht, 10. Aufl. 2013, Rn. 405.

[4] Hk-ZPO/Pukall, 6. Aufl. 2015, § 890 Rn. 4 f.

须足够确定，不过也可以对其进行解释。执行名义的保护范围涉及所有违反行为，以及依通行观点与该违反行为相同且核心一致的行为（核心违反；所谓的核心理论）。[1] 债务人必须对违反义务有过错。过失即可满足这一要件，在组织过错（Organisationsverschulden）和选任过错（Auswahlverschulden）时也是如此。[2]

16 根据《民事诉讼法》第 890 条第 2 款的规定，在作出违警措施（Ordnungsmittel）决定前，应当依债权人的申请，预先进行相应的警诫。在违反义务的行为有过错且在经过预先的警诫后，基于债权人的申请，在满足一般程序要件和一般强制执行要件前提下（尤其是：债权人有权利保护需要），可以**作出违警措施**。违警措施的选择和裁量，由法院进行。[3] 如果债务人对违反义务行为有异议，债权人必须加以证明。[4] 作出的违警措施依职权实施强制执行，不通过债权人实施。[5]

17 警诫可以包含在判决或者假处分命令中，或者（在执行名义为诉讼和解协议时）通过专门的裁定作出。如果对执行名义的违反行为不再存在，仍然要执行违警措施，因为它的目的是处分违反法院命令的行为。[6] 如果不作为执行名义属于《家庭暴力防护法》的范围，则除了《民事诉讼法》第 890 条规定的违警措施外，还可以通过执行员的直接强制消除持续性的违反义务行为（《家庭案和非讼管辖事项程序法》第 96 条）。[7]

---

[1] BGH NJW 2014，2870（Rn. 11 ff.）；Musielak/Voit/Lackmann，ZPO，12. Aufl. 2015，§ 890 Rn. 4.

[2] Hk-ZPO/Pukall，6，Aufl. 2015，§ 890 Rn. 7.

[3] Thomas/Putzo-Seiler，ZPO，36. Aufl. 2015，§ 890 Rn. 26.

[4] Lackmann，Zwangsvollstreckungsrecht，10. Aufl. 2013，Rn. 417.

[5] Muselak/Voit/Lackmann，ZPO，12. Aufl. 2015，§ 890 Rn. 15.

[6] Lackmann，Zwangsvollstredungsrecht，10. Aufl. 2013，Rn. 419；Lippross，Zwangsvollstreckungsrecht，11. Aufl. 2014，Rn. 666，ff.；两者提供的其他参考文献以及相反观点。

[7] Lackmann，Zwangsvollstreckungsrecht，10. Aufl. 2013，Rn. 417.

第十九章　判决作出意思表示的强制执行

参考文献：Brox/Walker，Zwangsvollstreckungsrecht，10. Aufl. 2014，Rn. 1111 ff.；Gaul/Schilken/Becker-Eberhard，Zwangsvollstreckungsrecht，12. Aufl. 2010，§ 72；Heiderhoff/Skamel，Zwangsvollstreckungsrecht，2. Aufl. 2013，Rn. 690 ff.；Kornol/Wahlmann，Zwangsvollstreckungsrecht，2012，Rn. 543 ff.；Lackmann，Zwangsvollstreckungsrecht，11. Aufl. 2013，Rn. 420 ff.；Lippross，Zwangsvollstreckungsrecht，11. Aufl. 2014，Rn. 673 ff.

最后，《民事诉讼法》第 894 条至第 898 条规定的判决债务人**作出意思表示**的情形。这一情形属于不可替代的行为，按说应当依《民事诉讼法》第 888 条的规定执行。但是，如果强制执行基于一个判决而实施，法律为简化，在《民事诉讼法》第 894 条及以下数条规定意思表示以拟制方式作出。因此，这些规范要优先于第 888 条适用。 1

如果这一义务不是在判决中确定，而是在如诉讼和解协议或者可执行的文书中作出的，则债权人必须根据《民事诉讼法》第 888 条实施强制执行，或者提起一个给付之诉。不过，第 894 条及以下数条的规定可以适用于发生既判力的裁定。[1]

▶《民事诉讼法》第 894 条：

债务人受到判决，应作出一定意思表示的，判决发生既判力时视为已作出意思表示。意思表示需待作出对待给付时，依第 726 条、第 730 条将确定判决的有执行力的正本交付时，发生效力。◀

[1] Thomas/Putzo-Seiler，ZPO，36.Aufl. 2015，§ 894 Rn. 3f.

2 在执行名义发生形式既判力时，意思表示即拟制作出。

当判决的是同时履行时，《民事诉讼法》第894条第2句规定了一个例外：拟制效果只有在交付发生既判力执行名义的有执行力的正本时才会发生。而正本的交付需要满足《民事诉讼法》第726条第2款规定的证明，或者根据第731条提起执行条款发放之诉。

3 判决可以代替所有意思表示应当作出的形式。但受领不能被代替，债权人接受的意思表示也不能被代替。通过先予执行可以拟制同意预告登记或异议登记（《民事诉讼法》第895条）。

章节测试

复习问题

4 《民事诉讼法》第893条可以适用于下列哪些情形：（1）物的交付的强制执行？（2）基于金钱债权的强制执行以及物的交付的强制执行？（3）物的交付的强制执行以及行为的强制执行？

■ 如果物由第三人持有时，物的交付的强制执行应如何实施？

■ 为什么《民事诉讼法》第811条及以下数条规定的查封保护规定不能适用于物的交付的强制执行？

■《民事诉讼法》第887条至第892条规定的行为的强制执行应当分为哪些类型？

■ 请举例说明不能实施《民事诉讼法》第888条中规定的强制惩罚措施，因为作出行为不仅仅取决于债务人的意思。

■《民事诉讼法》第890条意义上的不作为是指什么？

基础案例

5 1. Gottlieb Goldberg对Siegbert Silbermann享有一个要求Silbermann交付由其绘制的绘画的执行名义。当Goldberg想通过执行员Gerold Gewiss强制执行时，Silbermann抗辩称，这张挂在Silbermann的绘画和上色业务销售室的绘画是由他和他的雇员Arp Andersson共同持有。可以吗？

2. Silbermann 被判决要求在 Gotdieb Goldberg 的墙面（需要重新涂 6
漆）进行大规模维修工作，但是他拒绝了，因为他们最近闹翻了。可以向 Goldberg 提什么建议？

第七编

强制执行程序中及之后的法律救济

在强制执行法中有多个层次涉及法律救济的问题。 1

首先是对执行行为提出异议或者对反对拒绝作出执行行为的法律救济，或者，一般来说，关于应符合强制执行法的法律救济，以及债务人的执行保护申请和债权人反对提供执行保护的法律救济（执行程序内的法律救济）。其次是实体法上的权利主张，一方面借助特殊的执行法诉讼，另一方面借助一般的给付和确认之诉。

在执行条款发放程序中的法律救济已经在执行条款作为一般强制执行要件的体系中谈到过（上文第六章边码35及以下数段）。假扣押程序中的法律救济参见下文第二十二章边码11及以下。

第二十章　执行程序内的法律救济

2　执行程序内法律救济的首要目的是确保**遵守强制执行法**。主要有：

■《民事诉讼法》第766条规定的执行抗议（边码4及以下数段）

■《民事诉讼法》第793条、第567条及以下数条规定的即时抗告（边码26及以下数段）

■在登记强制抵押权时（《民事诉讼法》第867条），《土地登记簿法》第71条规定的土地登记抗告（上文第十四章边码11）

■当对司法辅助官的裁判没有其他法律救济途径时，采用辅助的《司法辅助官法》第11条第2款规定的司法辅助官抗议（边码44）

3　执行程序内法律救济的次要目的在于提供或拒绝提供执行保护（边码45及以下数段）。

一、抗议，《民事诉讼法》第766条

参考文献：Becker，Die Vollstreckungserinnerung，§ 766 ZPO，JuS 2011，37 ff.；Brox/Walker，Zwangsvollsrreckungsrecht，10. Aufl. 2014，Rn.1160 ff.；Gaul/Schilken/Becker-Eberhard，Zwangsvollstreckungsrecht，12. Aufl. 2010，§ 37；Heiderhoff/Skamel，Zwangsvollstreckungsrecht，2. Aufl. 2013，Rn. 483 ff.；Koch，„Der Gerichtsvollzieher ziert sich“，JA 2011，749 ff.；Kornol/Wahlmann，Zwangsvollstreckungsrecht，2012，Rn. 107 ff.；Kruse，Aus der Praxis：Erinnerunggegen Zwangsvollstreckungsmaßnahmen wegen bestehender Sicherheiten，JuS 2013，415 ff.；Lackmann，Zwangsvollstreckungsrecht，10. Aufl. 2013，Rn. 190 ff.，325 ff.；Lippross，Zwangsvollstreckungsrecht，11. Aufl. 2014，Rn. 332 ff.；Staufenbiel/Meurer，Vollstreckungserinnerungund Vollstreckungsabwehrklage，JA 2005，879 ff.；K. Schmidt，Die Vollstreckungserinnerung imRechtssystem–Dogmatik und Praxis eines „Rechtsbehelfs eigener Art“，JuS 1992，90 ff.；Wittschier，Die Vollstreckungserinnerung gem. § 766 ZPO，JuS 1999，585 ff.；Wittschier，Der praktische Fall–Vollstreckungsrechtsklausur：Der „devere“ Schuldner，JuS 2000，173 ff.

根据《民事诉讼法》第766条提出的抗议（也称为：执行抗议），其结果是对执行措施的合法性获得一个法官裁判。通过这一方式——和行政法院的程序一样——可以保障执行程序的法治性以及当事人的合法听审权。[1]抗议不是法律救济（Rechtsmittel），因为它没有移审效果（Devolutiveffekt，它只能获得一次性的法官裁判，而不能进入更高的审级）。抗议也没有暂停效果（Suspensiveffekt，它不能发生任何的推迟效力）。 4

但是，执行法院可以根据《民事诉讼法》第766条第1款第2句作出第732条第2款中规定的暂时停止命令，使强制执行在提供担保或不提供担保时中止，或者只有在提供担保时才能继续实施。根据《民事诉讼法》第775条第2款，这一命令对于其他执行行为而言属于执行障碍。但不能撤销执行措施。[2]

尽管抗议程序和行政法院程序比较相似，但它属于强制执行程序当事人之间的当事人程序（Parteiverfahren）（上文第一章边码7）。 5

▶《民事诉讼法》第766条：

（1）对于强制执行的种类和方式，或对于执行员在执行时应遵守的程序提出申请、异议与抗议时，由执行法院裁判。执行法院有权发出第732条第2款规定的命令。

（2）执行员拒绝接受执行委任，或拒绝依照委任实施执行行为时，或者对于执行员所计算的费用提出的异议，由执行法院裁判。◀

（一）适当性（Statthaftigkeit）

抗议主要出现在以下情形中： 6

■ 债务人或第三人抗议对程序规定的违反，也即强制执行的种类和方式，或者执行员在执行时应遵守的程序（《民事诉讼法》第766条第1款），

---

[1] Lackmann, Zwangsvollstreckungsrecht, 10. Aufl. 2013, Rn. 190 f.; MünchKommZPO/K. Schmidt/Brinkmann, 4. Aufl. 2012, § 766 Rn. 1.

[2] Thomas/Putzo-Seiler, ZPO. 36. Aufl. 2015, § 732 Rn. 11.

以获得《民事诉讼法》第 775 条第 1 项规定的作为执行障碍的法院裁判，以及根据第 776 条撤销执行措施（上文第九章边码 4）

■ 债权人抗议执行员违法拒绝实施某个执行行为（《民事诉讼法》第 766 条第 2 款）

7 在第一种情形中，对于执行法院作出的执行行为，应当区分抗议和《民事诉讼法》第 793 条、第 567 条及以下数条规定的即时抗告。也就是说，如果执行行为是一个裁判，则应提起即时抗告（上文第三章边码 41 及以下数段）。其他执行机关的执行行为要么绝对不是（执行员）裁判，要么始终是（第一审主审法院）裁判，所以不存在区分的问题。土地登记机关的执行行为则特别适用《土地登记簿法》第 71 条规定的土地登记抗告。

8 抗议目的在于纠正违反重要强制执行程序法律的行为。因此，对于不属于程序违反的实体法上的抗辩，抗议程序并不适当。这些抗辩应当通过基于实体法的执行法律诉讼（《民事诉讼法》第 767 条、第 771 条、第 805 条）进行主张。

除非实体法上的抗辩同时可以证明构成了一项程序法上的违反，此时可以通过抗议程序来主张，例如履行（根据《民法典》第 362 条的实体法上异议），根据《民事诉讼法》第 775 条第 4 项、第 5 项同时也被视为执行障碍。[1]

当债务人主张执行名义的有效性抗辩时，抗议程序同样也不适当；适当的法律救济途径是类推《民事诉讼法》第 767 条的执行名义反对之诉。

（二）管辖

9 如果抗议的情况没有得到纠正，则由执行法院对抗议作出裁判。地方法院享有事务管辖，根据《司法辅助官法》第 20 条第 17 项第 2 句，由法官作出裁判。根据《民事诉讼法》第 764 条第 2 款的规定，执行程序应当开始或实际开始地区的所属地方法院享有地域管辖权，除非有特别规定（尤其是《民事诉讼法》第 828 条第 2 款）。

10 根据《民事诉讼法》第 802 条，以上管辖均属于**专属管辖**。

[1] Hk–ZPO/Kindl, 6. Aufl. 2015, § 766 Rn. 2.

▶《民事诉讼法》第 802 条：
本编所定的法院管辖均为专属管辖。◀

（三）抗议权限

11 抗议中没有写明的可受理性要件是抗议人的抗议权限（也即不服之利益）。根据抗议人的陈述，在有争议的执行措施对其**权利有影响**时，存在抗议权限。也即，主张违反程序规定的行为至少是为了保护抗议人。[1]

12 执行行为针对的**债务人**，当其主张该行为违反某一程序规定时，原则上是有抗议权的。仅有个别程序规定（至少）不是为了保护债务人。

13 相反，不属于执行措施相对人的第三人，原则上没有抗议权。如果第三人（即对该第三人不存在执行名义）是执行措施的相对人，则和债务人一样，有抗议权。[2]

举例：对第三人不准备交出的物违反《民事诉讼法》第 809 条规定查封时，或者查封明显是第三人所有的物时，债务人不能主张。有受抚养权的家庭成员可以主张违反《民事诉讼法》第 811 条第 1 款第 1 项。债权查封时的第三债务人可以主张所有程序瑕疵。[3]

14 当债权人的执行申请被拒绝时，其享有抗议权限（形式的不服之利益）。

（四）权利保护需要

15 当对抗议人而言存在一个更为简便的救济途径时，当通过抗议想要达到的权利保护目的不能够实现或仍然不能实现时，以及例外的，当权利保护是以好诉、滥用方式或者尽管失权[4]仍然使用时，缺少**权利保护需要**。

16 对于债务人和第三人来说，通过抗议想要达到的权利保护目的是阻止强制执行。因此，原则上如果执行行为已经开始且在结束前，都存在权利

---

[1] Hk–ZPO/Kindl, 6. Aufl. 2015, § 766 Rn. 10; anders Musielak/Voit/Lackmann, ZPO, 12. Aufl. 2015, § 766 Rn. 18, s. aber auch Rn, 19.

[2] Thomas/Putzo–Seiler, ZPO, 36. Aufl. 2015, § 766 Rn. 21a.

[3] MünchKommZPO/K. Schmidt/Brinkmann, 4. Aufl. 2012, § 766 Rn. 28, 30 f.

[4] Beispiel bei MünchKommZPO/K. Schmidt/Brinkmann, 4. Aufl. 2012, § 766 Rn. 41 a.E.

保护需要。[1] 执行行为开始于执行机关的第一项强制方式实现或保全债权的行为。执行行为在其完全结束后才算终止，如当变价款分配完毕时。[2]

在执行行为开始前，只有在执行即将开始，且可以料到会造成不可逆转的负面影响时，债务人才存在权利保护需要。[3] 执行行为终止后，原则上即不存在任何权利保护需要。[4] 除非执行行为的效力通过其他方式继续存在，需要借助抗议进行消除时，才有所不同。[5]

17 只要债权人获得了可执行的正本后，即享有权利保护需要。[6]

（五）形式与期限

18 法律没有特别规定抗议的形式，所以可以类推适用《民事诉讼法》第569条第2款和第3款的规定。因此，抗议应以书面形式（第2款）或者——因为地方法院享有事务管辖权（上文边码9），而在地方法院不存在强制律师代理（参见《民事诉讼法》第78条第1款）——由书记科作成记录（第3款第1项）。

19 抗议不受任何**期限**的约束。[7] 因此，时间限制只是由于失去目的，或者因失去而不存在权利保护需要。

（六）裁判

20 债务人或第三人的抗议如果是针对司法辅助官作出的执行措施的，抗议可以纠正司法辅助官，由他自己撤销自己作出的执行措施。

反对纠正裁判，可以根据《民事诉讼法》第793条、第567条及以下数条结合《司法辅助官法》第11条第1款，提起即时抗告。相反，司法辅助

[1] Hk-ZPO/Kindl, 6. Aufl. 2015, § 766 Rn. 11.

[2] Lackmann, Zwangsvollstreckungsrecht, 10. Aufl. 2013, Rn. 9.

[3] Hk-ZPO/Kindl, 6. Aufl. 2015, § 766 Rn. 11.

[4] BGH NJW-RR 2010, 785 (785); HK-ZPO/Kindl, 6. Aufl. 2015, § 766 Rn.11.

[5] Vgl. LG Düsseldorf, DGVZ 1985, 152.

[6] Thomas/Putzo-Seiler, ZPO, 36. Aufl. 2015, §766 Rn. 22.

[7] BGH DGVZ 2012, 11 (12); Thomas/Putzo-Seiler, ZPO, 36. Aufl. 2015, § 766 Rn. 20.

官无权对抗议作出否定裁判，司法辅助官应将抗议递交法官，只能由法官作出否定裁判。

21 如果债权人的抗议是针对拒绝实施某项执行行为，通过抗议可以纠正执行员实施该执行行为。相反，执行员无权因为抗议而撤销某项已经实施的执行行为，因为执行行为的撤销要件专门规定在《民事诉讼法》第775条、第776条，而这些规定要求法院的裁判。[1]

22 如果抗议不能获得纠正结果，则需要提交给执行法院，由法院作出裁判。执行法院需要审查抗议的可受理性和具备理由，也就是说，实施的执行措施的违法性是因为执行机关原因。对于抗议人没有抗议的违法行为也需要进行审查。[2]

23 当执行行为违反了不仅仅是保护第三人的规范时，债务人的抗议即具备理由。当执行行为违反了至少是保护第三人的规范时，第三人的抗议即具备理由。原则上执行行为是否违反规范——与一般规则一样——应当以异议裁定时为准。只有不可查封规则在适用上有特殊性：不必考虑查封后才出现的不可查封情况，也即，此时是以查封的时点为准（上文第十章边码41）。[3] 实施的具体的执行行为会被宣告为不合法。当债权人申请的执行行为被不法拒绝、不情愿或者不按照申请的范围实施时，债权人的抗议具备理由。[4] 执行员会被指示采取执行行为，或者不应以先前给出的理由拒绝。

以债务人或第三人抗议具备理由的裁判主旨**为例**："债权人基于……（执行名义）的强制执行程序查封债务人汽车（详细描述）的行为不合法。"被宣告为不合法的并非整个强制执行，而是某个具体的执行行为。债权人的抗议具备理由的例子："基于债权人的抗议，指示执行员，按照债权人的申请实施（具体描述）执行措施。"[5]

---

[1] Zöller/Stöber, ZPO, 30. Aufl. 2014, § 766 Rn. 23 f.

[2] MünchKommZPO/K. Schmidt/Brinkmann, 4. Aufl. 2012, § 766 Rn. 50.

[3] Musielak/Voit/Lackmann, ZPO, 12. Aufl. 2015, § 766 Rn. 23 f.; zum Streitstand Lippross, Zwangsvollstreckungsrecht, 11. Aufl. 2014, Rn. 353.

[4] Kornol/Wahlmann, Zwangsvollstreckungsrecht, 2012, Rn. 129 ff.

[5] Kornol/Wahlmann, Zwangsvollstreckungsrecht, 2012, Rn. 134.

24 如果抗议不具备理由，则应被驳回（zurückweisen）、不准许的（unzulässig）、不予受理（verwerfen）。[1]

25 根据《民事诉讼法》第 764 条第 3 款的规定，执行法院的异议裁判是通过裁定（Beschluss）作出的，且根据《民事诉讼法》第 128 条第 4 款，并非基于言词辩论作出。[2] 针对这一裁定可以依《民事诉讼法》第 793 条规定，提起第 567 条及以下数条规定的即时抗告。

如果抗告法院（Beschwerdegericht）撤销了宣告强制执行为不合法的异议裁定，并不会自动重新实施被撤销的执行措施。债权人必须重新推动强制执行，而且有可能会劣势于竞争债权人。只有执行法院通过类推适用《民事诉讼法》第 570 条第 2 款作出暂停命令，将异议裁定推迟到其生效后再实施，才能避免这种情况。[3]

如果对异议裁定提起了即时抗告，对抗告法院作出的执行措施的法律救济途径取决于债务人是否得到了法定听审：如果是，则只能根据《民事诉讼法》第 574 条提起抗告；如果不是，则适当的法律救济途径是《民事诉讼法》第 766 条第 1 款规定的抗议，对该抗议由抗告法院自行作出裁决。[4]

二、即时抗告，《民事诉讼法》第 793 条、第 567 条及以下数条

参考文献：Brox/Walker, Zwangsvollstreckungsrecht, 10. Aufl. 2014, Rn. 1250 ff.; Gaul/Schilken/Becker-Eberhard, Zwangsvollstreckungsrecht, 12. Aufl. 2010, § 38; Heiderhoff/Skamel, Zwangsvollstreckungsrecht, 2. Aufl. 2012, Rn. 515 ff.; Kornol/Wahlmann, Zwangsvollstreckungsrecht, 2012, Rn. 140 ff.; Lackmann, Zwangsvollstreckungsrecht, 10. Aufl. 2013, Rn. 225 ff., 330ff.; Lippross, Zwangsvollstreckungsrecht, 11. Aufl. 2014, Rn. 361 ff.; Schneider/Klein, Die sofortigeBeschwerde in der Zwangsvollstreckung-Aufbau und Probleme, JA 2006, 445 ff.

---

[1] 术语有时并不统一，参见 Kornol/Wahlmann, Zwangsvollstreckungsrecht, 2012, Rn. 134.

[2] Musielal/Voit/Lackmann, ZPO, 12. Aufl. 2015, § 764 Rn. 6.

[3] Hk-ZPO/Kindl, 6. Aufl. 2015, § 766 Rn. 17.

[4] BGH NJW 2011, 525（526）; Thomas/Putzo-Seiler, ZPO, 36. Aufl. 2015, § 766 Rn. 29.

《民事诉讼法》第793条、第567条及以下数条规定的即时抗告作为法律救济（Rechtsmittel），可以促使抗告法院对执行程序中的裁定进行审查，也即更高的审级。因此，即时抗告有移审效力。它同样会阻碍有争议的裁判的既判力（暂停效力），但不会阻碍它的实施（参见《民事诉讼法》第570条第1款）。[1] 26

但是，作出裁判的法院，对于有争议的，可以依《民事诉讼法》第570条第2款命令暂停裁判的实施，抗告法院也可以依第570条第3款作出一个暂停命令（特别是暂停裁判的实施）。 27

抗告程序适用《民事诉讼法》第567条及以下数条的规定，强制执行程序法中只有少数特别规定。 28

（一）适当性

根据《民事诉讼法》第567条第1款第1项，在法律明确规定时，针对地方法院或州法院的一审裁判，即时抗告是适当的。第793条即就强制执行程序作出了这一规定。根据该条规定，"对于在强制执行程序中不经言词辩论所作出的裁判"，即时抗告是适当的。 29

▶《民事诉讼法》第567条：
（1）针对初级法院和州法院的一审裁判可以提起即时抗告，如果：
1. 法律明确规定的；……
《民事诉讼法》第793条：
对于在强制执行程序中不经言词辩论所作出的裁判，可以提起即时抗告。◀

强制执行程序中的裁判能否不经言词辩论而作出，规定在《民事诉讼法》第128条第4款。 30

▶《民事诉讼法》第128条：
（4）除另有规定外，法院除判决外的裁判可以不经言词辩论而作出。◀

---

[1] Rosenberg/Schwab/Gottwald, Zivilprozessrecht, 17. Aufl. 2010, § 147 Rn. 22.

因此，即时抗告针对的只是**裁定**，而非判决。在裁判前是否已经存在言词辩论，均无关紧要。即时抗告是适当的，完全是因为言词辩论不是必须进行的。涉及的裁定包括：

- 执行法院的裁定
- 第一审主审诉讼法院的裁定
- 地方法院法官的裁定

32 不过，对于执行法院的裁定需要注意，如果裁定中作出的是《民事诉讼法》第 766 条第 1 款意义上的执行措施，则不属于《民事诉讼法》第 793 条意义上的裁判，此时适当的法律救济途径是第 766 条第 1 款规定的抗议（上文边码 4 及以下数段）。这个问题只存在于执行法院作出执行行为时。如果执行法院是作为监督机关来行事的，或者是根据《民事诉讼法》第 765a 条对执行保护申请作出裁判，则始终属于第 793 条意义上的裁判。

例如，执行法院根据《民事诉讼法》第 766 条对抗议作出裁判。执行法院不是以执行机关的名义，而是以监督机关的名义作出这一裁判的。因此，这与裁判是否涉及执行措施无关，《民事诉讼法》第 793 条、第 566 条及以下数条规定的即时抗告始终是适当的救济措施。

33 同样，第一审主审法院也不只是作为执行机关，而是会承担一些其他任务。不过，这些不属于《民事诉讼法》第 793 条规定的强制执行程序中的任务，尤其是，通过执行异议之诉或第三人异议之诉引发的诉讼程序。在这些程序中作出的裁判（不管是判决还是裁定），都不属于第 793 条的适用范围。

例如，第一审主审法官对《民事诉讼法》第 767 条规定的执行异议之诉享有管辖权；这一诉讼的效力是引起一个新的法律纠纷，要适用诉讼程序的一般规定。如果法院作出了一个提示裁定（Hinweisbeschluss），则不属于《民事诉讼法》第 793 条意义上的裁判，因为它不属于强制执行程序，而是在诉讼程序中作出。

34 在条款发放程序中作出的裁定也是如此。如果第一审主审法院是作为执行机关行事的，则在这一职能下，它始终作出的是裁定（《民事诉讼法》

第 891 条第 1 句），也始终属于《民事诉讼法》第 793 条意义上的裁判，而不是执行措施（上文第三章边码 49）。如果地方法院的法官依《民事诉讼法》第 758a 条作出了一个命令（上文第三章边码 31），也始终属于第 793 条意义上的裁判。相反，执行员（始终是《民事诉讼法》第 766 条中的抗议；上文第三章边码 35）和土地登记机关（始终是《土地登记簿法》第 71 条规定的土地登记抗告；上文第三章边码 52）作出的，则不适用第 793 条的规定。

（二）管辖

抗告法院对即时抗告——如果没有得到补救——作出裁判。抗告法院 35
是指：

■ 对于地方法院的裁判，根据《法院组织法》第 72 条第 1 款第 1 句，为州法院

■ 对于州法院的裁判，根据《法院组织法》第 119 条第 1 款第 2 项，为州高等法院

（三）不服之利益

抗告人必须因该侵害裁判存在**不服之利益**。其构成要件为，有争议裁 36
判可发生确定效力的内容对于抗告人有实质不利影响。[1] 债权人、债务人或者第三人等因裁判侵害自己权利的，都可能享有不服之利益。[2]

执行员能否因裁判享有不服之利益，以至于他自己享有一个抗告权，则需要具体情况具体分析。[3]

（四）权利保护需要

执行行为之前仅在例外情况下存在权利保护需要；而在强制执行完全 37
结束之前，都可能存在权利保护需要。[4]

---

[1] Thomas/Putzo-Reichold, ZPO, 36. Aufl. 2015, Vorbem § 511 Rn. 17.

[2] Lippross, Zwangsvollstreckungsrecht. 11. Aufl. 2014, Rn. 363.

[3] Kornol/Wahlmann, Zwangsvollstreckungsrecht, 2012, Rn. 151.

[4] Hk-ZPO/Kindl, 6. Aufl. 2015, § 793 Rn. 4 mit Verweis auf § 766, Rn. 11.

此外，对债权人来说，为了要求命令重新（向后发生效力）作出因债务人抗议导致**撤销的执行措施**，也存在权利保护需要。[1]

对债务人来说，在**实施搜查**之后，针对依《民事诉讼法》第758a条作出的法官搜查命令仍然存在权利保护需要，因为《基本法》第13条规定不动产保护有特殊的意义。[2]

（五）形式与期限

38 即时抗告的形式规定在《民事诉讼法》第569条第2款和第3款中：即时抗告应以书面形式（第2款）提出。如果对有争议的裁判依《民事诉讼法》第78条第1款不存在律师强制代理，则可以通过书记科制作成记录的方式提出（第3款第1项）。

39 即时抗告必须在两周的**不变期间**（Notfrist）内提出（《民事诉讼法》第569条第1款），要么是在抗告法院（iudex a quo），要么是在作出有争议裁判的法院（iudex ad quem）。

（六）裁判

40 如果抗告有可受理性且具备理由，作出有争议裁判的法院可以根据《民事诉讼法》第572条第1款第1句第1分句进行**纠正**。在进行纠正前应当保障抗告相对人的法定听审权。[3] 反对纠正裁定的可以重新根据《民事诉讼法》第793条、第567条通过即时抗告措施提出抗告。

41 如果即时抗告得不到支持，则抗告会提交给**抗告法院**，由其作出否定救济裁定和许可救济裁定（Vorlagebeschluss）。抗告法院根据《民事诉讼法》第572条第2款规定，应依职权审查抗告的可受理性，以及驳回不具备可受理性的抗告。这包括所有的可受理性要件，而不仅仅是明确说明的那些。[4]

42 当有争议的裁判存在一个程序瑕疵时，以及（或）作出裁判缺少实质

---

[1] Hk-ZPO/Kindl, 6. Aufl. 2015, § 793 Rn. 4.

[2] Lippross, Zwangsvollstreckungsrecht, 11. Aufl. 2014, Rn. 366.

[3] Musielak/Voit/Ball, ZPO, 12. Aufl. 2015, § 572 Rn. 5.

[4] Thomas/Putzo-Reichold, ZPO, 36. Aufl. 2015, § 572 Rn. 13.

要件时，抗告即是**具备理由的**。对此，抗告裁判当时的情况，是有影响的。[1]禁止不利变更（reformatio in peius）原则在此可以适用（类推《民事诉讼法》第 528 条第 2 句），也就是说，只能在申请的范围内对有争议的裁判作出变更。[2]抗告法院可以直接作出裁判，或者退回，并要求下级法院作出必要的命令（《民事诉讼法》第 572 条第 3 款）。

以债权人对依《民事诉讼法》第 766 条第 2 款作出的抗议裁判提起的即时抗告案例中的裁判主旨为例："基于债权人对……的及时抗告，对地方法院……（案号）的裁定作出以下改变，即指示执行员，对申请进行的查封不应以依第 811 条第 1 款第 1 项……（查封标的）不能查封为理由，拒绝实施。"[3]

如果通过抗告裁判宣告某一执行行为不合法，则该裁判即设立了《民事诉讼法》第 755 条第 1 项中的一个执行障碍；之前已经实施的执行措施应根据第 766 条第 1 句由相应的作出机关撤销。如果即时抗告不具备理由，则应被驳回、不准许、不予受理。[4]

根据《民事诉讼法》第 572 条第 4 款的规定，抗议裁判是通过**裁定**作出的，而且依第 128 条第 4 款可以不基于言词辩论而作出。如果进行言词辩论，则应律师强制代理（《民事诉讼法》第 78 条），这不取决于抗告能否不通过律师而提出。原则上应当保障抗告相对人的法定听审权。[5]反对抗告裁判结果的，根据《民事诉讼法》第 574 条第 1 款第 1 句第 2 项具备可受理性时，可以根据第 574 条及以下数条提起抗告。[6] 43

类推《民事诉讼法》第 570 条第 2 款，可以暂停裁判的实施（参见上

---

[1] Korno/Wahlmann, Zwangsvollstreckungsrecht, 2012 Rn. 154 f.

[2] Zöller/Heßler, ZPO. 30. Aufl. 2014, § 572 Rn. 39ff.

[3] Kornol/Wahlmann, Zwangsvollstreckungsrecht, 2012 Rn. 157.

[4] Lippross, Zwangsvollstreckungsrecht, 11. Aufl. 2014, Rn. 369.

[5] Muslelak/Voit/Ball, ZPO, 12. Aufl. 2015, § 572 Rn. 20; Kornol/Wahlmann, Zwangsvollstreckungsrecht, 2012. Rn. 160.

[6] Hk-ZPO/Kindl, 6. Aufl. 2015, § 793 Rn. 5. Vgl. Becker, Die Rechtsbeschwerde in der Zwangsvollstreckung vom LG unmittelbar zum BGH, Jus 2004, 574 ff.

文边码 25）。

三、司法辅助官抗议，《司法辅助官法》第 11 条第 2 款

参考文献：Brox/Walker, Zwangsvollstreckungsrecht, 10. Aufl. 2014, Rn. 1275 ff.; Gaul/Schilken/Becker-Eberhard, Zwangsvollstreckungsrecht, 12. Aufl. 2010, § 39 Rn. 9 ff.; Heiderhoff/Skamel, Zwangsvollstreckungsrecht, 2. Aufl. 2013, Rn. 522 f.; Lippross, Zwangsvollstreckungsrecht, 11. Aufl. 2014, Rn. 373 ff.

44 在强制执行程序中，法院的作为不仅通过法官作出，还包括司法辅助官。原则上言，这对于执行内部法律救济没有任何影响，也即，当由司法辅助官作为时，结合《司法辅助官法》第 11 条第 1 款，可以分别提起抗议或即时抗告，因为这些是一般规定准许的法律救济途径。除非根据一般规定不存在任何法律救济途径时，才会有所不同。如果是司法辅助官作为，基于法律途径之保证（《基本法》第 19 条第 4 款）的原因必然存在获得法官裁判的可能。《司法辅助官法》第 11 条第 2 款规定的司法辅助官抗议即是出于这一目的。

▶《司法辅助官法》第 11 条：

（1）针对司法辅助官的裁判，可以提起一般程序法律规定准许的法律救济（Rechtsmittel）。

（2）如针对该裁判依一般程序法律规定不存在法律救济，则可以在两周的期限内提起抗议。……司法辅助官可以因抗议作出纠正。没有获得纠正的抗议，司法辅助官应提交法官进行裁判。《民事诉讼法》关于即时抗告的规定可依其内涵适用于抗议。◀

也即，司法辅助官抗议是针对依照一般规定无法反驳的司法辅助官裁判的。

这些裁判主要是类推适用《民事诉讼法》第 707 条第 2 款第 2 句作出的执行法院裁判，也即，根据《民事诉讼法》第 769 条第 2 款作出的暂停命令，以及在纠正程序中根据第 766 条第 1 款第 2 句、第 732 条作出的暂

停命令。需要注意的是，针对土地登记簿的登记不能提起抗议（《司法辅助官法》第11条第3款），因此，根据《土地登记簿法》第71条仍然要适用范围受限的土地登记簿抗告。形式、不服之利益以及权利保护需要与即时抗告相似。如果司法辅助官对抗议不作纠正，应将抗议提交给法院进行裁判。针对法院作出的裁判不存在任何法律救济。

四、执行保护，《民事诉讼法》第765a条

参考文献：Brox/Walker, Zwangsvollstreckungsrecht, 10. Aufl. 2014, Rn. 1470ff.; Gaul/Schilken/Becker-Eberhard Zwangsvollstreckungsrecht, 12. Aufl. 2010, § 43; Heiderhoff/Skamel, Zwangsvollstreckungsrecht, 2. Aufl. 2013, Rn. 50 ff.; Lackmann, Zwangsvollstreckungsrecht, 10. Aufl.2013, Rn. 475 ff.; Lippross, Zwangsvollstreckungsrecht, 11. Aufl. 2014, Rn. 378 ff.; Schuschke, Lebensschutz contra Eigentumsgarantie-Zu den Grenzen des § 765a ZPO in der Räumungsvollstreckung, NJW 2006, 874 ff.

在当强制执行的措施成为一种**有违善良风俗的苛刻行为**（sittenwidrige Härte）时，《民事诉讼法》第765a条为债务人提供了执行保护。 45

▶《民事诉讼法》第765a条：

（1）在充分顾及保护债权人的必要后，如果由于极其特殊的情况，强制执行的措施成为一种有违善良风俗的苛刻行为时，执行法院可以依债务人的申请将执行措施全部或部分取消、禁止或暂时停止。……

（3）在涉及搬迁期间的案件中，第1款规定的申请应当至少在确定的搬迁日期两周前提出，除非申请的理由在该日期后出现或债务人非因过错不能及时递交申请。◀

《民事诉讼法》第721条、第794a条以及《强制拍卖与强制管理法》第30a条及以下数条规定了特别的执行保护申请；此外，《民事诉讼法》第811条及以下数条、第850条及以下数条和《强制拍卖与强制管理法》第85a条也为债务人提供了执行保护。

46 这一条涉及的是一个应严格解释的**例外规定**。[1]《民事诉讼法》第 765a 条是作为债务人保护的一般条款适用于所有强制执行种类。[2] 债务人保护在各个部分的规范方式是截然不同的，第 765a 条的适用领域主要包括以下三个方面：[3]

■ 基于金钱债权对不动产的强制执行，因为《强制拍卖与强制管理法》第 30a 条及以下数条、第 85 条规定的债务人保护在时间上受到严格限制

■ 基于搬迁的强制执行，因为《民事诉讼法》第 721 条、第 794a 条规定的搬迁期限只能提供有限的债务人保护

■ 在财产说明程序中，因为此时没有规定任何的合比例性审查和债务人保护

47 《民事诉讼法》第 765a 条规定的执行保护的**要件**是（无形式约束）债务人的申请。搬迁案件中，《民事诉讼法》第 765a 条第 3 款对搬迁案件规定了申请期限。执行法院享有管辖权，由司法辅助人员行使。只要存在强制执行的威胁，即存在权利保护利益，并在强制执行终结后消灭。

48 在充分顾及保护债权人的必要后，如果由于极其特殊的情况，强制执行的措施成为一种有违善良风俗的苛刻行为时，申请即**具备理由**。这是通过全面的利益衡量而确定的。执行保护的前提要件是这一利益衡量非常明确地有利于债务人。[4] 如果对债务人而言是不能忍受的苛刻，对债权人而言也是一样苛刻的话，则不能为债务人提供执行保护。只要债务人还有其他法律救济途径，执行行为就不属于有违善良风俗的苛刻行为；因此，《民事诉讼法》第 765a 条只是兜底的（ultima-ratio）[5] 执行保护法律救济。在解释善良风俗概念时，法院必须考虑基本法中的价值判断以及强制执行程序中保障的债务人的基本权利。另外，必须是在“极其特殊的情况”下；法律已经做出的价值判断不能再因一般的价值衡量被改变。法律适用的结果必须是不能忍受的。[6] 仅仅不合适，是不够的。最后，这与债权人或债务

[1] BGHZ 441 138 (143) = NJW 1965, 2107 (2108); BGH NJW 2010, 1002 (1002).

[2] Zöller/Stöber, ZPO, 30. Aufl. 2014, § 765a Rn. 2.

[3] Musielak/Voit/Lackmann, ZPO, 12. Aufl. 2015, § 765a Rn. 13 ff.; Lippross, Zwangsvollstreckungsrecht. 11. Aufl. 2014, Rn. 38.2.

[4] Hk-ZPO/Kindl, 6. Aufl. 2015, § 765a Rn. 4

[5] MünchKommZPO/Heßler, 4 Aufl. 2012, § 765a Rn. 6.

[6] BGHZ 44 138 (143) = NJW 1965, 2107 (2108).

人的过错是无关的。[1]

通过命令全部或部分暂停（也即时间上进行限制）实施、撤销具体执行行为或使其在实施前失效的方式来实现执行保护，原则上是进行时间限制，但是也可能是长期的。[2]暂时停止属于《民事诉讼法》第775条第2项的执行障碍，第775条第1项可以相应适用于这一禁令。[3]在裁定发生既判力后才能撤销执行行为（《民事诉讼法》第765a条第5款），因此，如果该裁定之后因债权人的即时抗告被更改或被撤销，债权人不会遭受损失。 49

▶《民事诉讼法》第765a条：

（5）在第1款与第4款的情形，执行措施的撤销在裁定发生既判力时生效。◀

法院通过**裁定**方式作出裁判（《民事诉讼法》第764条第3款），因此不需要言词辩论（《民事诉讼法》第128条第4款）。如果因为债务人的申请进行言词辩论，原则上也要保障债权人的法定听审权。[4]对这一裁判可以提起即时抗告（《民事诉讼法》第793条、第567条及以下数条结合《司法辅助官法》第11条第1款）。 50

在裁判前，法院可以作出一个暂停命令（《民事诉讼法》第765a条第1款第2句、第732条第2款）。在此之前，执行员可以根据《民事诉讼法》第765a条第2款将执行措施延期实施。在事实情况有所改变时，执行法院根据《民事诉讼法》第765a条第4款依申请可以撤销或改变其作出的裁定。

▶《民事诉讼法》第765a条：

（1）……执行法院有权发布第732条第2款的命令。……

（2）以实施物的交付为目的的执行措施，如债务人向执行员说明其符合第1款第1句规定的要件，而且已及时向执行法院提出申请的，执行员

[1] Lackmann, Zwangsvollstreckungsrecht, 10. Aufl. 2013, Rn. 478.

[2] Thomas/Putze-Seiler, ZPO, 36. Aufl. 2015, § 765a Rn. 16.

[3] Thomas/Putze-Seiler, ZPO, 36. Aufl. 2015, § 765a Rn. 20f.

[4] Hk-ZPO/Kindl, 6. Aufl. 2015, § 765a Rn. 11 a.E.

可以在执行法院裁判前，将执行措施延期实施，但不得超过一周。

（4）执行法院依事实情况的改变认为有必要时，依申请可以撤销或改变其作出的裁定。◀

章节测试

复习问题

51 ■ 请举例说明执行程序内部法律救济途径，并说明从何种角度人们称之为“执行程序内部”。

■ 为什么《民事诉讼法》第766条规定的抗议不是法律救济？

■ 何时可以提起《民事诉讼法》第766条规定的抗议？

■ 对《民事诉讼法》第766条规定的抗议存在权利保护需要的起始点是什么？为何如此？

■ 何时可以在强制执行程序中提起即时抗告？依据是什么？

■ 当一个地方法院的裁判应通过即时抗告被撤销时，哪个法院享有事务管辖权？

■ 何时即时抗告具备理由，以及在什么时点应当停止即时抗告？这和《民事诉讼法》第766条规定的抗议有区别吗？

基础案例

52 1. Gottlieb Goldberg 基于一个执行名义想要对 Siegbert Silbermann 实施强制执行。执行员 Gerold Gewiss 以站不住脚的理由拒绝了，因为他和 Silbermann 关系很要好。Goldberg 可以做什么？

53 2. 执行员 Gerold Gewiss 在 Siegbert Silbermann 那里查封了一辆摩托车，在查封时 Silbermann 已经出示了机动车证书，以证明该摩托车属于他的朋友 Dieter von Donat 所有。Silbermann 想要对执行员这一“令人气愤的行为”采取行动。他可以做什么？

第二十一章　基于实体法的诉讼

强制执行法适用形式化原则。这表明，执行行为的合法性问题与债权人和债务人之间适用的实体法无关。通过这一方式，可以保障程序的快速性和安定性，不过，这不代表要造成与实体法不符的结果。多数情况下，当事人都可以主张自己的实体权利。和执行内部法律救济不同，基于实体法诉讼的目的不是确保遵守强制执行法，而是通过一个强制执行程序外的——事前或事后——诉讼程序来矫正强制执行法得出的结果，使之与实体法相符。 1

一方面，这主要通过基于实体法的**特殊**强制执行诉讼： 2

- 《民事诉讼法》第 767 条规定的执行异议之诉
- 类推《民事诉讼法》第 767 条的执行名义反对之诉
- 《民事诉讼法》第 771 条规定的第三人异议之诉
- 《民事诉讼法》第 805 条规定的优先受偿之诉
- 《民事诉讼法》第 878 条及以下数条规定的分配程序中的异议之诉

除基于实体法的强制执行诉讼外，在一些情形中还涉及普通的给付之诉和确认之诉。尤其是： 3

- 基于类推《民法典》第 371 条，债务人的返还之诉
- 基于《民法典》第 826 条，债务人损害赔偿之诉
- 基于《撤销法》第 11 条、第 13 条，债权人的容忍之诉或价值补偿之诉
- 强制执行程序终结后，债务人或第三人的损害赔偿之诉或不当得利之诉

以上所有诉讼都属于《民事诉讼法》第 253 条及以下数条意义上的诉讼，因此适用于**诉讼程序**的一般规定均可以直接适用。个别情形会因特殊的强制执行法律规定而被修正。 4

一、执行异议之诉，《民事诉讼法》第 767 条

参考文献：Brox/Walker, Zwangsvollstreckungsrecht, 10. Aufl. 2014, Rn. 1312 ff.; Cziupka, Ausder Praxis: Vollstreckungsgegenklage gegen Verurteilung zur Rückzahlung von Betriebskostenvorauszahlungen, JuS 2011, 418ff.; Fischer, Aus der Praxis: Vollstreckungsgegenklage bei Aufrechnung mit rechtswegfremder Forderung, JuS 2007, 921 ff.; Gaul/Schilken/Becker–Eberhard, Zwangsvollstreckungsrecht, 12. Aufl. 2010, § 40; Heiderhoff/Skamel, Zwangsvollstreckungsrecht, 2. Aufl. 2013, Rn. 187 ff.; Kittner, § 767 ZPO– § 767 ZPO analog–Tenor im Kollisionsfall, JA 2010, 811 ff.; Kornol/Wahlmann, Zwangsvollstreckungsrecht, 2012, Rn. 164 ff.; Lackmann, Zwangsvollstreckungsrecht, 10. Aufl. 2013, Rn. 486 ff.; Leyendecker, Grundfälle zur Vollstreckungsabwehrklage, JA 2010, 631 ff., 803 ff.; Lippross, Zwangsvollstreckungsrecht, 11. Aufl. 2014, Rn. 679 ff.; Makowsky, Die Präklusion materiell–rechtlicher Einwendungen im Zwangsvollstreckungsverfahren, JuS 2014, 901 ff.; Thole, Erfüllung und Erfüllungssurrogate im Zwangsvollstreckungsrecht, Jura 2010, 605 ff.

5 如果债权人拥有一个生效的执行名义，则可以提起强制执行，不必在执行前审查其是否享有待清偿的债权。因此，债务人需要有机会能够禁止与实体法相冲突的强制执行程序。他必须能够以某种方式主张对待清偿债权的抗辩（Einwendung），以阻碍基于执行名义的强制执行程序的进行。《民事诉讼法》第 767 条规定的执行异议之诉（又称为执行反对之诉）即服务于此。

▶《民事诉讼法》第 767 条：

（1）对于判决所确定的请求权本身有抗辩时，债务人可以以诉的方式向第一审的受诉法院提起。◀

通过执行异议之诉，债务人可以主张对待清偿债权的抗辩，并在获准的判决中宣告基于执行名义的强制执行不合法。获准的判决构成了《民事诉讼法》第 775 条第 1 项中的一个执行障碍，并导致根据第 776 条撤销执行行为。

执行名义的可执行性被剥夺，原因包括执行债权不存在、消灭或存在障碍。[1] 因此，执行异议之诉是一个**诉讼程序性形成之诉**（prozessuale Gestaltungsklage）。执行债权存在本身不是诉讼标的。 6

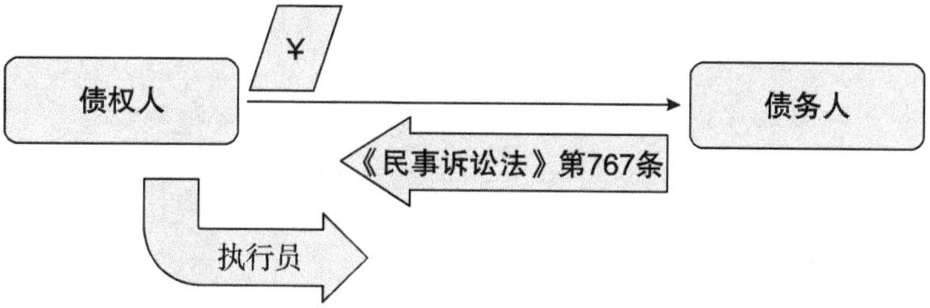

（一）适当性

当存在一个执行名义，而债务人要对待清偿债权主张实体法上的抗辩时，执行异议之诉是适当的。 7

如果**执行名义**是判决，可以直接适用《民事诉讼法》第 767 条。根据《民事诉讼法》第 795 条，第 794 条中规定的执行名义也适用第 767 条的规定。在执行名义无效时，也并不排除这一诉讼。[2] 8

当债务人想要对待清偿债权主张一个**实体法上的抗辩**（阻却权利性、权利消灭性或权利障碍性）时，执行异议之诉是适当的法律救济途径。 9

举例：欠缺方式无效（《民法典》第 125 条）、违反禁止规定（《民法典》第 134 条）、违背善良风俗（《民法典》第 138 条第 1 款）、撤销（《民法典》第 142 条）、交易基础丧失（《民法典》第 313 条）、解除（《民法典》第 342 条）、清偿或代物清偿（《民法典》第 362 条及以下数条）、让与（《民法典》第 398 条）

在债务人**合乎逻辑地阐释**对待清偿债权的实体法上抗辩后，即满足适当性；抗辩是否事实上存在，以及是否属于《民事诉讼法》第 767 条第 2 款、第 3 款中规定的失权情形，则为是否具备理由的问题。抗辩也可以是针对待清偿债权的一部分的。举例：债务人被判决支付 10000 欧元且生效，现 10

[1] Thomas/Putzo-Seiler, ZPO, 36. Aufl. 2015, § 767 Rn. 3.

[2] BGHZ 1118, 229 = BGH NJW 1992, 2160（2161 f.）.

在他主张近期已经支付了 2000 欧元。

11 相反，主张应符合强制执行法，则《民事诉讼法》第 766 条规定的抗议是适当的。这两个法律救济途径只有在少数例外情形中会有交叉。

当基于对待清偿债权的实体法上抗辩（应通过执行异议之诉主张），同时会导致对执行行为合法性的责问（应通过抗议主张）时，即属于两者的交叉。例如，清偿（根据《民法典》第 362 条实体法上的抗辩），同时又被视为《民事诉讼法》第 775 条第 4 项、第 5 项规定的执行障碍来对待时（上文第二十章边码 8）。在这些情形中，执行异议之诉和抗议都具备适当性，两者可以并行提起。[1]

12 需要和执行异议之诉区分[2]的是对待清偿债权的**确认之诉**。执行异议之诉的诉讼标的是消灭名义的可执行性。债务人主张的抗辩，及其对待清偿债权的意义，仅仅是前置问题，对于这些不会作出有既判力的裁判。因此，这些前置问题可以成为一个独立的（消极）确认之诉的诉讼标的。[3] 名义是否具备以及具备哪些有执行力的内容问题，也是如此。[4] 确认之诉的可受理需要满足一般要件，尤其是具备《民事诉讼法》第 256 条第 1 款意义上的确认利益，并预期得到一个相反的法律效力。确认之诉和执行异议之诉相互并不排斥。

13 此外需要和执行异议之诉区分的是《民事诉讼法》第 323 条和《家庭案和非讼管辖事项程序法》第 238 条规定的变更之诉，以及异议（《民事诉讼法》第 338 条）、法律救济（Rechtsmittel）（控诉和上告，《民事诉讼法》第 511 条及以下数条、第 542 条及以下数条）和再审（《民事诉讼法》第 579 条及以下）。变更之诉的目的在于在可变的承认关系（如收入、抚养需求）中引入一定数量的变更。另外，《民事诉讼法》第 767 条意义上的抗

[1] Kornol/Wahlmann, Zwangsvollstreckungsrecht, 2012, Rn. 166.

[2] Zum Folgenden übersichtlich Brox/Walker, Zwangsvollstreckungsrecht. 10. Aufl. 2014, Rn.1314 ff.

[3] BGH NJW 2009, 1671.

[4] OLG Karlsruhe, Rpfleger 2005, 95.

辩涉及请求权的存在。[1]

但是，这并不改变，可以在执行异议之诉之外辅助性地提起一个变更之诉，且其中一个诉讼可以改变另外一个。

异议或者**控诉**也会和执行异议之诉发生交叉，因为通过异议或控诉（也）能够主张新的事实。债务人因此在适当性的层面可以选择提起控诉或是执行异议之诉（但是会在权利保护需要以及具备理由的层面进行排除；下文边码 20 及 34）。执行异议之诉与**上告**和**再审之诉**不会交叉，因为通过后者是为了提出对以前程序的异议，而这些异议不能通过执行异议之诉主张。 14

不过，需要注意的是，当债务人对执行名义享有一个适当的法律救济时，执行异议之诉即不满足权利保护需要要件。[2] 尤其是：提起控诉时，即缺少执行异议之诉的权利保护需要。如果提起执行异议之诉，尽管还可以提起控诉，但因提起控诉，执行异议之诉的权利保护需要便消灭了，因此会被宣告为不予受理。[3]

执行异议之诉和执行条款发放程序的法律救济也不存在交叉，所以债务人可以并行根据《民事诉讼法》第 768 条提起条款反对之诉以及根据第 767 条提起执行异议之诉。[4] 15

（二）管辖

根据《民事诉讼法》第 767 条第 1 款，第一审主审法院对执行异议之诉进行裁判。因此，事务管辖和地域管辖始终属于作出执行名义的具体的第一审主审法院（地方法院或州法院）（具体参见上文第三章边码 48）。 16

---

[1] BGH NJW 1984，2826，

[2] Thomas/Putzo-Seiler，ZPO，36. Aufl. 2015，§ 767 Rn. 15–Anders Hk–ZPO/Kindl，6. Aufl. 2015，§ 767 Rn. 7 unter zweifelhaftem Verweis auf BGH NJW 1998，2972.

[3] Brox/Walker，Zwangsvollstreckungsrecht，10. Aufl. 2014，Rn. 1323f.

[4] KG MDR 2008，591（592）；Kornol/Wahlmann，Zwangsvollstreckungsrecht，2012，Rn.174.

17 这与法院之前是否事实上享有管辖权无关：对基于州法院执行名义的强制执行，应在州法院提起执行异议之诉，即便州法院先前根本不享有执行名义。这与执行异议之诉的争议额也无关：对基于州法院执行名义的10000欧元的强制执行，在债务人抗辩履行额应为2000欧元时，仍然应在州法院提起执行异议之诉。

18 根据《民事诉讼法》第802条规定，这一管辖属于**专属**管辖。

▶《民事诉讼法》第802条
本编所定的法院管辖均为专属管辖。◀

这一规定的效力是，改变管辖约定是无效的（《民事诉讼法》第40条第2款第1句第2项），不责问行为不会产生管辖权（《民事诉讼法》第40条第2款第2句），执行异议之诉也不能通过诉之变更在二审提起。[1]

19 对于不是由诉讼法院作出的执行名义，《民事诉讼法》第795a条及以下数条就管辖作了特殊规定。对于**诉讼和解**，在通过和解结束法律纠纷的第一审主审法院提起执行异议之诉。[2] 对于**执行决定**（《民事诉讼法》第699条），根据《民事诉讼法》第769条第3款，由应对裁判纠纷程序有管辖权的法院享有执行异议之诉的管辖权。对于可执行的公证文书，《法院组织法》第23条及以下数条、第71条规定了执行异议之诉的事务管辖。根据《民事诉讼法》第797条第5款，地域管辖首先由债务人依第12条及以下数条审判籍所在地的法院管辖，其次根据第23条由债务人财产所在地法院管辖。由于《民事诉讼法》第767条、第795a条及以下数条没有规定可执行公证文书情形时的事务管辖，因此其不属于《民事诉讼法》第802条意义上的专属管辖。[3]针对土地所有权人作出的可执行公证文书（《民事诉讼法》第800条第1款），则由土地所在辖区的法院享有地域管辖（《民事诉讼法》第800条第3款）。

[1] Thomas/Putzo-Seiler. ZPO, 36. Aufl. 2015, § 767 Rn.13.

[2] Hk-ZPO/Kindl, 6. Aufl. 2015, § 767 Rn. 16 a.E.

[3] Hk-ZPO/Kindl, 6. Aufl. 2015, § 802 Rn. 2.

(三)权利保护需要

当起诉人存在更为简便的救济途径时，当通过执行异议之诉不能再实现或无法实现追求的救济目标时，或者——例外情况下——当权利保护需要被用来滥诉、滥用或者尽管权利已经失效仍然主张时，即不存在权利保护需要。 20

尤其是，当对实施强制执行的判决提起了法律救济时，即存在**更为简便**的救济途径。原则上，仅仅是可以提起这一法律救济是不够的；除非是《民事诉讼法》第338条规定的异议被排除在第767条之外的情形，当异议——基于这一抗辩——不再可能时，才存在权利保护需要。[1] 当债务人可以通过继续（仍然系属）推动诉讼来主张未生效的诉讼和解时，也存在更为简便的救济途径。[2] 相反，在同时存在执行名义无效和实体法上抗辩时，债务人可以选择执行条款抗议或者执行异议之诉，因为执行条款抗议虽然是一个程序上更为简便的救济途径，但是在效力方面却不如执行异议之诉：[3] 它只是阻碍了基于具体执行条款实施强制执行，而不是执行名义。

和执行内法律救济途径类似，债务人的权利保护目标同样是阻止强制执行，如果强制执行整体上已经终止，即无法实现这一目的，也就是说，在将执行价款交付债权人并将执行名义和收据交给债务人时。[4] 21

和执行内法律救济途径不同的是，执行异议之诉不是针对某一具体的执行行为，而是针对基于执行名义实施的强制执行本身。因此，无须等待执行行为已经开始或迫在眉睫。只要存在适于强制执行的执行名义，便产生权利保护需要；执行条款不是必需的。[5] 22

---

[1] MünchKommZPO/K. Schmidt/Brinkmann, 4. Aufl. 2012, § 767 Rn. 15.

[2] Thomas/Putzo-Seiler, ZPO, 36. Aufl. 2015, § 767 Rn. 15.

[3] Kornol/Wahlmann, Zwangsvollstreckungsrechtt 2012, Rn.195.

[4] Hk-ZPO/Kindl, 6, Aufl. 2015, § 767 Rn.17; Thomas/Putzo-Seiler, ZPO, 36. Aufl. 2015, § 767 Rn. 16.

[5] Zöller/Herget, ZPO, 30. Aufl. 2014, § 767 Rn. 8.

（四）程序

23 执行异议之诉适用的程序是一个普通的**诉讼程序**。和所有的诉讼程序一样，其终结于基于言词辩论的诉讼判决（除非是撤诉、舍弃、认诺、主案了结、诉讼和解或者缺席时）。如果起诉可受理且具备理由，则法院判决基于该执行名义的强制执行程序是不合法的（《民事诉讼法》第 775 条第 1 项规定的执行障碍）。根据《民事诉讼法》第 776 条第 1 句，相关执行机关应撤销其已经实施的执行措施。如果起诉不被受理，或虽然受理但不具备理由，则会被驳回。对于这一判决，可以提起异议（在缺席判决时），其他情形则可以根据一般规则提起控诉或上告（《民事诉讼法》第 511 条及以下数条、第 542 条及以下数条）。

24 只要判决具有可执行性，即属于执行障碍，也即，判决发生形式既判力或者根据《民事诉讼法》第 708 条至第 714 条被宣告为先予执行。在裁判前，可以通过《民事诉讼法》第 769 条规定的暂停命令设立一个（《民事诉讼法》第 775 条第 2 项意义上的）执行障碍。在裁判和具备可执行性期间，可以根据《民事诉讼法》第 770 条作出暂停命令。

（五）具备理由

25 当原告和被告适格，且原告对待清偿债权享有实体法上的抗辩，而该抗辩没有依《民事诉讼法》第 767 条第 2 款或第 3 款失权时，该诉讼具备理由。

1. 当事人适格

26 原告和被告适格（当事人适格）涉及的问题是，是否是**正确的原告**针对**正确的被告**提起诉讼。执行异议之诉必须是债务人针对债权人提起。[1]就执行异议之诉而言，适格的原告也就是在执行名义中被写明的债务人，或者执行名义改写条款写明的债务人。执行异议之诉中适格的被告是在执行名义中写明的债权人，或者执行名义改写条款写明的债权人，或者在满足执行名义改写条款要件时，作为承受人推动强制执行的人。[2]

---

[1] Thomas/Putzo-Seiler, ZPO, 36. Aufl. 2015, § 767 Rn. 19.

[2] BGHZ 120, 387 = NJW 1993, 1396.

2. 实体法上的抗辩

债务人对待清偿债权是否享有**实体法上的抗辩**，不属于强制执行法问题，而是实体法问题。需要审查的是，依据实体法，是否一个存在对待清偿债权的权利阻却、权利消灭或者权利阻碍抗辩（《民法典》意义上的抗辩权），以至于待清偿债权对债权人而言始终不存在、消灭或者不再存在，或者实现时受到限制。抗辩可以是针对清偿债权整体的，也可以针对其中一部分。 27

《民事诉讼法》第 767 条中的权利阻却抗辩有实践意义的是很少的，因为原则上债务人享有的这类抗辩根据第 767 条第 2 款已经失权了。但是，第 767 条第 2 款不适用于可执行的公证文书（第 797 条第 4 款），所以此时债务人可以主张权利阻却抗辩。

3. 依《民事诉讼法》第 767 条第 2 款的失权

执行异议之诉的目标在于，以债务人的实体权利来纠正强制执行法中使用的形式化原则。执行异议之诉不应超出执行名义去扩大权利保护范围。因此，债务人只能主张在特定时间内存在且没有失权的抗辩。 28

对此，《民事诉讼法》第 767 条第 2 款对终局判决作为执行名义的情形作出了规定。 29

▶《民事诉讼法》第 767 条：

（2）这种抗辩，只有抗辩的原因是在依照本法规定应当主张抗辩的言词辩论终结后发生的，而且不能以申请恢复原状的方式提出时，才能提起。◀

对于其他执行名义，要么可以根据第 795 条的规定适用第 767 条第 2 款，要么第 795a 条及以下数条包含有特殊规定（下文边码 34 及以下数段）。

在判决一个抗辩依《民事诉讼法》第 767 条第 2 款是否被准许时，应通过**三个步骤**进行审查：首先，需要确定抗辩原因产生的时间。然后，需要确定失权的时间点。最后，需要审查前一个时间是处于失权时间点的前面还是后面。如果是在前面，则抗辩不被准许，如果是在后面，则可以。 30

抗辩的原因何时产生，取决于各个抗辩的构成要件。它既不取决于债 31

务人是否能够通过自己的行为本应尽早设法满足抗辩的要件，[1] 也不取决于债务人是否知道或应当知道抗辩的构成要件或抗辩的原因。[2] 在形成权，判例将其标准确定为曾经行使形成权的客观可能性。同样，债务人是否知道这一点并不重要。[3] 不同的观点则认为，应取决于形成权行使的时候，因为直到此时，针对待清偿债权的实体法上抗辩才产生。[4]

32 决定性的失权时间点取决于执行名义的种类。如果是《民事诉讼法》第 704 条意义上的终局判决，则原则上，决定性的时点是在实际审级中言词辩论（《民事诉讼法》第 296a 条）结束后（《民事诉讼法》第 767 条第 2 款第 1 分句）。如此，失权时点和实质既判力的时间范围才相符。[5] 这可以阻止，债务人通过执行异议之诉继续推动已经获得既判力裁判的诉讼纠纷。

33 在《民事诉讼法》第 128 条第 2 款规定的书面程序以及根据第 283 条在未能及时收到对方当事人提出主张的通知时，书状期限相当于言词辩论的时点。[6] 确定这一时点时不必考虑债务人可能已经在之前一个时点失权了（如根据《民事诉讼法》第 296 条或者第 530 条）。它也与上诉审中的言词辩论无关，因为在上诉审中不能提出任何新的事实（《民事诉讼法》第 559 条）。

34 对于**缺席判决**（《民事诉讼法》第 330 条及以下数条），《民事诉讼法》第 767 条第 2 款第 2 分句修正了这一基本规则［所谓的他人既判力失权（rechtskraftfremde Präklusion）］。所以，尽管抗辩的原因是在言词辩论结束后才产生，但是通过异议本应可以主张时，抗辩仍然是不适法的。这可以理解为，决定的失权时点是《民事诉讼法》第 339 条异议期限截止时。[7] 这说明，被作出缺席判决并要求给付的债务人必须通过异议主张履行，以避免重复利用。[8]

35 **执行命令**属于《民事诉讼法》第 794 条第 1 款第 4 项规定的执行名义。

---

[1] BGH NJW–RR 2010, 1598.

[2] BGHZ 61, 25=NJW 1973, 1328.

[3] BGH NJW 2009, 1671.

[4] Hk–ZPO/Kindl, 6. Aufl. 2015, § 767 Rn. 22; Musielak/Voit/Lackmann, ZPO, 12. Aufl. 2015, § 767 Rn. 37.

[5] Vgl. Thomas/Putzo–Reichold, ZPO, 36. Aufl. 2015, § 322 Rn. 43; Rosenberg/Schwab/Gottwald, Zivilprozessrecht, 17. Aufl. 2010, § 155.

[6] Thomas/Putzo–Reichold, ZPO, 36. Aufl. 2015, § 128 Rn. 33 und§ 283 Rn. 6.

[7] Vgl. BGH NJW 1982, 1812; Musielak/Voit/Lackmannt ZPO, 12. Aufl. 2015, § 767 Rn. 38.

[8] Vgl. BGH NJW–RR 2012, 304（305, Tz. 11）.

根据《民事诉讼法》第795条的规定可以适用第767条。但是，此时不存在言词辩论结束这一时点。与《民事诉讼法》第767条第2款的规则类似，第796条第2款将决定性的失权时点确定为执行命令送达时，但是有所限制，即当抗辩本可以通过异议主张时，这一抗辩是被接受的。也即，这里的时点取决于抗辩产生的原因是在《民事诉讼法》第339条、第700条第1款中规定的异议期限届满后产生的。

根据《民事诉讼法》第795条规定，第767条可以适用于**可执行的公证文书**，但是，依第797条第4款规定，第767条第2款被排除了。这是因为，可执行公证文书不适用诉讼程序，在公证程序中没有对待清偿债权进行法院式审查，因此以既判力的原因排除较早的抗辩就没有正当性。[1] 这表明，只有在债务人第一次提起的执行异议之诉中才会排除《民事诉讼法》第767条第2款；在后面的执行异议之诉中，债务人依第767条第2款在失权时点之前已经产生的抗辩要被排除。[2] 36

对于**诉讼和解**，没有相应的明文规则，此时也要排除适用《民事诉讼法》第767条第2款的规定，因为诉讼和解也没有既判力（类推第797条第4款）。[3] 37

4. 依《民事诉讼法》第767条第3款的失权

当债务人**再一次**提起执行异议之诉时，则不应仅仅因以上原因而排除抗辩，因为执行异议之诉不是针对执行名义的额外权利保护。如果对一个在先的执行异议之诉作出了有既判力的裁判，则后续的执行异议之诉不应再提供额外的权利保护。因此，债务人只能因在前一个执行异议之诉中没能主张的抗辩得到保护。换句话说：债务人必须在每一个执行异议之诉中主张所有他能主张的抗辩［《民事诉讼法》第767条第3款，所谓的捆绑提出（Bündelungsgebot）］。 38

▶《民事诉讼法》第767条：

（3）债务人应在他所提起的诉讼中将他在起诉时所能提出的一切异议一并提起。◀

---

[1] BGHZ 61, 25 = NJW 1973, 1328.

[2] BGHZ 61, 25 = NJW 1973, 1328 (1328f.); BGH NJW-RR: 1987, 59 (59).

[3] BGH NJW 1953, 345; NJW-RR 1987, 1022.

这里涉及的不是执行名义既判力的时间范围（涉及既判力的情形，参见边码 32），而是对之前的执行异议之诉作出的裁判的既判力时间范围。由此得出以下两点：首先，与文义过于狭窄的措辞不同，提起诉讼不是决定性的失权时点，而是和第 2 款一样，这一时点取决于在事实审级中言词辩论结束时。[1] 其次，这一抗辩排除和第 2 款能否适用于具体执行名义的种类无关：即便执行名义本身没有既判力，因此第 2 款不能适用时，对执行异议之诉的裁判也显然是有既判力的，所以第 3 款始终可以适用。

（六）附录：类推《民法典》第 371 条的返还之诉

参考文献：Brox/Walker, Zwangsvollstreckungsrecht, 10. Aufl. 2014, Rn.1327; Gaul/Schilken/Becker-Eberhard, Zwangsvollstreckungsrecht, 12. Aufl. 2010, § 16 Rn. 9; Kornol/Wahlmann, Zwangsvollstreckungsrecht, 2012, Rn. 175; Lackmann, Zwangsvollstreckungsrecht, 10. Aufl.2013, Rn. 557; Lippross, Zwangsvollstreckungsrecht, 11. Aufl. 2014, Rn. 683; Wendt, Die Klageauf Titelherausgabe, JuS 2013, 33 ff.

39 如果债务人对待清偿债权提起了实体法上的抗辩，同样应该考虑的是，主张返还执行名义的请求。这是因为，获得胜诉的执行异议之诉尽管消灭了执行名义的可执行性，却不能阻止债权人使用该执行名义申请新的强制执行，这样，债务人不得不重复依据《民事诉讼法》第 775 条第 1 项来阻止强制执行。因此，在待清偿债权依实体法完全消灭，尤其是通过履行（《民法典》第 362 条）完全消灭时，债务人享有一项实体法上的请求权，即请求债权人交出所有执行名义的可执行正本（类推《民法典》第 371 条）。[2]

▶《民法典》第 371 条：
已出具债权之负债字据者，除收据外，债务人亦得请求返还负债字据。……◀

当因类推《民事诉讼法》第 767 条规定提起的执行名义反对之诉而使

[1] Thomas/Putzo-Seiler, ZPO, 36. Aufl. 2015, § 767 Rn. 23.

[2] MünchKommBGB/Fetzer, 6. Aufl. 2012, § 3, 71 Rn. 8.

基于该执行名义的强制执行被（立即）完全且终局地宣告为不合法时，也是如此。[1]

债务人必须通过普通**给付之诉**来主张执行名义返还请求。 40

在已经存在一个完全赞同原告的执行异议之诉的生效裁判时，这一诉讼始终具有可受理性；其他情形则需要注意，返还之诉不能造成规避执行异议之诉作出的限制性规定的结果。[2] 不同的观点则认为，返还之诉始终具有可受理性，或者始终与执行异议之诉相关联。[3] 对此需要注意的是，返还之诉的诉讼标的不同于执行异议之诉的诉讼标的：它不涉及执行名义的可执行性，而是关于债务人请求返还执行名义的实体法上的请求权。根据实体法，这一诉讼的前提是，待清偿债权在实体法上已经消灭了。

（七）附录：类推《民事诉讼法》第 767 条的执行名义反对之诉

参考文献：Brox/Walker, Zwangsvollstreckungsrecht, 10. Aufl. 2014, Rn. 1314; Gaul/Schilken/Becker-Eberhard, Zwangsvollstreckungsrecht, 12. Aufl. 2010, § 40 Rn. 31 ff.; Heiderhoff/Skamel, Zwangsvollstreckungsrecht, 2. Aufl. 2013, Rn. 258 ff.; Kaiser, Die Abgrenzung der Vollstreckungsabwehrklage zur prozessualen Gestaltungsklage sui generis, NJW 2010, 2933 ff.; Kornol/Wahlmann, Zwangsvollstreckungsrecht, 2012, Rn. 230 ff.; Lackmann, Zwangsvollstreckungsrecht, 10. Aufl. 2013, Rn. 534a; Lippross, Zwangsvollstreckungsrecht, 11. Aufl. 2014, Rn. 714; Socha, Aus der Praxis: Neues von der prozessualen Gestaltungsklage analog § 767 ZPO, JuS 2008, 794 ff.

由于执行异议之诉的前提是债务人对待清偿债权主张抗辩，所以当债务人不是对待清偿债权提出抗辩，而是对执行名义的有效性本身提出抗辩时，执行异议之诉便不具有适当性。 41

---

[1] BGH NJW 20115, 1181 (Rn. 26).

[2] BGH NJW-RR 2008, 1512 (1513); NJW 2009, 1671 (1672); Thomas/Putzo-Seiler, ZPO, 36. Aufl. 2015, § 767 Rn. 6.

[3] Lackmann, Zwangsvollstreckungsrecht, 10. Aufl. 2013, Rn. 555; vgl. MünchKommBGB/Fetzer, 6. Aufl. 2012, § 371 Rn. 8 und Fn. 27.

例如，债务人主张请求内容不够明确（“判决被告向原告支付约定的买卖价款”），可执行公证文书中的服从声明因为《民法典》第134条的规定或者因为违反《公证书证法》而无效，诉讼和解因为《民法典》第138条的规定无效或者没有按照规定制作成记录。[1]

42 由于不生效的执行名义无法取得一个执行条款，所以之前的判决拒绝了债务人反对具体作出的执行条款的权利保护。近来形成的一致意见是这种权利保护太短暂了，因为即便获准，也只是阻止了基于该具体可执行正本实施强制执行，却无法阻止债权人重新获得一个可执行正本。[2]

43 在这一情形中，当事人的利益状况和执行异议之诉中相似：如果执行名义无效，因为执行名义的表面可执行性，需要作出《民事诉讼法》第775条第1项意义上的法院裁判，以宣告基于该执行名义的强制执行是不合法的。因此，通常认为，如果债务人主张执行名义不生效，原则上类推《民事诉讼法》第767条提起一个**诉讼形成之诉**是适当的（所谓的执行名义反对之诉；有时结合第795条及以下数条）。

这一原则也存在**例外**，但例外的范围存在争议。[3] 应当达成共识的是：（1）如果执行名义的不生效是因为债权人或债务人不够明确时，执行条款抗议优先适用。[4]（2）如果是诉讼和解不生效，要么提起执行条款抗议（程序法上的瑕疵），要么继续原来的诉讼纠纷（程序法上的或实体法上的瑕疵）。[5]

44 管辖与当事人提起的执行异议之诉的管辖相似。《民事诉讼法》第796条第3款和第797条第5款的规定可以类推适用于执行名义反对之诉。[6]

---

[1] Kornol/Wahlmann, Zwangsvollstreckungsrecht, 2012, Rn. 232.

[2] BGHZ 118, 229 = NJW 1992, 2016（2161f.）

[3] Vgl. etwa Thomas/Putzo-Seiler, ZPO, 36. Aufl. 2015, § 767 Rn. 8a, einerseits, Kornol/Wahlmann, Zwangsvollstreckungsrecht, 2012, , Rn. 232 andererseits.

[4] BGHZ 185, 133 = NJW 2010, 2041（2042）.

[5] Lippross, Zwangsvollstreckungsrecht, 11. Aufl. 2014, Rn. 691; Thomas/Putzo-Seiler, ZPO. 36. Aufl. 2015. § 767 Rn.8a.

[6] Özen/Hein, Die prozessuale Gestaltungsklage analog § 767 ZPO, Jus 2010, 124（126）.

除执行名义反对之诉外还存在其他法律救济，尤其是《民事诉讼法》第 732 条规定的执行条款抗议时，与权利保护需要并不冲突，因为执行名义反对之诉范围更广。债务人享有一个选择权。如果债务人同时对待清偿债权提起实体法上的抗辩，可以将依《民事诉讼法》第 767 条的执行异议之诉和类推第 767 条的执行名义反对之诉合并。[1] 45

由于通过类推《民事诉讼法》第 767 条的执行名义反对之诉能够主张的是对执行名义本身的抗辩，所以不存在第 767 条第 2 款规定的失权问题。抗辩违反第 767 条第 3 款规定的捆绑提出的，通过类推适用进行排除。 46

这在学说中有争议：联邦最高法院在一个判决中表面上是持反对意见，在判决中联邦最高法院把《民事诉讼法》第 767 条第 3 款视作既判力保护的临近领域，但是很明显，其混淆了执行名义的既判力和对在先执行异议之诉的裁判的既判力。联邦最高法院只是对以下内容作出了裁判，即在先执行异议之诉不能排除在类推《民事诉讼法》第 767 条的执行名义反对之诉中对执行名义的效力的抗辩。[2]

（八）附录：根据《民法典》第 826 条的损害赔偿之诉

参考文献：Brox/Walker，Zwangsvollstreckungsrecht，10. Aufl. 2014，Rn. 1328a ff.；Gaul/Schilken/Becker–Eberhard，Zwangsvollstreckungsrecht，12. Aufl. 2010，§ 7 Rn. 14 ff.；Heiderhoff/Skamel，Zwangsvollstreckungsrecht，2. Aufl. 2013，Rn 192f.；Klados，§ 826 BGB–Ein legitimes Mittelzur Durchbrechung der Rechtskraft?，JuS 1997，705 ff.；Kornol/Wahlmann，Zwangsvollstreckungsrecht，2012，Rn. 170；Lackmann，Zwangsvollstreckungsrecht，10. Aufl. 2013，Rn. 558 ff.；Lippross，Zwangsvollstreckungsrecht，11. Aufl. 2014，Rn. 713.2 ff.

---

[1] BGH NJW–RR 2004，472（473 f.）.

[2] BGHZ 124，164 =NJW 1994，460（462）；vgl. Brox/Walker，Zwangsvollstreckungsrecht，10. Aufl. 2014，Rn. 1353；Özen/Hein，Die prozessuale Gestaltungsklage analog § 767 ZPO，Jus 2010，124（126 f.）；Lackmann，Zwangsvollstredwngsrecht，10. Aufl. 2013，Rn. 534a.

47 债务人对待清偿债权的实体法上抗辩，或者债务人对执行名义的抗辩有时不是仅仅为了通过执行异议之诉或者根据（类推）《民事诉讼法》第767条的执行名义反对之诉消灭执行名义的可执行性，而是债务人有可能获得一个实体法上请求停止基于执行名义的强制执行请求权，交付执行名义请求权，以及（或者）因之前实施的执行行为享有的损害赔偿请求权。后者的请求权基础为《民法典》第826条。

▶《民法典》第826条：

故意以违背善良风俗之方法，加损害于他人者，对该他人负损害赔情之义务。◀

这一请求权是通过普通的对债权人的给付之诉主张的。不过，其要求较高，因为基于债权人的判决的强制执行要中止，该判决的既判力也被中断，以及不能突破基于实体法的特殊强制执行诉讼（尤其是《民事诉讼法》第767条第3款）的限制。

48 当基于《民法典》第826条的诉讼是针对基于判决的强制执行，而且原告主张，被告以违背善良风俗的方式骗取了一个客观上不正确的执行名义，或者以违背善良风俗的方式使用一个客观上不正确的执行名义，此时该诉讼具备**可受理性**。其他情形，该诉讼因为违反既判力而不被受理。[1]

49 在存在故意的违背善良风俗（《民法典》第826条）时，该诉讼具备理由。利用国家程序，以及强制执行程序，原则上不属于违背善良风俗，即便该程序与实体法不符合时，也是一样。故意违背善良风俗常见于，执行名义不正确，且是违背善良风俗骗取来的，或者故意违背善良风俗地利用，且债务人对诉讼的实施不存在过失。

50 （1）执行名义**客观不正确**的要件是，其要求清偿的债权在实体法上从未发生、消灭或者无法实现。这一不正确必须是基于事实上的原因，也即，基于一个错误的案件事实。在执行名义只是因为法律错误而不正确时，是不行的。[2]

[1] Kornol/Wahlmann, Zwangsvollstreckungsrecht. 2012, Rn. 351.

[2] BGHZ 40, 130 = NJW 1964, 349; MünchKommBGB/Wagner, 6. Aufl. 2013, § 826 Rn. 182;

（2）此外必须考虑**特殊的情况**，以证明基于客观不正确的执行名义的强制执行可以被视为违背善良风俗的伤害。[1] 其主要情形是在执行名义以违背善良风俗的方式骗取时，或者以违背善良风俗的方式利用执行名义时。 51

关于违背善良风俗骗取执行名义的**例子**：债权人向债务人承诺不会基于判决实施强制执行，导致债务人没有提起法律救济；债权人和公证员勾结。[2] 关于以违背善良风俗的方式利用执行名义的例子：尽管债权人知道债权在执行名义作出之前已经获得清偿，仍然基于该判决实施强制执行。[3]

（3）最后，必须满足《民事诉讼法》第 826 条规定的请求权的**主观要求**。这取决于违背善良风俗的类别。如果是因为以违背善良风俗的方式骗取执行名义，自主观视角而言，其要件为债权人知道执行名义的客观不正确。[4] 在其他情形，不存在所谓的“骗取”。如果背俗是以违背善良风俗的方式利用执行名义，则当债权人在推动执行行为时对不正确有认识即可。这也可以通过判决债权人基于《民法典》第 826 条停止强制执行来完成。[5] 52

（4）当执行名义的不正确是因为债务人的**疏忽实施诉讼行为**造成的，则要排除《民法典》第 826 条规定的请求权。 53

举例：债务人在起诉后提供了给付，但是却对针对其作出的缺席判决不提出任何抗辩。[6]

这一诉讼中作出的判决不属于对执行名义的可执行性作出的诉讼形成判决，因此也不属于《民事诉讼法》第 775 条第 1 项意义上的裁判，而是属于给付判决，要求债权人不作为。这一判决应当按照《民事诉讼法》第 890 条的规定执行。[7] 54

---

[1] Palandt/Sprau, BGB, 74. Aufl. 2015, § 826 Rn. 52 ff.

[2] Lackmann, zwangsvollstredungsrecht, 10. Aufl. 2013, Rn. 566.

[3] Komol./Wahlmann, Zwangsvollstreckungsrecht, 2012, Rn. 357.

[4] Lackmann, Zwangsvollstreckungsrecht, 10. Aufl. 2013, Rn. 565.

[5] BGHZ 101, 380 = NJW 1987, 3256 (3257).

[6] BGH NJW-RR 2012, 304 (305).

[7] Kornol/Wahlmann, Zwaingsvollstreckungsrecht, 2012, Rn. 365,

二、第三人异议之诉,《民事诉讼法》第 771 条

参考文献：Brox/Walker, Zwangsvollstreckungsrecht, 10. Aufl. 2014, Rn. 1396 ff.; Burbulla, Sicherungseigentumin der Zwangsvollstreckung, Jura 2007, 717 ff.; Gaul/Schilken/Becker–Eberhard, Zwangsvollstreckungsrecht, 12. Aufl. 2010, § 41; Hemderhoff/Skamel, Zwangsvollstreckungsrecht, 2. Aufl. 2013, Rn. 527 ff.; Huber, Grundwissen–Zivilprozessrecht: Sicherungseigentum in Zwangsvollstreclkung und Insolvenz, JuS 2011, 588 ff.; Huber, Der praktische Fall–Vollstreckungsrecht: Vorrang des Vermieterpfandrechts?, JuS 2003, 568 ff.; Kornol/Wahlmann, Zwangsvollstreckungsrecht, 2012, Rn. 243 ff.; Lackmann, Zwangsvollstreckungsrecht, 10. Aufl. 2013, Rn. 574 ff.; Leyendecker, Grundfälle zur Drittwiderspruchsklage gem. § 771 ZPO, JA 2010, 725 ff., 879 ff.; Lippross, Zwangsvollstreckungsrecht, 11. Aufl. 2014, Rn. 715 ff.; Prütting/Weth, Die Drittwiderspruchsklage gem § 771 ZPO, JuS 1988, 505 ff.; Staufenhiel/Meurer, Drittwiderspruchsklageund Klage auf vorzugsweise Befriedigung, JA 2005, 796 ff.; Wittschier, Die Drittwiderspruchsklage gem. § 771 ZPO, JuS 1998, 926 ff.

55 债权人在对债务人实施强制执行时不必审查其查封的标的物之上是否存在第三人更为优先的权利，而强制执行将会对其造成侵害。对于这一类权利，执行机关无法轻易识别确定，因此强制执行法规定，执行行为的合法或违法不取决于这类权利是否存在（执行程序的形式化，上文第一章边码 11 及以下数段）。

值得讨论的一个**例外**是，当执行机关可以轻易识别第三人的权利时：所谓的明显的第三人之物，即便在满足《民事诉讼法》第 808 条规定的要件时，执行员也不能查封（上文第十章边码 24）。

56 如果第三人对相关标的物享有的权利无法阻止其上的执行行为时，则**第三人**事后必须能以某种方式主张其**对标的物的权利**，以阻止对标的物实施强制执行。《民事诉讼法》第 771 条规定的第三人异议之诉目的即在于此。

▶《民事诉讼法》第 771 条：

（1）第三人主张在强制执行的标的物上有阻止让与的权利时，可以向实施强制执行的地区的法院提起异议之诉。◀

第三人通过第三人异议之诉可以主张其在强制执行的标的物之上的权利，其结果是通过胜诉判决宣告在该标的物上基于特定执行名义的强制执行不合法。[1] 胜诉判决设立了《民事诉讼法》第 775 条第 1 项中的执行障碍，并促使根据第 776 条撤销执行行为。

通过这一判决，强制执行在特定标的物上的合法性会被消灭。因此，第三人异议之诉属于一个**诉讼形成之诉**。[2] 57

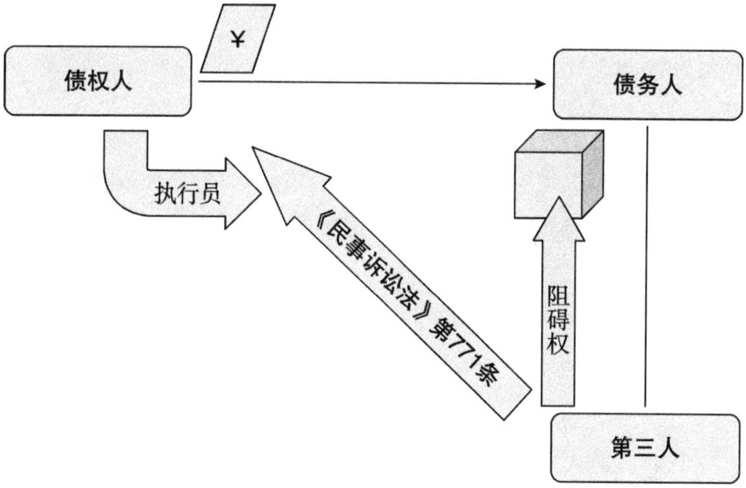

（一）适当性

当第三人主张其在强制执行的标的上享有一个阻止让与的权利时，第三人异议之诉具有适当性。 58

举例：对被查封物享有所有权；是被查封债权的权利所有人。

---

[1] Hk-ZPO/Kindl. 6. Aufl. 2015，§ 771 Rn. 16；Lippross，Zwangsvollstreckungsrecht，11.Aufl. 2014，Rn. 761.

[2] Einzelheiiten MünchKommZPO/K. Schmidt/Brinkmann，4. Aufl. 2012，§ 771，Rn. 3，

59 当第三人合理地陈述其享有的阻止让与的权利时，即满足适当性要件；至于这一权利是否实际存在，以及债权人是否可以主张反对权利，则是是否具备理由的问题。由第三人主张的实体权利到底应否属于一个阻止让与的权利，可以选择性地作为适当性或具备理由的问题。[1]

60 从实体法的角度看，第三人可能对债权人享有返还请求权、损害赔偿请求权或者停止请求权。与基于这些请求权的给付之诉相比，第三人异议之诉是**特殊的**法律救济，所以给付之诉并不适合。[2] 相反，基于实体法对债务人的给付之诉是可被受理的，且根据《民事诉讼法》第 771 条第 2 款和第三人异议之诉可以兼容。[3] 第三人异议之诉对于所有的执行名义种类都是适当的。《民事诉讼法》第 795a 条及以下数条没有特别规定。

（二）管辖

61 第三人异议之诉开启的是一个新的诉讼纠纷，其**职能和事务**管辖适用一般规定。因此，根据《法院组织法》第 23 条及以下数条、第 71 条规定了事务管辖。如果第三人主张的权利来源于家事法，则家事法院享有职能管辖。[4]

62 在查清确定管辖的争议额时，需要注意《民事诉讼法》第 6 条的规定：起决定性作用的是待清偿债权或者标的物的数额两者之中数额较小的那个。

63 《民事诉讼法》第 771 条第 1 款对**地域**管辖作出了特别规定：由实施强制执行的地方管辖（专属管辖，《民事诉讼法》第 802 条）。

和执行异议之诉不同，第三人异议之诉不是由第一审主审法院管辖的。

（三）权利保护需要

64 当原告有更为简便的救济途径可供使用时，当通过第三人异议之诉希

[1] Kornol/Wahlmann, Zwangsvollstreckungsrecht, 2012, Rn. 249.

[2] BGH NJW 1989, 2542; Thomas/Putzo-Seiler, ZPO, 36. Aufl. 2015, § 771 Rn. 4.

[3] Thomas/Putzo-Seiler, ZPO, 36. Aufl. 2015, § 771 Rn. 3 und 18.

[4] OLG München, FamRZ 2000, 365.

望达到的权利保护目标无法再实现，或者不能实现时，或者——例外情况下——当权利保护需要是被用来滥诉、滥用或者尽管权利已经失效仍然主张时，即缺少权利保护需要。

更为简便的救济途径有可能是执行抗议，但只有当它可以毫无疑问地达到目的时为限。执行措施是否无效，与对第三人异议之诉的权利保护需要无关，因为即便是表面上生效的查封，也可能会侵害第三人的权利。[1] 65

与执行内法律救济和执行异议之诉类似，第三人的权利保护目的同样在于阻止强制执行，所以当强制执行整体上已经终止时，也即将执行价款交付给债权人时，这一目标即**无法再实现**。[2] 66

与执行异议之诉不同，第三人异议之诉不是针对基于执行名义的强制执行本身，而是针对在特定标的上的强制执行。因此，原则上必须等待执行行为已经**开始**或者至少已经迫在眉睫。[3] 67

例如，当唯一可被查封的是该标的，以至于在执行名义作出时就可以确定债权人只能查封该标的，此时即属于迫在眉睫。同样，当债权人取得关于有争议标的的交付执行名义时，也是如此。[4]

（四）程序

第三人异议之诉适用的程序是一个普通的**诉讼程序**。如果诉讼可受理且具备理由，则法院判决基于该执行名义在特定标的物上的强制执行是不合法的（属于《民事诉讼法》第 775 条第 1 款规定的执行障碍）。根据《民事诉讼法》第 776 条第 1 款，已经实施的执行措施应由相应执行机关撤销。如果诉讼不被受理，或者即便受理但不具备理由，则会被驳回。针对判决 68

[1] Brox/Walker, Zwangsvollstreckungsrecht, 10. Aufl. 2014, Rn.1406f.

[2] Hk-ZPO/Kindl, 6. Aufl. 2015, § 771 Rn. 17; Thomas/Putzo-Seiler, ZPO, 36. Aufl. 2015, § 771 Rn. 11.

[3] BGH NJW-RR 2004, 1220; Hk-ZPO/Kindl, 6. Aufl. 2015, § 771 Rn. 17; Thomas/Putzo-Seller, ZPO, 36. AufL 2015, §771, Rn.10.

[4] Kornol/Wahlmann, Zwangsvollstreckungsrecht, 2012, Rn. 254,

可以提起异议（当其属于缺席判决时），其他情形则依一般规定提起控诉或上告（《民事诉讼法》第 511 条及以下数条、第 542 条及以下数条）。

该判决在具备可执行性后即属于执行障碍，也即，在发生形式既判力或者依《民事诉讼法》第 708 条至第 714 条被宣告为先予执行时。根据《民事诉讼法》第 771 条第 3 款，在作出裁判前，可以通过依《民事诉讼法》第 769 条的规定作出暂停命令设立一个（第 775 条第 2 款意义上的）执行障碍，在裁判后具备可执行性前这段时间，可以根据《民事诉讼法》第 770 条的规定设立执行障碍。

（五）具备理由

69 当这一诉讼以债权人作为被告（被告适格），而原告在标的物上享有一个阻止让与的权利，且被告不能主张任何抗辩时，该诉讼具备理由。

原告适格的问题在第三人异议之诉中没有独立的意义，因为在特定情形中债务人自己也可以提起这一诉讼，例如，基于继承人的个人责任的执行名义，在其接受继承前对遗产采取强制执行：在这种情况下，债务人可以选择《民事诉讼法》第 766 条或者第 771 条进行救济。[1] 尽管如此，本节以及下文所称的原告始终指第三人。

70 当债务人独自让与标的物会违法侵犯第三人的权利，而第三人因此可以阻止债务人让与的，第三人即享有一个阻止让与的权利（所谓的**干预权**）。[2]

“阻止”并不是说不经第三人同意，让与在法律上就是不可能的（除非另外一个人通过善意取得该物，否则可以阻止所有权转让），而是说不经第三人同意的让与是违法的。

71 在这个意义上，阻止让与的权利主要是第三人的**所有权**。按份共有或

[1] Brox/Walker, Zwangsvollstreckungsrecht, 10. Aufl. 2014, Rn. 196, 1409.

[2] BGHZ 55, 20 = NJW 1971, 799（800）.

共同共有均可以。根据主流观点，第三人的担保所有权（担保权人）同样是一个阻止让与的权利。[1]第三人的保留所有权（保留卖方）也是如此。[2]在这些情形中，债权人可以执行债务人保留的或已经成立的期待权，或者根据《民法典》第267条清偿第三人的担保权。不同的观点则认为，第三人（担保权人、保留卖方）只享有《民事诉讼法》第805条规定的优先受偿权。[3]

此外，第三人作为债权的权利所有人，也享有阻止让与的权利。这看上去似乎很奇怪，因为债务人如果不是权利所有人，则从法律上根本不可能转让债权（而不仅仅是违法）。因此，查封他人的债权也就没有意义（上文第十二章边码38）。但是由于执行行为始终是通过权利表象，即债权应当是生效的，来查封及变价，所以这一阻止让与的权利同样发挥重要功用。[4]和所有权情形一样，对于第三人的债权权利所有而言，第三人基于让与担保享有的权利（让与担保受让人），也有同样效果。[5]不过，第三人通过讨债债权让与（Inkassozession）取得的权利（债权受让人）不是阻止让与的权利，因为从经济上以及责任范围上来看，债权仍处于债务人的范围内（债权让与人）。但是，这并不改变，执行行为本身没有意义。[6] 72

基于**信托关系**同样也可以产生阻止让与的权利。根据主流观点，如债务人（担保权人）为第三人（担保人）利益取得的担保所有权，在担保事件发生前的情形。[7]在为第三人（担保人，债权性让与担保让与人）[8]利益对债务人（债权性让与担保受让人）进行债权让与担保的情形，以及为第三人利益（保留卖方）对债务人（保留买方）所有权保留让与的情形，也是如此。[9]这一类干预权的特殊之处在于，它们只能对变价提起异议，但不能对查封提起异议。因为，在查封时，无法得知担保事件之后是否不会 73

[1] BGHZ 12, 232 = NJW 1954, 673(674).

[2] BGHZ 54, 214 = NJW 1970, 1733(1735),

[3] MünchKommZPO/K. Schmidt/Brinkmann, 4. Aufl. 2012, § 771 Rn. 29 für den Sicherungsnehmer; Hübner, NJW 1980, 729(733 f.)für den Vorbehalitsverkäufer.

[4] Lackmann, Zwangsvollstredcungsrecht, 10. Aufl. 2013, Rn. 595.

[5] Thomas/Putzo-Seiler, ZPO, 36. Aufl. 2015, § 771 Rn. 16.

[6] MünchKommZPO/K. Schmidt/Brinkmann, 4. Aufl. 2012, § 771 Rn. 26.

[7] BGHZ 72, 141 = NJW 1978, 1859(1860).

[8] Lackmann, Zwangsvollstreckungsrecht, 11. Aufl. 2013, Rn. 595 mit Verweis auf Rn. 594.

[9] BGHZ 55, 20 = NJW 1971, 799(800).

发生，并导致干预权失效。[1] 不同的观点则认为，干预权是否失效，取决于担保人、债权性让与担保让与人、保留卖方是否清偿被担保的债权。[2] 让与人同样可以主张，其是通过讨债债权让与的方式把债权转让给债务人（受让人）的，因此享有一个阻止让与的权利。[3] 一般来说，可以确定的是，在信托关系中，信托财产在经济上以及责任范围上所属的主体享有阻止让与的权利。在非自益信托（uneigennützige Treuhand）时为信托人（因此与形式上的法律地位有所偏离；除非强制执行在信托目的范围内），在自益信托（eigennützige Treuhand）时为托管人（与形式上的法律地位一致），但是在担保事件发生前为信托人。[4]

74 最后，**限制物权**（质权、用益权等）只要因强制执行受到影响，也可以是阻止让与的权利。[5] 例如，抵押权因为查封了属于抵押权责任范围的从物（违反了《民事诉讼法》第 865 条第 2 款第 1 句，因此依第 766 条是可撤销的）而受到影响，但是并不会因为一个顺位靠后的强制抵押权而受到影响。占有型质权因为取走质物而受到影响。对于不用占有的质权，《民事诉讼法》第 805 条第 1 款第 1 分句明确排除了干预权。质权人可以主张优先受偿（下文边码 82 及以下）。

75 对不动产的占有不属于阻止让与的权利。对动产的占有则有争议。目前少数的观点承认合法占有人的干预权，但相反观点认为没有干预权。[6]

76 因为让渡标的物而享有的**债权性的返还请求权**可以作为阻止让与的权利。债权性的取得特定标的物的请求权（Verschaffungsanspruch）不属于阻止让与的权利；细节上仍然有争议。[7] 但是，如果取得请求权通过《民法典》

[1] MünchKommZPO/K. Schmidt/Brinkmann, 4. Aufl. 2012, § 771 Rn. 21 für den Vorbehaltskäufer.

[2] Weber NJW 1976, 1601（1605）.

[3] Thomas/Putzo-Seiler, ZPO, 36. Aufl. 2015, § 771 Rn. 16.

[4] Brox/Walker, Zwangsvollstreckungsrecht. 10. Aufl. 2014, Rn. 1414 ff.; Kornol/Wahlmann, Zwangsvollstreckungsrecht, 2012, Rn. 272.

[5] Thomas/Putzo-Seiler, ZPO, 36. Aufl. 2015, § 771 Rn.17.

[6] Brox/Walker, Zwangsvollstreckungsrecht, 10. Aufl. 2014, Rn.1419f.

[7] Thomas/Putzo-Seller, ZPO, 36. Aufl. 2015, § 771 Rn. 18 und 22; Lippross, Zwangsvollstreckungsrecht, 11. Aufl. 2014, Rn. 743 ff.

第 135 条、第 136 条规定的相对禁止让与得到保全，则可以提起《民事诉讼法》第 772 条第 2 款中的诉讼。

尽管存在阻止让与的权利，但是如果被告（债权人）可以主张抗辩时，第三人异议之诉同样不具备理由。 77

这里指的不是像《民法典》第 117 条或者第 138 条规定的抗辩；如果被告主张这类抗辩，其实际反对的是干预权（例如，当让与根据《民法典》第 138 条无效时，原告没有干预权）。[1] 此处所说的抗辩是指尽管原告享有阻止让与的权利，但是通过该抗辩可以对抗执行异议之诉。这意味着，被告通过抗辩主张，尽管原告存在干预权，但强制执行仍然合法。 78

债权人可以主张如《撤销法》第 9 条中规定的**可撤销性的抗辩权**（Einrede der Anfechtbarkeit）。[2] 也即，如果第三人是通过一个依《撤销法》第 3 条及以下数条可撤销的法律行为获得的阻止让与的权利，则根据《撤销法》第 11 条，第三人负有向债权人提供其从债务人财产中取得的收获的义务，只要这些可以满足清偿债权人的目的。在债权人基于其对第三人的返还请求权提起诉讼前，可以在第三人异议之诉中对第三人主张抗辩。 79

另外，当第三人尽管已经取得了有效的阻止让与的权利，但其主张干预权的方式却可以被视为权利滥用时，债权人也可以对不合法的权利（《民法典》第 242 条）主张抗辩。[3] 80

最后，当第三人在标的物上享有一个禁止让与的权利，但是其对于待清偿的债权承担共同债务（如作为《民法典》第 765 条规定的自愿承担债务的保证人）时，第三人主张干预权同样是**权利滥用**。这一法律状态与上述可撤销的法律行为情形较为相似：债权人能够对第三人取得一个独立的执行名义，之后第三人将不得不容忍在该标的物上的强制执行。在债权人通过法院向第三人主张共同债务之前，他可以对第三人异议之诉主张抗辩。尽管此时的利益状态与《撤销法》第 9 条的规定较为相似，但是《撤销法》第 9 条第 2 分句不适用于此，这里是在抗辩的层面考虑到共同债务，可以 81

---

[1] Vgl. dazu Lackmann, Zwangsvollstreckungsrecht, 10. Aufl. 2013, Rn. 604 f.

[2] 不同的观点认为这种抗辩权的基础为《民法典》第 242 条，OLG Koblenz OLGR 2007, 371.

[3] Heiderhoff/Skamel, Zwangsvollstreckungsrecht, 2. Aufl. 2013, Rn. 593.

避免债权人重复起诉第三人。[1] 与实体法上待清偿债权的共同债务不同，这里债务人（如有限责任公司）和第三人（如有限责任公司的单一股东）经济上的一致性还不足以否认第三人异议之诉的具备理由。[2]

（六）附录：根据第 805 条的优先受偿之诉

参考文献：Brox/Walker，Zwangsvollstreckungsrecht，10. Aufl. 2014，Rn. 1451 ff.；Gaul/Schilken/Becker-Eberhard，Zwangsvollstreckungsrecht，12. Aufl. 2010，§ 42；Heiderhoff/Skamel，Zwangsvollstreckungsrecht，2. Aufl. 2013，Rn. 603 ff.；Kornol/Wahlmann，Zwangsvollstreckungsrecht，2012，Rn. 246；Lackmann，Zwangsvollstreckungsrecht，10. Aufl. 2013，Rn. 633 ff.；Lippross，Zwangsvollstreckungsrecht，11. Aufl. 2014，Rn. 768 ff.

82 需要和第三人异议之诉区分的是《民事诉讼法》第 805 条规定的优先受偿之诉。

▶《民事诉讼法》第 805 条：

（1）未占有物的第三人不得根据质权或优先权对该物的查封提出异议；但该第三人可以以诉讼的方式，不问其债权到期与否，提起就卖得的价金优先受偿的请求。◀

第三人提起异议之诉是为了主张基于执行名义在特定标的物上的强制执行违反了其实体权利（也即，该标的不应为待清偿债权承担责任），而优先受偿之诉只是确定第三人和债权人在特定标的物上的受偿顺序。此时第三人主张，他因为自己享有的债权而对特定标的物应当优先于债权人受偿，之后债权人才能对该标的物采取行动。

83 这一诉讼同样是一个形成之诉；胜诉判决可以设立一个优先获得价金

---

[1] Brox/Walker，Zwangsvollstreckungsrecht，10.Aufl. 2014，Rn.1437f.

[2] Kornoll/Wahlmann，Zwangsvollstreckungsrecht，2012，Rn. 284；Heiderhoff/Skamel，Zwangsvollstreckungsrecht，2. Aufl. 2013，Rn. 595.

的诉讼权利。[1]当原告对推动在标的物上实施强制执行的债权人起诉，而原告存在一个《民事诉讼法》第805条第1款意义上的质权或者优先权，以及该权利在顺位上要优先于被告的查封质权，此时这一诉讼具备理由。如果不属于第805条第1款第1分句规定的情形，也即，如果第三人占有被查封物，则其有可能提起第三人异议之诉；不过，第三人只能在优先受偿权利的限度内主张异议。[2]优先权是指除质权外，在破产程序中有权从别处获得清偿的权利（例如，基于《民法典》第273条第2款、第1000条结合《破产法》第51条第2项的留置权）。质权的顺位根据《民事诉讼法》第804条第2款和第3款的规定确定（参见上文第十三章边码1）：在有多个查封质权时，适用优先原则，也即，成立在先的查封质权顺位要优先；根据《破产法》第50条、第51条，在先成立的质权和优先权优先于第一个查封质权；根据《民法典》第1208条，通过法律行为善意取得的质权虽然靠后，但优先于查封质权。[3]

三、根据《撤销法》第11条、第13条的诉讼

参考文献：Brox/Walker，Zwangsvollstreckungsrecht，10. Aufl. 2014，Rn. 261 ff.；Gaul/Schilken/Becker-Eberhard，Zwangsvollstreckungsrecht，12. Aufl. 2010，§ 35；Janneck，Das Anfechtungsgesetzin der Assessorklausur，JuS 2014，1085 ff.；Kornol/Wahlmann，Zwangsvollstreckungsrecht，2012，Rn. 320 ff.；Lackmann，Zwangsvollstreckungsrecht，10. Aufl. 2013，Rn. 620 ff.；Lippross，Zwangsvollstreckungsrecht，11. Aufl. 2014，Rn. 754 ff.

从广义的角度讲，根据《撤销法》第11条、第13条的诉讼同样是对执行程序的形式化原则进行实体法上的修正。通过这一诉讼，债权人可以要求第三人提供原本属于债务人财产的标的物用以清偿其债权（《撤销法》第11条、第13条）。 84

[1] Hk-ZV/Kindl，2. Aufl. 2013，§ 805 Rn.1.

[2] Kornol/Wahlmann，Zwangsvollstreckungsrecht，2012，Rn. 305 ff.

[3] Thomas/Putzo-Seiler，ZPO，36. Aufl. 2015，§ 804 Rn. 11 ff.；Kornol/Wahlmann，Zwangsvollstreckungsrecht，2012，Rn. 310 ff.

▶《撤销法》第 11 条：

（1）因可撤销之法律上行为（Rechtshandlung）从债务人财产中转让、取走或放弃之财产，在为清偿债权人时，应向其提供……

《撤销法》第 13 条：

撤销请求权以诉的方式主张的，应在诉讼请求中明确说明撤销相对人应在什么范围内及以何种方式提供所得之财产。◀

其前提要件是，该标的物是因为一个**可撤销的法律上行为**从债务人的财产中分离的。这里的"可撤销"与《民法典》第 119 条及以下数条意义上的意思表示的撤销没有关系，而是涉及法律上行为责任上的存续力（die haftungsrechtliche Bestandskraft）：如果一个法律上行为根据《撤销法》第 1 条及以下数条可被撤销，并不会导致标的物重新回到债务人财产范围，而是会导致第三人以其获得的标的物对待清偿的债权承担共同责任。

在强制执行程序中，债权人不能单独主张第三人对待清偿债权的共同责任，因为执行机关无法审查其构成要件是否满足。通常债权人必须提起一个独立的针对第三人的诉讼。这一诉讼是一个普通的**给付之诉**。

85 可受理性要件是《撤销法》第 2 条规定的原告的**撤销权限**（Anfechtungsberechtigung）。[1] 当债务人的财产不足（unzulänglich）时，对债务人享有到期的可执行的支付债权的债权人享有撤销权限（到期、可执行性、无法收回）。

根据《撤销法》第 11 条第 1 款第 1 句，这里涉及的必须是**支付执行名义**：提供标的物用以清偿，只有在金钱债权时才是可能的。[2] 如果债权人没有撤销权限，则该诉讼因为缺失权利保护需要而不被受理。[3]

86 当债务人的法律上行为对债权人造成了客观不利影响，且根据《撤销

---

[1] BGH NJW 2000, 2022（2023）.

[2] Kornol/Wahlmann, Zwangsvollstreckungsrecht, 2012 Rn. 328.

[3] Hk-ZV/Haertlein, 2. Aufl. 2013, § 2 AnfG Rn. 1.

法》第 3 条至第 6 条，撤销标的物处于第三人处时，这一诉讼**具备理由**。

（1）**法律上行为**是指所有具有法律效力且涉及财产的意思实现（Willensbetätigung），也即，负担行为、处分行为、事实行为、不作为。[1] 87

（2）当因为可撤销的法律上行为剥夺了债权人对债务人财产采取措施的机会，或者因其变得很困难时，即存在**对债权人的客观不利影响**。[2] 88

与《破产法》第 129 条及以下数条规定的撤销的一个重要区别在于，仅仅债务（负债）的增加，不会导致对债权人的客观不利影响，因为这里的撤销只涉及债权人对债务人财产（资产）采取措施的可能性。在破产程序中，债务的增加也属于对债权人的不利影响，因为基于此会导致个别债权人获得分配的比例下降。

当采取措施的可能性，因为在其他情形下与法律上行为结合产生的共同作用而受到影响，也同样产生对债权人的不利影响（间接对债权人的不利影响），除非法律要求——如《撤销法》第 3 条第 2 款——存在对债权人的直接不利影响。

仅仅存在因法律上行为导致的对债权人的客观不利影响，还不能撤销。89
通常还需要存在**撤销原因**：

■ 故意不利影响，《撤销法》第 3 条第 1 款：当债务人以故意造成不利影响为目的实施法律上行为时，且第三人对此知情（撤销期限：十年）

■ 为关系紧密之人的利益而故意造成不利影响，《撤销法》第 3 条第 2 款：通过与《破产法》第 138 条意义上的关系紧密之人订立有偿合同，而对债权人造成间接的不利影响（撤销期限：两年），除非债务人不存在故意或者第三人对故意不知情

■ 赠与撤销，《撤销法》第 4 条：债务人无偿的给付（撤销期限：四年）

■ 继承人的给付，《撤销法》第 5 条

■ 为股东授予或提供担保的借款提供担保或清偿，《撤销法》第 6 条、第 6a 条

如果法律上行为对债权人造成了客观不利影响，且存在撤销原因的，90

[1] Baur/Stürner/Bruns, Zwangsvollstreckungsrecht, 13. Aufl. 2006, Rn. 26.12.

[2] Baur/Stürner/Bruns, Zwangsvollstreckungsrecht, 13. Aufl. 2006, Rn. 26.16.

则进一步要考虑的是**法律效果**的问题。根据《撤销法》第 11 条第 1 款第 1 句，为清偿债权人，第三人应当向债权人提供其因可撤销的法律上行为从债务人处获得的财产。这表明，原则上第三人必须容忍在其因可撤销行为获得的标的物上采取强制执行。因此，可受理且具备理由的撤销之诉结果是对被告获得一个容忍执行名义。另外，《撤销法》第 11 条第 1 款第 2 句就法律效果转引了《民法典》第 818 条及以下数条的规定。这意味着，第三人同样应提供其获得的收益，并承担价值赔偿责任。

四、强制执行程序结束后的诉讼

参考文献：Brox/Waiker，Zwangsvollstreckungsrecht，10. Aufl. 2014，Rn. 456 ff.，1328；Büchler，Klausurrelevante Ansprüche des Dritten nach Zwangsvollstreckung in schuldnerfremde Sachen，JuS 2011，691 ff.，779 ff.；Gaul/Schilken/Becker-Eberhard，Zwangsvollstreckungsrecht，12. Aufl.2010，§ 7，§ 53 Rn. 50 ff.；Heiderhoff/Skamel，Zwangsvollstreckungsrecht，2. Aufl. 2013，Rn. 628 ff.；Kornol/Wahlmann，Zwangsvollstreckungsrecht，2012，Rn. 547 ff.；Lackmann，Zwangsvollstreckungsrecht，10. Aufl. 2013，Rn. 643 ff.

91 在价款交付给债权人后，强制执行程序因此已经结束，如果要对已经结束的强制执行程序主张执行内法律救济措施以及基于实体法的特别执行法诉讼，即缺少权利保护需要：即便强制执行程序被宣告为不合法（因为抗议或者即时抗告），或者，即便基于该执行名义的强制执行程序被宣告为不合法（因为执行异议之诉），对债务人来说也没有什么帮助；即便基于该执行名义对特定标的物的强制执行程序被宣告为不合法（因为第三人异议之诉）等情形，对于第三人来说也没有什么帮助。此时，更多涉及的是请求返还或请求损害赔偿的**给付之诉**。具体可以分为几种不同的类型。

（一）违法的执行行为

92 如果一项执行行为是违法的，则从债务人的角度，可以考虑对债权人主张**不当得利请求权**。但是，一般而言，执行行为的违法性不会导致债权人在获得拍卖价款或者债权收取价款时因没有法律原因而得利。

93 通常来说可以考虑**职务侵权赔偿请求权**。原则上来说，执行员不承担个人责任；可以根据《民法典》第 839 条结合《基本法》第 34 条对相应的州主张职务侵权赔偿请求权。根据《民法典》第 839 条第 3 款，有可能要附带检索《民事诉讼法》第 766 条。

（二）延长的第三人异议之诉

债权人在违反**第三人阻止让与的权利**而实施强制执行时，第三人对债权人享有实体法上的请求权。在物的查封情形时，其内容为请求返还变价款，在债权的查封情形时，其内容为请求返还给付。另外，第三人也可能享有相应的损害赔偿请求权。 94

虽然也可能涉及对拍定人的请求权，但是，拍定人是通过国家公权性质的交付行为取得的所有权，而不问其善意与否。当拍卖根据《民事诉讼法》第 825 条第 2 款的规定不是通过执行员进行，而是通过私法方式来完成时，则有所不同：此时所有权的取得是根据《民法典》第 929 条及以下数条、第 932 条及以下数条。拍定人也不会对第三人造成任何损害，所有权的取得是基于之前的拍定（类似于买卖的公法契约），因此存在法律上原因，且因为拍定是通过国家公权行为实现的，所以也不违反法律。除非例外地满足《民法典》第 826 条的要件，否则第三人只能要求债权人承担责任。

之所以这里称延长的第三人异议之诉，是因为第三人提起给付之诉的依据为实体权利，而第三人在执行程序结束前只能通过第三人异议之诉来主张这一实体权利。两者的关联性带来的影响是，在审查实体法上请求权时也应当同样附带审查在变价之前是否已经存在一个无果的第三人异议之诉，也即，如果第三人之前不能使强制执行被宣告为不合法，在变价之后，第三人这一请求权同样不存在。 95

这里**不包括**《民法典》第 826 条规定的请求权，因为其构成要件已经非常严格了。

首先，这类请求权可以从债权人和第三人之间存在的**法定之债**中产生，根据判决的观点，法定之债因执行行为而设立。根据该债务关系（《民法典》第 1004 条），债权人有义务审查第三人主张的可信的权利，并在必要 96

时宣布交换被查封之物。如果债权人违反了这一义务，其根据《民法典》第 280 条第 1 款和第 3 款、第 283 条负有损害赔偿义务，除非其对于义务的违反没有过错，如因为债权人不知道第三人的这一权利。债权人的程序代理人属于《民法典》第 278 条意义上的履行辅助人。

执行员既不属于履行辅助人，也不属于事务辅助人；执行员的知情也不能算作债权人存在知情过错。

97 不过，在物的查封时，不存在任何的请求返还变价款的返还原物请求权（《民法典》第 985 条、第 1247 条第 2 句），因为尽管变价款代位了被查封物的法律地位，但债权人拍定人是通过国家公权性质的交付行为取得的所有权。基于所有人—占有人关系的请求权（《民法典》第 989 条、第 990 条）因为在失去权利时不存在返还原物状态而不能得到支持，因为在这个时候第三人不能请求返还原物，而只能根据《民事诉讼法》第 771 条规定提起第三人异议之诉。对于基于无因管理的请求权，不存在他人的事物。对于因为违法侵害所有权的基于《民法典》第 823 条第 1 款的请求权，则需要存在过错。对于基于《民法典》第 816 条第 1 款的请求权，不存在债权人的处分行为，而且债权人也不属于《民法典》第 816 条第 2 款意义上向其给付会发生效力的无权利人。

98 另外，是较为可能的满足**非给付不当得利**基本构成要件的请求权（《民法典》第 812 条第 1 款第 1 句情形 2）。债权人以其他方式（通过国家公权行为）获得了变价款，而且变价款作为物上代位（《民法典》第 1247 条第 2 句）的结果，对第三人造成了负担。起决定性作用的问题是，债权人的得利是否不存在法律上原因。一种观点认为，《民事诉讼法》第 815 条第 3 款、第 817 条第 4 款第 2 句、第 819 条可以给出法律上的原因。但是，主流观点认为，这取决于债权人是否对物取得了查封质权。根据判决的观点，法律上的原因另外可以因为在强制执行程序终结前，基于《民事诉讼法》第 771 条提起的诉讼没有获得胜诉（有时更为狭义：不具备理由）而存在。如果第三人没有依第 771 条起诉，这也会阻断所有其他的实体法上的补偿请求权（不包括《民法典》第 826 条规定的请求权）。

99 在债权的查封时，延长的第三人异议之诉是基于《民法典》第 816 条第 2 款的诉讼；当查封因为第三人享有债权而扑空时，债权人为无权利人。

如果债权人同时是拍定人，其取得所有权存在法律上原因，而且额外也会免除支付的义务，但是，这些有可能也不具备法律上原因，以至于债权人要负担价值补偿义务。

（三）延长的执行异议之诉

如果债权人在实体法上不享有待清偿的债权，则债务人可以起诉主张**损害赔偿**或者返还**得利**（所谓的延长的执行异议之诉）。 100

执行行为合法或违法与否，和损害赔偿请求权及不当得利请求权无关。[1]

损害赔偿请求权同样可能基于债权人和债务人之间的法定之债而产生，根据判决的观点，法定之债因执行行为而设立。在考虑《民法典》第812条第1款第1句情形2，以及在债权查封时《民法典》第816条第2款的规定时，不用考虑过错。能否胜诉取决于在强制执行程序终结之前，执行异议之诉是否应当是具备理由的。也即，债务人只有在其根据《民事诉讼法》第767条第2款的规定不失权时，其给付之诉才能得到支持（同样不包括《民法典》第826条）。 101

（四）先予执行判决的撤销

最后需要说明的是，债权人基于一个先予执行的判决实施的强制执行，在强制执行结束后该判决被撤销。在这种情形下，债务人根据《民事诉讼法》第717条第2款享有损害赔偿请求权，或者根据第717条第3款享有不当得利请求权。损害赔偿责任债权人对债务人负担一个与过错相关的风险责任。 102

章节测试

复习问题

- 如何理解基于实体法的强制执行诉讼？请举例说明。为什么需要这 103

[1] Lackmann, Zwangsvollstreckungsrecht, 10. Aufl. 2013, Rn. 572.

一类诉讼？

■ 根据什么来确定应由哪个法院对执行异议之诉享有管辖权？在不属于判决的执行名义时，应如何确定？

■ 依据《民事诉讼法》第 767 条进行的裁判应当采取什么形式，以及何种情况下其具备可撤销性？

■ 当债务人认为执行名义内容不够明确时，其应当如何对抗强制执行？

■ 在《民事诉讼法》第 767 条第 2 款的规定中，主张形成权在何时不能得到支持？

■ 第三人以何种方式享有《民事诉讼法》第 771 条意义上的阻止让与的权利？请举出数个阻止让与权利的例子。

■ 根据《民事诉讼法》第 771 条的诉讼和根据第 805 条的诉讼之间的差异是什么？

■ 想要阻止基于生效执行名义的强制执行的当事人，可以通过哪些实体法上的请求权基础获得支持？根据该执行名义，应当满足哪些构成要件？

基础案例

104 1. Gottlieb Goldberg 对 Siegbert Silbermann 取得了一个要求后者支付 2000 欧元的判决。在 Silbermann 出售了一些收益颇高的肖像画后，他将欠款全部转让给了 Goldberg。不过他有些担心 Goldberg 会因为“贪心”仍然基于该判决实施强制执行。Silbermann 可以做什么？

105 2. 执行员 Gerold Gewiss 在 Siegbert Silbermann 处查封了一辆摩托车，而摩托车实际上属于其朋友 Dieter von Donat 所有。Von Donat 想要对抗执行员的这一“离谱的行为”。他可以做什么？

106 3. 执行员基于 Gottlieb Goldberg 的委托在 Siegbert Silbermann 那里查封了一辆摩托车，而摩托车实际上属于 Silbermann 的朋友 Dieter von Donat 所有。摩托被公开拍卖，由 Edo Evers 拍定取得并交付。价款交付给了 Gottlieb Goldberg。Von Donat 可以做什么？

第八编

假扣押和假处分

参考文献：Brox/Walker，Zwangsvollstreckungsrecht，10. Aufl. 2014，Rn. 1492 ff.；Gaul/Schilken/Becker-Eberhard，Zwangsvollstreckungsrecht 12. Aufl. 2010，§ § 74 ff.；Heiderhoff/Skamel，Zwangsvollstreckungsrecht，2. Aufl. 2013，Rn. 697 ff.；Heuer/Schubert，Vorläufiger Rechtsschutz durch Eilverfahren：Arrest und einstweilige Verfügung，JA 2005，202 ff.；Knnnowski，Arrest und einstweilige Verfügung（§ 916 f. ZPO）neben einem bereits vorliegenden Titel，JuS 2001，482 ff.；Keller，Der einstweiligeRechtsschutz im Zivilprozess，Jurn 2007，241 ff.，327 ff.；Klees/Wolter，Die misslungene Sequestration，Jura 2007，864 ff.；Kornol/Wahlrnann，Zwangsvollstreckungsrecht，2012，Rn. 668 ff.；Lackmann，Zwangsvollstreckungsrecht，10. Aufl. 2013，Rn. 678 ff.；Mathäser，Der Arrestgrund-Eine Einführung，JuS J 995，442 ff.；Meller-Hannich，Die Sicherung der Zwangsvollstreckung durch Arrest wegen künftigerForderungen，ZZP 115（2002），161 ff.；Schreiber，Arrest und einstweilige Verfügung，Jura 2000，492 ff.；Wahle，Fälle zum einstweiligen Rechtsschutz，JA 2003，791 ff.

即便债权人权利获得清偿是强制执行程序最为重要的目标，这也并非唯一的目标。强制执行程序另外还服务于**保全**（Sicherung）债权人的目的。一方面，这主要是指提供担保的执行和债权预查封。在这些情形中，债权人基于执行名义想要通过特殊类型的强制执行设立一个排序有价值的查封质权。当债权人尚未取得执行名义时，这些方法就行不通了。对于这类情形，强制执行法规定了保全措施假扣押（Arrest）和假处分（einstweilige Verfügung）。 1

第二十二章　假扣押

一、要件

2　假扣押是为了保全基于金钱债权或基于可以转换为金钱债权（假扣押请求权；《民事诉讼法》第 916 条）的强制执行程序，以保护债权人免受执行前景恶化的不利影响（假扣押原因；《民事诉讼法》第 917 条及以下）。请求权的财产价值得到了保全。

举例：如果债权人可以要求损害赔偿，则这主要是一个要求行为的请求权（重新恢复到没有遭受损害的状态）；但是，这一请求权可以转化为金钱债权。交付物的请求权也是如此。

3　假扣押的前提要件是存在假扣押请求权和假扣押原因。**假扣押请求权**是实体法上的请求权，其应通过将来强制执行程序得到保全。

▶《民事诉讼法》第 916 条：

（1）为保全根据金钱债权或根据可以转换成金钱债权的请求权对动产或不动产的强制执行，可以实行假扣押。◀

原则上，假扣押请求权同样可以附条件或附期限（《民事诉讼法》第 916 条第 2 款）。一个将来请求权，只有在可以起诉请求时（例如，通过确认之诉，或根据《民事诉讼法》第 257 条及以下数条未来给付之诉），才是一个假扣押请求权。[1]

---

[1]　MünchKommZPO/Drescher，4. Aufl. 2012，§ 916 Rn. 10.

4 假扣押请求权可以有物上担保或个人保证。**物的假扣押**是指，对债权人的财产实施假扣押，且债权人在该财产上取得担保权。这可以是根据《民事诉讼法》第 803 条及以下数条、第 808 条及以下数条、第 828 条及以下数条查封可动财产（动产或债权）(《民事诉讼法》第 930 条第 1 款）。查封为债权人设立了一个查封质权（《民事诉讼法》第 930 条第 1 款第 2 句）。也即，假扣押的实施效果是保全债权人，并非对其清偿。土地之上可以使其负担一个保全抵押权（假扣押抵押权，《民事诉讼法》第 932 条）。债权人也是借此获得了保全，而非清偿。

5 这里没有相似于《民事诉讼法》第 867 条第 3 款的规定，也即，假扣押命令不能替代容忍执行名义。这表明，债权人基于假扣押抵押权必须要根据《民法典》第 1147 条起诉要求容忍强制执行；在这一法律纠纷中，需要对通过假扣押保全的债权是否存在进行审查。[1]

6 当存在不采取假扣押判决将无法执行或极难执行的担忧时，便存在物的假扣押（对债务人的财产实施的假扣押）的假扣押原因（《民事诉讼法》第 917 条第 1 款）。

▶《民事诉讼法》第 917 条：

（1）如不实行假扣押，判决即无法执行或极难执行时，方可实施对物的假扣押。◀

举例：债务人移除现有的财产标的或者不正常地频繁变更住所。[2] 当判决需在国外执行，且不存在相互保证时（也即，德国的裁判文书在该国不被视为是有约束力的），《民事诉讼法》第 917 条第 2 款规定了一个特殊假扣押原因。相反，出于竞争债权人的原因导致执行可能性变小的理由是不够的。[3]

7 在少数情况下，债权人通过物的假扣押尚不能完全获得保全，例如，

[1] Hk-ZPO/Kemper, 6. Aufl. 2015, § 932 Rn. 4.

[2] Thomas/Putzo-Seiler, ZPO, 36. Aufl. 2015, § 917 Rn. 1.

[3] BGHZ 131, 95 = NJW 1996, 321 (324; m.N. zur Gegenansicht).

因为依赖债务人的协助行为或者说明。[1] 在这些情形中，则需要**人的保全假扣押**，这是通过拘留或其他限制人身自由的方式实施的（《民事诉讼法》第 933 条）。只有在对债务人财产的强制执行受到危险，没有其他方法可以保全时，才存在人的假扣押原因（《民事诉讼法》第 918 条）。因此，人的假扣押是辅助性的。[2]

二、程序

8 假扣押请求权和假扣押理由应当在**假扣押申请**中说明（《民事诉讼法》第 920 条第 1 款）。债权人无须对假扣押请求权和假扣押理由提出任何证明，但原则上应当使人信服（《民事诉讼法》第 920 条第 2 款）。

根据《民事诉讼法》第 921 条，法院即便在不信服的情况下，也可以命令假扣押，但应当要求提供担保，同样，即使假扣押债权和假扣押原因使人信服时，法院也可以在提供担保后再作出命令。

9 享有管辖权的假扣押法院，由债权人根据《民事诉讼法》第 919 条从主审本案的法院（在《民事诉讼法》第 943 条中定义）、假扣押标的物所在地的法院，或人身自由应受限制的人所在地的法院中进行选择。根据《民事诉讼法》第 802 条，这一管辖属于专属管辖。

10 在递交假扣押申请时，假扣押申请即发生诉讼系属，但本案没有。假扣押程序的诉讼标的不是请求权本身，而是请求权强制方式进行保护的可受理性。[3] 因此，当本案中的请求权已经发生诉讼系属后，暂时性权利保护也可以受理。

11 对假扣押申请的**裁判**可以基于言词辩论，也可以不基于言词辩论。如果采取了言词辩论，则应通过判决形式裁判，否则即通过裁定方式（《民

[1] Vgl. OLG Karlsruhe, NJW-RR 1997, 450.

[2] Thomas/Putzo-Seller, ZPO, 36. Aufl. 2015, § 918 Rn. 1.

[3] Vgl. Adolphsen, Zivilprozessrecht, 4. Aufl. 2014, § 38 Rn. 14 und 24.

事诉讼法》第 922 条）。对判决可以依一般规定提起控诉（Berufung），但不能提起上告（Revision）（《民事诉讼法》第 542 条第 2 款）。债务人对于命令假扣押的裁定可以提出异议（《民事诉讼法》第 924 条），以获得言词辩论的机会，基于言词辩论应对假扣押以判决形式作出命令（《民事诉讼法》第 925 条）。债权人对于拒绝假扣押的裁定可以提起即时抗告（《民事诉讼法》第 567 条及以下数条）。法律抗告是被排除的，因为对于通过裁定方式对假扣押作出的命令，《民事诉讼法》第 542 条第 2 款的法律思想同样适用。[1]

此外，债务人对于假扣押命令还有两种特殊的法律救济。如果假扣押债权在本案中迄今没有通过起诉发生诉讼系属，债务人对债权人不会永久停留在暂时性保全上享有一个值得保护的利益。当债权人在可期待的时间内没有推动终局性的诉讼裁判，则其对暂时性的保全就失去了保护必要。因此，根据《民事诉讼法》第 926 条第 1 款，假扣押法院基于债务人的申请要求债权人在**一定期限**内对本案提起诉讼。如果期限届满没有提起诉讼，根据《民事诉讼法》第 926 条第 2 款，法院基于债务人的申请应以终局判决撤销假扣押。 12

另外，债务人可以根据《民事诉讼法》第 927 条规定，因为**情况发生变化**而申请撤销假扣押，例如当假扣押请求权消灭时，或者假扣押请求权不再使人信服，或者当假扣押原因不存在时，以及为债权人提供其他担保方式。假扣押通过终局判决形式被撤销或者被改变。应当区分假扣押的撤销和依《民事诉讼法》第 934 条假扣押实施的撤销。

如果假扣押法院是不经言词辩论作出的裁判，可以在紧急情形下由审判长作出（《民事诉讼法》第 944 条）。 13

当假扣押从一开始就是不当的，或者当假扣押根据《民事诉讼法》第 926 条第 2 款被撤销时，债务人可能会因假扣押遭受严重的经济上的不利影响，而这一不利影响债务人本不应承受。在这些情形中，债权人因过错负担损害赔偿责任（《民事诉讼法》第 945 条）。这是为了防止债权人滥用假扣押措施。 14

---

[1] BGHZ 154，102 = NJW 2003，1531.

三、实施

15 假扣押是在强制执行程序中实施的，《民事诉讼法》第704条及以下数条的一般规定对此可以适用，不过《民事诉讼法》第929条及以下数条进行了一些修正（第928条），因为假扣押是为了保全债权人，而不是为了清偿，另一方面，其情形也非常紧迫。[1]

▶《民事诉讼法》第928条：
除以下各条另有规定外，对于假扣押的执行，准用关于强制执行的规定。◀

16 假扣押命令，也即命令作出假扣押的判决或裁定，为**执行名义**。其即时可执行性直接来自暂时权利保护的特征。[2]除了在《民事诉讼法》第727条规定的执行名义改写情形中（《民事诉讼法》第929条第1款），其他情况下执行条款是不必要的，因为出于紧迫性的原因，假扣押必须尽可能快地实施。基于同样的原因，假扣押命令在实施前也不必送达，而是事后在一定期限内送达（《民事诉讼法》第929条第3款）。相反，假扣押命令只能在一个月的实施期限内实施（《民事诉讼法》第929条第2款）：如果期限届满而没有实施假扣押的，则显而易见该保全并没有非常迫切，因此债权人不具备保护需要；而债务人对此享有保护利益，也即，不会被“预留”的假扣押命令奇袭。[3]

17 物的假扣押的实施是通过**查封**（《民事诉讼法》第930条，上文第十二章边码56）或者通过登记**保全抵押权**（假扣押抵押权，《民事诉讼法》第932条，参见上文第十四章）来完成的。如果债权人在本案中取得了一个可执行名义，强制执行程序可以在被查封的动产继续实施变价并满足债权人，假扣押抵押权也可以改写为强制抵押权。[4]

相反，以假扣押为基础的变价措施（如转付债权）是无效的。[5]

[1] Hk-ZPO/Kemper, 6. Aufl. 2015, § 928 Rn. 1 und § 929, Rn.1.

[2] MünchKommZPO/Götz, 4. Aufl. 2012, § 704 Rn.15.

[3] Thomas/Putzo-Seiler, ZPO, 36. Aufl. 2015, § 929 Rn. 2.

[4] Musielak/Voit/Huber, ZPO, 12. Aufl. 2015, § 930 Rn. 8 und§ 932 Rn. 6.

[5] BGH NJW 2014, 2732（Rn. 10）.

第二十三章 假处分

1 通过假扣押，金钱债权以及能够转化为金钱债权的请求权，其财产价值得到保全（上文第二十二章边码 2）。假处分的目的是保全其他的请求权和权利（假处分请求权;《民事诉讼法》第 935 条、第 940 条）。

举例：非财产价值类型的请求权、交付物的请求权或者不作为请求权（所谓个别请求权）。即便这些请求权可以转化为金钱债权，也不改变其作为个别请求权应通过假处分得到保全，而非假扣押；其财产价值只能通过假扣押得到保全。[1] 因此，假扣押和假处分的不同之处在于保护的方向：假扣押保护财产价值，假处分则保护该请求权实现本身。

2 假处分类型一般分为**保全假处分**（Sicherungsverfügung）（《民事诉讼法》第 935 条）和**保持假处分**（Regelungsverfügung）（《民事诉讼法》第 940 条）。两者的区别并非十分明确。当改变现有状态会阻碍债权人权利的实现或者变得很困难，则存在一个进行保全的假处分原因。[2] 这与《民事诉讼法》第 917 条的规定相似。对于有争议的法律关系，为了保持暂时的状态时，属于保持假处分。当债权人的保全利益优于不干涉债务人权利的利益时，即存在假处分原因。保全假处分和保持假处分都不会带来清偿债权人的效果。只有在极个别的例外情形中，会有第三人假处分类型，即给付假处分（Leistungsverfügung），债权人通过假处分即获得了清偿，因为不能要求其等待本案诉讼程序，否则债权人将会承受不成比例的巨大损害。

3 假处分程序及其实施绝大部分与假扣押程序相似（《民事诉讼法》第 936 条）。法院基于自由裁量确定假处分的内容（《民事诉讼法》第 938 条）。

[1] Vgl. MünchKommZPO/Drescher, 4, Aufl. 2012, vor § 916 Rn. 33 ff.

[2] Hk-ZPO/Kemper, 6. Aufl. 2015, § 935 Rn. 1.

假处分中确定的命令或禁令，除《民事诉讼法》第929条及以下数条有例外规定外，按照第885条及以下数条规定执行。给付假处分不适用《民事诉讼法》第929条及以下数条，除例外情况，应适用第704条及以下数条。

章节测试

复习问题

4 ■ 为什么要给债权人在没有执行名义时能够干涉债务人财产的机会？

■ 假扣押查封应满足哪些要件？

■ 对假扣押申请作出裁判由谁负责管辖？

■ 哪些请求权和权利应通过假处分进行保全？假处分与假扣押的区别是什么？

■ 当债务人事实上对债权人没有负担任何债务时，其应当如何防卫假扣押和假处分？造成的负面影响会对其进行补偿吗？

术语索引

本索引所示数字指代本书中各章之数字及其边码。例如：**3** 37 代表第三章边码 37，**12** 45 f. 表示第十二章边码 45 至 46，而 **12** 18 ff. 则为第十二章边码 18 及以下数段。

参考文献

（节选——详细文献索引请参见各具体章节）

一、教课书

Baur/Stürner/Bruns：Zwangsvollstreckungsrecht，13. Auflage，Heidelberg 2006

Blomeyer：Zwangsvollstreckung，2. Auflage，Berlin 1956

Brox/Walker：Zwangsvollstreckungsrecht，10. Auflage，K?ln u.a. 2014

Gaul/Schilken/Becker-Eberhard：Zwangsvollstreckungsrecht，12. Auflage，München 2010

Grunsky：Grundzüge des Zwangsvollstreckungs-und Insolvenzrechts，5. Auflage，Tübingen 1996

Heiderhoff/Skamel：Zwangsvollsrreckungsrecht，2. Auflage，Heidelberg u.a. 2013

Jauernig/Berger：Zwangsvollstreckungs-und Insolvenzrecht，23. Auflage，München 2010

Kornol/Wahlmann：Zwangsvollstreckungsrecht，Baden-Baden 2012

Lackmann：Zwangsvollstreckungsrecht，10. Auflage，Münchcn 2013

Lippross：Zwangsvollstreckungsrechr，11. Auflage，München 2014

Lüke：Zivilprozessrecht：Erkenntnisverfahren，Zwangsvollstreckung，10. Auflage；München 2011

Musielak–Voit：Grundkurs ZPO，12. Auflage，München 2014

Paulus：Zivilprozessrecht，Erkenntnisverfahren und Zwangsvollstreckung，5. Auflage，Berlin 2013

Prütting/Stickelbrock：Zwangsvollstreckungsrecht，Stuttgart u.a. 2002

v. Sachsen Gessaphe：Zwangsvollstreckungsrecht，Münchcn 2014

二、案例集、案例练习

Assmann：Fälle zum Zivilprozessrecht：Erkenntnisverfahren und Zwangsvollstreckung，2. Auflage，München 2013

Kaiser/Kaiser/Kaiser：Die Zwangsvollstreckungsklausur im Asscssorexamen，6. Auflage，München 2015

Lackmann/Wittschier：Die Klausur im Zwangsvollstreckungsrechr，4，Auflage，München 2011

Lück/Hau：Zwangsvollstreckungsrecht（Prüfe dein Wissen），3. Auflage，München 2008

Schumann：Die ZPO–Klausur，3. Auflage，München 2006

Zimmermann：ZPO–Fallrepetitorium，10. Auflage，Heidelberg 2015

著作权合同登记号：图字 01-2017-8689 号

图书在版编目 (CIP) 数据

德国强制执行法 /（德）奥拉夫・穆托斯特著；马强伟译. —北京：中国法制出版社，2019.10（2024.6 重印）

（欧洲法与比较法前沿译丛）

ISBN 978-7-5216-0592-1

Ⅰ. ①德… Ⅱ. ①奥… ②马… Ⅲ. ①强制执行－研究－德国 Ⅳ. ① D951.65

中国版本图书馆 CIP 数据核字（2019）第 213940 号

项目策划：马 颖　　本书策划 / 责任编辑：靳晓婷　　封面设计：李 宁

德国强制执行法

DEGUO QIANGZHI ZHIXINGFA

著者 /［德］奥拉夫・穆托斯特

译者 / 马强伟

经销 / 新华书店

印刷 / 北京虎彩文化传播有限公司

开本 / 710 毫米 ×1000 毫米　16 开　　印张 / 19.75　字数 / 313 千

版次 / 2019 年 10 月第 1 版　　2024 年 6 月第 2 次印刷

中国法制出版社出版

书号 ISBN 978-7-5216-0592-1　　定价：79.00 元

北京市西城区西便门西里甲 16 号西便门办公区

邮政编码：100053　　传真：010-63141600

网址：http://www.zgfzs.com　　**编辑部电话：010-63141827**

市场营销部电话：010-63141612　　**印务部电话：010-63141606**

（如有印装质量问题，请与本社印务部联系。）